서울대학교 법학연구소 **07**
Medvlla Iurisprudentiae

법학자의 향기

대담모음집

서울대학교
법학연구소
엮음

박영사

발 간 사

서울대학교 법학연구소는 1961년 법과대학 부설 비교법연구소로 출발하여 1964 년 한국법학연구소로 개칭하였으며, 1966년 서울대학교 법학연구소로 정식 발족하 였습니다. 법과대학에서 1959년 6월 창간한 『서울대학교 법학』을 1964년 법학연구 소에서 이어받아서 2020년 12월까지 제61권 제4호(통권 제197호)를 발간하였습니 다. 지난 60년 동안 많은 학술대회를 개최하여 법학자들이 교류하는 마당을 제공하 였고, 논문 등 학술성과를 공유하여 법학의 발전을 선도하여 학계에 기여를 하였다 고 자부합니다.

『서울대학교 법학』의 가장 큰 특색과 자랑은 환갑 또는 정년을 맞이하신 교수 님의 삶과 학문을 되돌아보는 대담입니다. 1977년 6월 故 이한기(李漢基) 교수님 의 '환갑 기념 대담'에서 시작하여 2001년부터는 '정년 기념 대담'으로 바꾸어 현재 까지 이어지고 있습니다. 더 많은 교수님들이 정년으로 학교를 떠나셨지만 극력 고 사하신 분도 계셔서 2020년 3월까지 서른두 분 교수님의 대담을 수록하였습니다.

이제 작고(作故)하신 열두 분의 대담을 묶어서 『법학자의 향기』라는 서명으로 발 간합니다. 이 열두 분은 해방 후 황무지에서 우리의 법학을 개척하신 1세대와 그 아 래인 1.5세대 법학자입니다. 식민지 말기에 제대로 교육을 받지 못하였으며, 전쟁의 상흔과 4·19혁명과 5·16정변의 정치적 격변 속에서 우리의 법학을 일구어오셨습 니다. 지금 우리가 마음 편히 공부에 전념할 수 있는 것은 선생님들의 각고의 노력 덕분입니다.

21세기, 모든 것이 초고속으로 진행되고 있으며 학문도 예외는 아닙니다. 광속으 로 살아가는 현재, 과거의 기억을 모으는 것은 무슨 의미가 있는지요? "현재라는 것 은 역사적 형성물이고 현재를 이해하려면 어떤 역사적 과정을 밟아서 현재에 이르 렀는가 하는 발전과정을 추적해 볼 필요가 있습니다."(故 이호정 교수 대담 중에서) 그렇습니다. 현재는 과거가 있기에 가능하고 미래 역시 그러할 것입니다. 당신들이 공부하던 시절과 지금은 모든 것이 다릅니다. 요즘은 정보화 덕분에 외국문헌도 아주 편리하게 볼 수 있습니다. 편안함에 젖어서 자칫 과거의 경험을 잊을 수 있습니다. 당신들이 척박한 환경에서 일제의 잔재를 청산하고 우리의 법학을 찾아가는 번민의 과정, 낯선 이역만리에서 외로운 유학생활, 이것은 회고가 없으면 알 수 없는 삶의 지혜입니다. 우리는 당신들의 헌신을 기억해야 합니다. 우리는 이를 디딤돌로 삼아 한 걸음 더 나가야 합니다.

대담에서 삶과 학문을 담백하게 밝히셨습니다. 당신들이 살아온 모습을 확인할 수 있습니다. 학문에 대한 열정과 사회에 대한 공헌, 제자들에 대한 애정이 저절로 드러납니다. 시대의 한계 속에서 법치주의를 실현시키려는 학문적 헌신을 느낄 수 있습니다. 이런 모습은 후배들이 성장하는 데 큰 자양분이 될 것입니다.

대담집을 꾸미면서 당시의 분위기를 전달하려고 수정은 최소로 하였습니다. 오래된 원고를 정리해 준 김은아 박사, 교정 등 실무를 맡은 송순섭, 강혜아 조교, 그리고 2년 동안 연구소를 함께 운영한 이우영, 이동진, 전상현, 전종익 교수님과 김치오, 주은영 실장님에게 감사드립니다. 법학계의 양서출판을 선도하는 박영사 조성호, 이승현 두 분과 함께 기쁨을 나누고 싶습니다.

전통은 저절로 생겨나지 않습니다. 후학들이 만들어가는 것입니다. 선학들의 삶과 학문을 조명하고 시대적 소명을 밝히는 것은 후학들의 사명입니다. 이 대담집의 간행은 그 초석이라고 생각합니다. 이 전통이 지속되기를 바랍니다.

2020년 12월
서울대학교 법학연구소
소장 정긍식 삼가 씀

차 례

기당箕堂 이한기 선생의 인간과 학문

이한기(李漢基) 교수님

생 몰: 1917~1995
재 직: 1952~1980
전 공: 국제법

대담자 : 박관숙(연세대학교 대학원장)
　　　　 배재식(서울대학교 교수)
　　　　 최송화(서울대학교 교수)
일　시 : 1977년 5월 25일

"독도 영유권의 법적 근거를 이론과 실제를 통해 규명해야"

배재식　　박 선생님, 오늘 바쁘신데 나오셔서 감사합니다. 올해 9월 5일 기당 이한기 선생님께서 회갑을 맞게 되십니다. 그래서 법학연구소에서는 「서울대학교 법학」제18권 제1호를 선생님의 회갑기념논문집으로 펴내기로 해서, 오늘 이한기 선생님의 인간과 학문에 관해서 박 선생님을 모시고 좌담회를 갖기로 했습니다.

먼저 이 선생님께서 성장하신 과거를 잠깐 살펴보면, 고향이신 담양군 창평면 장화리에서 출생을 하셨습니다. 그래서 대대로 엄격한 유교의 배경 아래, 특히 조부이셨던 성균관박사 이광수 옹의 슬하에서 엄하게 자라셨고, 서울로 오셨다가 다시 8세 때에 고향으로 내려가서서 소학교(보통학교)를 다니시고, 다시 서울로 올라오셔서 휘문고등보통학교에 입학, 공부를 하셨는데, 그때만 해도 조혼의 일반적인 경향이 있었습니다만은 선생님께서도 제가 듣기에는 13세 되신 해에 작년에 고인이 되신 사모님(고 류관례 여사)과 결혼을 하셨습니다. 사모님께서 연상이셨던 걸로 압니다.

박관숙　그때야 그게 보통이었지요.

배재식　휘문을 마치시고 일본으로 유학을 가서서 가나자와[金澤]에 있는 제4고등학교를 다니시고, 그동안 몸이 불편하셔서 1년쯤 휴학을 하셨지요, 41년 제4고등학교를 졸업하신 다음 같은 해 4월에 동경제국대학 법학부에 입학을 하셨습니다. 박 선생님, 그때는 법률학과에도 전공이 따로 있지 않았습니까?

박관숙　그때 법학부 안에 법률학과와 정치학과가 있었지요. 또 법학과 내에서 보통 영법, 불법, 독법으로 구분했는데, 제도상으로 구분된 건 아니고요. 고등학교 때 제1외국어를 어느 것을 택했느냐에 따라서, 영어를 문과甲(갑)류, 독어를 문과乙(을)류, 불어를 문과丙(병)류라고 했는데, 옛날에는 아마 그게 엄격히 구분되어 있었던 모양이지만 우리 다닐 때는 그저 법학과와 정치학과로만 돼 있었고, 영법, 독법, 불법은 편의상 그렇게 불렀습니다.

배재식　제가 듣기에는 독법을 하셨습니다. 1943년에 동경제대를 졸업하시고, 그 뒤에 學兵(학병)을 가도록 권유를 했달까요. 눈에 뵈지 않게 강제를 한 것이겠습니다만, 그걸 안 가시려고 피하시다 여러 가지로 고생을 하셨답니다.

박관숙　제가 이한기 교수와 알게 된 것은 대학에 들어가서부터입니다. 그러니까 이한기 교수께서는 1941년 4월에, 저는 1년 늦게 1942년 4월에 입학을 했어요. 1년 선배시죠. 그때 법학부에는 일본사람이 주로 다녔고 한국인은 몇 되지 않았으니까 모두 서로 잘 알고 자주 만났지요. 태평양전쟁 말기라서 학창시절로서는 좋지 않은 시기였고, 우리로선 불행한 세대에 속했다고 볼 수 있겠지요. 한국학생들이 모여서 조선인학생회 같은 단체를 만들어 자주 만나고 했습니다. 전쟁말기여서 차츰 물자부족으로 식량배급 등 우리 학생생활도 여러 가지로 상당히 어려웠고, 오늘날 우리가 생각하는 학생시대의 낭만이라든가 하는 것은 도저히 생각할 수도 없었지요. 그래서 한국인 학생들도 대체로 보면 꾸준히 마음을 가다듬고 공부한다기보다도 여러 가지로 마음도 초조하고 당시 환경에서는 졸업해봐야 일본인학생에 비해 희망도 없고 해서 학생에 따라서는 다분히 반항적인 방향으로 나아가거나 자포자기하는 경향도 다소 있었습니다. 그중에 일부 학생들은 당시 상황은 그랬지만 언제 세월이 어떻게 되든 할 때는 어쨌든 열심히 해야겠다는 생각으로 공부를 꾸준히 하였지요. 이 교수는 말하자면 맨 끝의 학구파에 속한 걸로 볼 수 있었어요. 그 경력에서도 볼 수 있듯이 역시 전통적인 학자집안에서 자란 영향이 있었는지 모르지만 그 당시도 벌써 학자적인 경향이 엿보였고, 그것이 오늘날 회고해 보면 평생을 학문연구에 바치게 된 것이 우연이 아니잖나 생각됩니다.

배재식　좋은 말씀 해주셨는데, 저희들도 대학시절 선생님을 잘 모르는 때인데도 그 분을 처음 뵙고 느낄 수 있었던 것은, 선비 같은, 학자로서의 천성을 타고난 듯한 인상이었는데, 바로 그 바탕에서 오늘날까지 죽 학문에 이바지해 오신 분이시지요. 제가 들은 일도 있지만 일본가나자와 옛 四高(4고) 동창명부를 곁들인 소식을 전하는 책자가 있는데, 거기 보면 이한기 선생님께서 고등학교 재학 시에 문학에 심취하셔서 한국사람으로서 문예반장을 지내셔서 이와나미[岩波]문고도 많이 읽으시고 시도 하시고 또 축구도 하셨답니다. 술도 꽤 하신 것 같아요. 특히 문예활동을 하셔서 한국 사람으로서 그 당시 일본고등학교에서 문예반장까지 맡았다면 역시 그만큼 재질이 인정되지 않았나 생각됩니다. 그리고 법률학과로 진학하셨는데, 어떻습니까. 박 선생님, 이 선생님께서 법률학과로 가신 것이 선생님 자신의 결정이라기보다는 가정의 결정이 아닌가 생각되는데요.

박관숙　제 개인의 경우만 해도 그래요. 고등학교 때 서양사 선생님이 아주 좋은 분이 계셔서 그 분의 강의에 심취하다시피 해서 나도 서양사학과를 가서 그 공부를 해보겠다고 마음을 먹었었는데, 대학을 지원하게 되자 집어른들께서 무조건 법과를 가야지 문과를 가면 학비를 안 대줄테니까 알아서 하라는 바람에 할 수 없이 법과를 왔어요. 뭐랄까, 그 당시 일반적으로 문과를 가봐야 나중에 졸업해도 취직도 될 수 없을 뿐더러 사람 버린다는 생각들이었지요. 나중에 보니까 저뿐만이 아니고 상당수의 학생들이 그랬어요. 당시 고등학교라는 것이 현재로는 교양과정에 해당이 되는데 거기서는 어학이라든가 문학, 철학에 주력을 하고 있기 때문에 자연히 문학서라든가 철학서를 많이 읽게 되고. 젊어 감수성이 예민할 때 그런 방면에 끌려서 법과나 이런 것 할 마음이 나지 않거든요. 이한기 교수가 어땠는지 그것까진 자세히 모르겠지만 일반적으로 대개 그런 사정이었습니다.

배재식　역시 그러니까 이한기 선생님도 그렇고 선생님께서도 고등학교시절에는 오히려 인문계통 쪽으로 문학청년으로서 책도 그 방면으로 많이 보셨겠군요. 선생님께서는 서양사 쪽으로.

박관숙　그런 예가 꽤 있습니다. 그 당시 그저 법과에 진학은 했는데, 저희는 마지막 졸업을 했습니다만, 미처 졸업을 못하고 해방을 맞이한 사람들, 가령 서울대학교의 金泰吉(김태길) 교수라든가 全海宗(전해종) 교수처럼 원래 자기의사가 아닌 채 법과 입학을 했다가 희망하던 대로 역사니 철학이니 하는 방면으로 되돌아간 분들도 있습니다.

배재식　선생님께서 그 당시에 법학과를 지망하신 배경설명이 거의 이 선생님께도 타당하지 않나 생각이 됩니다.
　그리고 제가 여러 차례 이야기 들었는데요. 학교를 마치시고 나오셨는데 자꾸 이제 군대를 가라고 주재소 순사가 와서 못살게 굴고, 그때는 식량배급제도여서 함부로 거주지를 옮기기도 어려웠던 때로, 그 당시 제가 중학교 4학년이어서 기억은 그대로 다 있습니다. 우리 사회가 얼마만큼 살기 어려웠느냐, 예를 들면 담배를 사려고 줄을 서고, 설탕도 몇 달에 그저 한 번 배급받을 수 있을까 말까, 특히 한국사람으로서는 그렇게 어려웠던 때인데, 선생님께서 학병은 어떤 일이 있어도 못가겠고, 그건 또 아마 가훈이 그럴 겁니다. 그래서 서울로 오셨는데 식량 문제하며 여러 어려운 사정이 있어서 제가 알기에 한때「서울신문」의 전신인 당시의「경성일보」에도 잠시 계신 것으로 압니다. 말하자면 잠깐동안 신문사를 피난처로 삼으셨다고도 할 수 있겠지요. 그러니까 언론계에도 관계하신 셈입니다.
　그러다가 해방이 되어 가지고 제일 먼저 강단에 서신 것이 그 당시 광주의과대학이고, 다음 조선대학에서 처음으로 국제법을 담당하셨지요. 1949년 서울로 오셔서 서울대학교 문리과대학 강사, 동국대학교 전임을 거치시고, 법과대학은 부산피난시절이라고 기억합니다. 제가 대학 4학년으로 이분께 국제법 2부를 배웠지요. 특히 한국사변에 대한 국제연합의 강제조치에 관해서 집중적으로 강의하셨는데, 감명 깊게 들었던 그때의 강의내용을 지금도 기억하고 있습니다. 그것은 확실히 저의 국제법에 대한 흥미를 돋우기에 충분했었지요. 박관숙 선생님께서도 사변이 안 났으면 지금 현재 법대에 그대로 계실지도 모르겠네요. 그래서 1952년에 서울대학교에 오셨으니까 만 25년, 4반세기가 되는군요. 그 사이에 미국 콜럼비아대학에 유학을 다녀 오셨습니다. 콜럼비아대학에서는 주로 세계적 석학이신 Philip C. Jessup 박사의 지도를 받으셨고, 또 Lissitzyn과 故 Friedman 교수의 Seminar 등에도 참석하여 미국 국제법학계의 학풍에 깊은 영향을 받으신 것으로 압니다. 이 선생님과 Jessup 박사와의 인연은 선생님이 콜럼비아에 가시기 전에 Jessup의 명저인 『A Modern Law of Nations』를 번역, 출판하신데서 비롯된 것으로 알고 있으며, 그 후 Jessup 박사는 이 선생님의 노작인 『국제법학(상권)』에 서문을 보내기까지 했지요.

대학에서 행정직도 고루고루 맡아보신 셈인데요, 제가 지금도 기억하는 것은 교학국이라 했던 당시 유기천 선생이 교학국장을 하시고 이 선생님이 부국장으로 들어가셨어요. 그때는 저도 이미 법대에 들어와 있을 땝니다. 유기천 선생이 교학국장을 맡으실 때 조건을 제시하신 모양입니다. 尹日善(윤일선) 총장에게 부국장을 이한기 선생으로 한다면 맡겠다. 그래서 국장, 부국장을 모두 법대교수가 맡은 일이 있었지요. 그 뒤에 일이 많아서 기구를 개편해서 교무처, 학생처로 나누었고 이한기 선생께서 학생처장직을 맡으셨습니다. 그때 제가 법대학생과장직을 담당하고 있었고. 4·19를 맞이했습니다. 이 선생께서는 건강이 안 좋으셔서 병원에 입원해 계시고 4·19 나고 얼마 안 있어 학생처장직을 그만두시고 오랫동안 투병하셨지요. 그리고 5·16이 나서 그때 국가재건최고회의에, 박 선생님께서도 관계하신 걸로 알고 있는데요, 의장고문으로 관여하시고, 교수직과 겸임하신 걸로 압니다. 그 무렵 저는 미국에 가고 없어서 자세한 것은 모르겠습니다만 한일회담의 고문으로도 계셨고 그 뒤에는 交替首席代表(교체수석대표)로도 활동을 하셨는데요, 어떻습니까, 이 선생께서 교체수석대표로 가시고 하실 때 어려웠던 또는 특기할 만한 것으로 기억나시는 게 있는지요.

박관숙　　글쎄요, 그때는 별다른 것은 없었습니다. 5·16 후 민정이양 전이었으니까 말하자면 국가재건최고회의가 전권을 가지고 있던 때지요. 그 초기에 제가 참여했을 때는 혁명 직후여서 삼엄할 때고 바로 우리 그룹이 그만두고 그 다음에 이 교수, 金成熺(김성희) 교수들이 들어갔는데 그때는 어느 정도 삼엄한 분위기는 가시고 안정되어갈 때이기 때문에 일본과의 관계도 자유당 때부터 시작되었던 한일회담을 계속해야 했는데 군인들이 주였지만 대외문제를 군인들만으로 대처하기는 어려움이 있으니까 민간인들, 학자 출신들도 조금씩 활용을 했지요, 저는 이때 이 교수께서 여기에 참여했던 것으로 알고 있습니다.

배재식　　그래서 제가 미국에서 돌아와서 교무과장직을 맡았을 때입니다만 선생님이 최고회의의장 고문일이 상당히 많았던 것으로 압니다. 학교강의도 조금만 맡으셨지요. 당시 서울대학교총장이 權重輝(권중휘) 선생이셨는데 이 선생님이 거기에 계신 것이 서울대학교로서도 이로운 것이 아니냐는 이분의 권고도 있고 해서 오랫동안 그 일을 하신 걸로 압니다. 그리고 민정이 되어서 최고회의에 관계했던 분들, 특히 의장고문을 했던 분들은 말하자면 그런 경력을 배경으로 해서 자기가 특히 원하는 자리가 있으면 희망을 하도록 했던 일이 있었던 것으로 압니다. 들은 얘기로는 그 당시 申直秀(신직수) 씨도 이한기 선생님과 함께 고문을 했고 이한기 선생님을 매우 존경했다고 하는데요. 이 선생님이 학교로 돌아가겠다고 하시니까, 이 기회에 원하시는 다른 직으로 나가보시는 것도 어떠냐고 권유도 했던 모양입니다. 학교로 돌아간다고 하시고는 그대로 학교에 돌아오셔서 그 후 죽 계시는데 이후 학내에서 건강이 과히 안 좋으신데도 골고루 학교행정에 여러 가지로 관여하셔서 서울대학교 인사위원도 역임하시고 아까 말한 학생처장도 지내셨습니다. 그런 가운데도 학회에도 많이 참석하신 걸로 알고 있습니다. 그때 동경에서 열렸던 국제법협회에는 박 선생님께선 참석 않으셨던가요?

박관숙　　전 그때 동남아에 다른 회의가 있어서 그리로 가고, 朴在攝(박재섭) 교수하고 故 신동우 씨하고 세 분이 다녀오셨지요.

배재식　　1965년도에 헤이그 아카데미에 다녀오셨고, 귀로에 독일, 영국, 스위스,

이탈리아 등지를 돌아보고 오셨습니다. 1966년에는 서울대학교 법학연구소장직을 맡으셨지요. 1967년도엔가 홍콩에서 개최된 아세아지역국제법회의에 한국대표로서 참석하셨고, 그해 3월 법대학장직을 맡으셨지요. 그때가 처음이고 현재가 두 번째가 되는 셈입니다. 그래서 3년 동안 제가 이때 두 번째로 교무과장직을 맡아서 선생님을 도와드렸습니다. 이때 삼선개헌을 맞아가지고 참으로 뭐라고 표현키 어려운 고비를 넘기고 그런 중에 한때 건강을 해치신 일이 있습니다. 그 동안에도 오랫동안 심혈을 기울여 해오시던 독도영유권에 관한 연구를 계속하셔서 드디어『韓國의領土(한국의 영토)』를 세상에 내놓았습니다. 이 논문은 박사학위논문인 동시에 이 선생님 학문의 일단의 총결산이었다고도 할 수 있겠습니다. 그 무렵 동경한국연구원(東京韓國研究院)에 가셔서 독도문제에 관해 강연도 하시고, 이때가 1969년인데 저도 조금 전에 일본에 가서 심부름해 드린 일이 있지요. 법대학장 3년을 치르시고 지금은 없어진 서울대학교 사법대학원장직을 맡으셨습니다. 그리고 70년이라고 기억하는데 동경에서 있었던 9개국공동위원회에 李瑄根(이선근) 박사와 같이 한국대표로 다녀오셨습니다. 그해 국민훈장 동백장을 받으신 일이 있는데, 동백장 이야기가 나오니 생각나는 재미있는 일이 있습니다. 어떤 분이 받으시는지 저도 전혀 몰랐는데 전 문교부장관을 지냈던 민관식 씨가 축전을, 그것도 장문의 축전을 보내왔더래요. 정치인들의 관심이라는 것은 우리와는 다르더라 그런 말씀을 하셔서, 왜 그렇습니까 했더니 내가 이번에 동백장을 받았는데 우리 동료 다른 사람들은 말도 안하고 또 알지도 못하는데 그 분은 그걸 아시고 축전을 보내셨더라고 하셨던 기억이 납니다. 사법대학원장 직을 그만두시고 다시 그 동안에 공부를 좀 더 하신다고 연령으로 봐서는 늦은 감이 있습니다만 1974년에 국제교류기금에 의해서 동경대학에 1년간 객원교수로 갔다 오셨지요. 그리고 1976년 작년 다시, 제10대 법대학장 직을 맡아 이제까지 계십니다.

참 작년은 이한기 선생께 다시 없는 슬픈 일이 있었습니다. 다 아시는 바와 같이, 선생님께서 참으로 아끼고 사랑하시던 사모님이 오랫 동안의 병고 끝에 영영 불귀의 객이 되셨던 일이지요. 前 사모님은 약골이시면서도 의지가 강한 현모양처로서 자기가 하실 일을 다 하고 가신 분이라고 알고 있습니다. 여기서 생각나는 일은 이 선생님께서『국제법학 하권』(1961)을 집필하고 계실 때 건강이 매우 좋지 않았는데, 사모님의 온갖 정성과 격려에 힘입으셔서 끝내 탈고를 해낼 수 있었던 일입니다. 그래서 그 저서의 서문에는 그러한 사연과 함께 우리 사회에서는 드물게 "이 책을 아내에게 바친다"라고 적혀 있습니다. (잠시 침묵이 흐른다) 그러한 사모님을 잃으신 당신의 비통함과 외로움은 어찌 말로써 다할 수가 있겠습니까. 주위의 저희들이 무어라 위로해드릴 수 없을 만큼 안타까워 했는데, 친지분들의 권유와 중매, 그리고 장남(종웅군)과 子婦(자부)의 간곡한 뜻에 따라 작년 말에 현재의 사모님이신 金惠炅(김혜경) 여사와 재혼을 하서서 단란하게 지내고 계십니다.

　이제 이한기 선생님이 60평생을 지내오신 발자취를 대충 이 정도로 살펴봤는데요, 혹시 그 가운데 박 선생님께서 기억나서서 한마디 남기시고 싶으신 게 있으면 말씀해 주시지요.

박관숙　여기서 언급이 안 된 걸로 제가 기억에 남는 것은 물론 이한기 교수는 대학도 저보다 1년 선배이고 동창이고 전공분야도 같고 해서 지금까지 30여 년 동안 동고동락해온 분인데 한국에서는 물론 해방이 되어서 저희들이 대학에 몸을 담게 됐는데 다른 분야도 그렇습니다만 국제법분야 같은 것은 과거 일제하에 있을 때는 생각조차 못했던 것이지요. 국제법을 공부한다 해서 대학에도 강좌가 생기고 그렇게 해서 시작이 됐는데 물론 처음에 하신 분이 딴 분도 전혀 없는 건 아닙니다만 이한기 교수하고 저하고 였고, 이외에 박재섭 교수가 조금 뒤지지요. 그러니까 현재 현역으로 있는 분들이 제일 먼저 시작을 했다고 볼 수 있겠습니다. 아까도 말이 나왔었지만 저도 그리고 이한기 교수는 직접 본인에 확인을 해 봐야 할 문제이긴 합니다만 대개 고등학교 때에는 문학방면에 취미를 많이 가지고 그러다가 대학은 본의 아니게 법과에 진학하는 경향이 많았는데 사실 자기가 별로 원하지 않고 취미도 별로 느끼지 못하는 분야를 전공한다는 게 어려운 일이거든요. 그러다가 해방이 되니까 상황이 달라지지 않았어요? 이제는 자기나라에서 보람있는 일을 할 수가 있다는 상태가 된 거지요. 그렇지만 그 당시 법학분야도 사실상 백지상태여서, 재야에 있는 몇 분들과 대학교수로는 연희전문이나 보성전문에 그저 몇 분 있는 정도의 상태였어요. 그래서 이젠 한번 해볼 만하다는 그런 데서 다시 재출발했다고도 볼 수 있지요. 학교 다닐 때의 법학공부라는 것은 마음에서 우러나온 것이 아니고 먹고 살기 위해서, 말하자면 빵을 위해서는 할 수 없다는 식이었으니까요.

최송화   요즈음 대학생들은 권력 아니면 권리, 자유, 이런 차원에서 법률을 생각하는데 말이지요.

박관숙   그렇지. 우린 사정이 달랐어요. 일제강점기 때는.

배재식   이건 들은 얘긴데 해방이 되고 나서 우리도 대학을 갖게 되고, 한국사람으로서 법학교수를 필요로 하게 됐는데 특히 공법분야, 헌법, 국제법분야는, 말할 것도 없이 나라가 없는 백성에게 사실 그것이 관심도 없는 분야라서, 그건 국가가 있어야 비로소 헌법이 문제가 되고 국제법이 문제가 되는 거 아니겠어요? 일제시대에 법학을 했다고 하는 사람들도 한국사람으로서 그 당시는 의사 또는 변호사를 한다 그래가지고 학자로서보다도 실무계통으로 가르칠 만한 분들은 그런대로 좀 있었지만 정말 대학에서 헌법, 국제법을 가르칠 분이 없어서, 이건 유진오 선생한테 들은 얘긴데, 유진오 선생이 헌법, 국제법 양쪽 다 가르치셨거든. 그래서 법학부를 나오신 분들로서 그 당시 대학강단에서 제일 필요로 했던 게 헌법, 국제법분야가 아니었나 싶어요. 그쪽에 사람이 없었으니까. 또 그쪽을 하려고 해도 일제시대 때 한국사람에게 그런 과목을 맡겼을 리 만무한거고, 더욱이 말하자면 국가주권에 관한 문제니까 한국사람이, 나라 없는 백성이 그걸 할 리도 없고 해서 아무런 소용도 없었으니까.

최송화   그래서 퍽 궁금하게 여겼던 게 주권도 없는 그 시대에 국제법을 시작하신건가 하는 것이었습니다.

배재식   아니지 해방되고 나서 하신 것이지요. 해방되고 나서 그쪽 분야에 수요가 많고 이제는 내 나라를 찾았으니 공법이 필요하다. 그래서 자연히 공법으로 흐르신거지. 그래서 국제법을 하신 걸로 듣고 있지요.

박관숙   해방되고 나서 재출발을 한 것이지.

배재식   이제 선생님의 연구과정을 지금까지 보면, 누구나 자기나라의 입장, 자국이익을 생각지 않는 사람은 없겠지만, 논문 등의 주제가 대개 한국에 관한 것이어서 전체에 흐르는 학문의 주된 관심이 내 나라, 특히 신생국으로서, 게다가 사변을 거쳐 국가기능에 제약을 받는 분단국의 특성을 가지고 있는 바로 우리나라의 권익을 보호한다는 의식이 굉장히 강하십니다.

박관숙   그 분의 특색이라고 할 수 있지요.

배재식   특히 최근에 이르러, 해양법 관계가 압도적으로 많습니다. 이와 관련해서 가장 인상적이었던 것이 인접해양에 대한 주권선언에 따라서 설정된 平和線(평화선)문제였는데요. 일본학자들이 특히 국제법 위반이라고 해서 많은 공박을 가하고 있을 무렵인데 이승만라인의 합법성 내지 필연성을 변화하고 있는 공해자유의 원리, 즉 공해에 대한 국가관할권의 확대의 추세에 비추어 옹호하셨지요. 그 글을 읽고 대학원학생으로서 국제법이 무엇인지 제대로 이해 못할 때면서도 그 방면에 관심을 갖도록 했던 기억이 납니다. 그리고 우리 박관숙 선생님과는 학문방법론에 있어서 차이가 있다고 볼 수 있을텐데요. 이한기 선생님은 국제정치학에 관해서도 상당히 조예가 깊으시고 그쪽으로도 꽤 논문이 많은 걸로 알고 있지요. 그것은 이 선생님이 국제법과 국제정치와의 관계, 특히 국제법의 정치적 기반에 유의하신다는 뜻입니다. 국제정치학의 이야기가 나오니 자연히 이동주(李東洲) 선생님(이용희(李用熙) 전 통일원장관) 생각이 나고 그 분과 이한기 선생님과의 각별한 학문적 및 인간적인 친분관계를 말하지 않을 수 없군요. "기당"이라는 이 선생님의 아호는 바로 이용희 박사께서 우정의 표시로 지어드린 것으로 알고 있습니다.

박관숙   미국 콜럼비아대학에 다녀오신 뒤에 그런 경향이 두드러지게 나타난 걸로 봅니다. 아까도 이야기했습니다만 1950년대까지는 대체로 봐서 우리 자신도 초창기이기 때문에 국제법이 무엇이다 하는 것을 소개하는 그런 단계였습니다. 이 교수께서 저보다 아마 2년 먼저 1954년에서 1956년까지 미국에 유학을 하셨는데, 그 때 특히 콜럼비아대학의 제섭 교수라든가 예일대학의 맥두갈 교수 그리고 법학자는 아니지만 한스 모르겐소 교수 같은 분들이 활약을 하고 있을 때였습니다. 미국은 유럽대륙과는 달라서 학문적인 방법론도 상당히 프라그마틱한 나라아니예요? 거기 한 2년 계시면서 여러 가지로 방법론에 있어서 영향을 받으신 것으로 알지요.

귀국하신 후부터 이 교수의 학문세계에서 특기할 수 있는 것은 방금 배 교수께서도 말씀이 계셨지만 일관해서, 그러니까 국제법이란 것을 국경을 초월해서 모든 국민에 적용되는 법이라고 말할 수 있기야 하지만, 어디까지나 한국을 의식하는 차원에서 연구를 계속해 왔고, 그런 것이 여러 논문에서 구체적으로 나타나고 있다는 점이지요. 그리고 또 하나의 특색은 학문의 방법론에 있어서, 저와 조금 다르다면 다르다고 볼 수 있겠는데, 말하자면 기능주의랄까 그리고 케이스 메소드랄까, 이것 역시 미국의 연구방법이지요, 짙게 나타나고 있는 것입니다. 이것은 우리나라 최초의 시도라고 볼 수 있습니다. 저는 미국에 1년 남짓 있었는데 결국 연구방법 면에서도 국제법을 하나의 규범으로서 연구의 대상으로 파악하고 있는 셈이지요.

배재식　저희들이 이해하기로는 박관숙 선생님은 그런 면에서 이른바 비인학파, 일본으로 말하면 요꼬다[横田喜三郎] 계통의 학풍을 이으시고, 이한기 선생께선 넓은 의미의 기능주의 내지 법사회학적인 접근방법을 취하시는 걸로 압니다. 그런 점에서 이 선생님은 동대시절에 국제법을 요코다 박사에게 배우셨는데도 그 분의 학문적 영향은 별로 받지 않으신 것 같아요.

박관숙　그래서 이 교수께서는 국제정치에 관해서도 연구의 범위라든가 심도가 다른 법학자보다 상당히 깊다고 저는 인정합니다. 물론 국제법이라는 게 자연 인접 분야로서의 국제정치나 국제정치사, 정치학 등과 분리시켜 생각할 수는 없는 것이지만, 어쨌든 법을 그런 사회현상의 하나로 파악하여 기능을 중심으로 연구해야 한다는 입장이 이 교수의 학문연구에 있어서의 기본적인 태도가 아닌가 생각합니다.

배재식　저서목록을 통해서 보면 역시 규범으로서의 국제법과 그 현실과의 괴리 이런 문제를 정치학적인, 동태적인 면에서 파악하시면서 현재 있는 국제법이 어떠한가에 대해 매우 주의 깊게 파고드시고, 그런 점에서 보면 전공은 아닐지라도 국제정치학자로서도 빠질 데가 없는 분이 아닌가 늘 생각해오고 있습니다. 이건 그 분이 처음으로 국제법교과서를 내셨을 때 일인데요, 제가 교정도 봐드리고 색인도 작성해드리면서 자연히 다른 사람보다 그 내용을 상세히 읽게 되었지요. 지금도 그 장면이 떠오릅니다만 책이 나온 뒤에 연구실에서 제가 "전체적으로 선생님의 책을 읽고 보면 역시 방법론에서 법사회학적인 입장에 서 계신 것 같군요" 그랬더니, 웃으시면서 "음, 그렇다고 볼 수 있지"라고 말씀하신 적이 있습니다.

그리고 고등학교시절 문예방면으로 활동을 하셨다고 했는데, 확실히 문장에 소질이 있으신 것이 드러납니다. 교과서를 보면 문장이 수려해요. 그 책 가운데 이런 한 구절이 있어요. "오늘날 푸른 다뉴브강은 붉은 다뉴브강으로 변했다." 교수실에서 그 얘기가 나왔을 때 당시 한태연 교수께서 "거 이 교수가 문학적 소질이 풍부하다"고 하신 일도 있었습니다. 그래 어떤 때는 법학교과서로서라기보다도 문학서 같은 부드러운 표현이 항상 나타나는 걸 볼 수가 있고, 가령 형용어의 구사 같은 게 그렇지요, 늘 문장력이 참 좋으신 분이라고 느끼게 합니다.

그럼 이제 제자들 입장에서 교육자로서의 우리 이한기 선생님 얘기를 해 봅시다.

최송화　제 경우에는 대학교 때 배웠고, 그 다음 대학원시절에 강의실에서 뵈었는데, 전반적으로 우선 이런 인상을 받았어요. 먼저 책을 통해서는 매우 부드러우신 분이다. 그런데 강의를 하실 때는 굉장히 조리정연하시기 때문에 빈틈없이 꽉 짜이신 분 같아요. 그러다가 사석에서 만나면 항상 부드러우신데, 자상한 것 같으면서도 엄하시고, 가까우면서도 가까이 갈 수 없는 뭔가가 보이는 것 같았습니다. 대학원 다니면서 더욱 더 그런 걸 느꼈습니다만 언제나 보면 과묵하시고 말씀이 안 계셔서 어려운데, 가까이 가서 저희들이 먼저 화두를 열면 또 부드러우십니다. 그래서 어떤 때는 마치 이끼가 아름답게 끼어 있는 큰 바위인 듯한 생각을 해봤어요. 대단히 부드러우신데 좀 더 가보면 딱딱해서 어려운 듯하고, 그렇다고 우리한테 야단을 치시는 것도 아닌데 말입니다. 그러니까 장중하신 동시에 훈훈하게 해 주시는 그런 점이 계셨던 것 같습니다.

배재식　대개 느끼는 게 같아요. 내가 이한기 선생님을 처음 대한 것이 1952년인가 4학년 때 국제법 2부 강의를 들으면서인데 그때만 해도 30대 중반 아주 젊었을 때죠. 내 개인 얘기지만 법대에 이리스반이라고 유기천 선생이 지도하는 형사법연구회 회원으로서 대학 학부생치고는 너무 지나칠 만큼 형사법분야에 깊이 파고들고 흥미를 느껴 공부하고 있었지요. 그런데, 대학원을 가면서 공법전공으로 정했는데, 그땐 따로 국제법전공이 나뉘어있지 않았어요. 꼭 헌법을 한다 국제법을 한다는 뚜렷한 것도 없으면서 취미와는 달리 그쪽으로 방향을 돌린 데는, 앞서도 말한 바와 같이, 이한기 선생님의 강의, 특히 6·25사변에 대한 국제연합안전보장이사회의 조치에 관한 강의가 상당히 인상깊게 남아 있었고, 또 어떻게 시험성적이 좋아서, A였지, 흥미를 갖는 계기가 되었다고 볼 수 있어요. 대학원에 들어가서 처음으로 1953년, 지금 갈봉근 의원의 집인데, 댁을 방문해서 사모님도 뵙고, 개인적으로 지도도 받게 되었지요. 그때 국제법학회를 만드니 가입을 하라고 권해서서, 대학원생 이상이 가입하게 되어 있었는데, 입회원서도 얻어서 가입을 했고 창립멤버로서 말석에 앉았었지요. 당시 받은 인상은 너무 엄하달까 하는 것이었는데, 還都(환도)후 한 번 두 번 접하다 보니 학자로서 자기연구에 충실한 분이고, 가르치는 교수로서도 다른 분에 비하여 지나치게(?) 충실한 분이라는 인상을 받게 되었습니다. 왜냐하면 사실 환도 직후에 아직도 대학강의가 제대로 안 되고 있을 땐데 꼭 숙제도 내시고 말이지. 그런데 그러한 교육을 받는 것이 피교육자를 위해선 좋은 거지요. 지금도 대학원의 경우 유일하게 시험을 치르고 그러시니까. 교육자로서의 이분의 인상은, 오래 사귀면 따뜻한 점을 알지만, 최 교수도 이야기했듯이 피상적으로는 누구나 엄한 분이라 좀 가까이 하기 어려운 성격처럼 보지만 가정적으로도 가까이 지내고 보면 매사에 생각하시는 것이 지나칠 정도로 치밀하고 섬세하십니다. 참으로 많이 생각하시는 심사숙고하는 형이시지요.

최송화　저희 동기들 간에 이런 얘기가 있있어요. 한참 결혼들을 할 때죠. 선뜻 어느 분에게 결혼주례를 부탁드릴까 얘기가 나왔는데 모두들 이한기 선생님을 제일 먼저 들었어요. 그러면 옆에서 그 분 엄하시고 말씀도 없으신데 왜 그러냐고 반문도 있었습니다. 그 다음에 나오는 말이 그 분의 성실함, 이런 걸로 봐서 선생으로서 인생의 사표로서 생각했을 때 그만한 분이 없다는 거였습니다.

배재식　한마디로 표현해서 전형적인 성실형이시지요. 저는 특히 학생들에게 없어서는 안 되는 것, 그것만 있으면 무엇이든지 될 수 있는 것, 즉 그것은 성실로서, 절대적인 가치라고 강조하는데요, 빈틈없을 뿐 아니라 어떤 일도 책임지고 자기 일은 다 해내시는 데 이한기 선생님의 특징이 있다고 말할 수 있지 않습니까?

최송화　그리고 원고 쓰신 것을 가끔 보는데요. 거기서도 성품이 나타나는 것 같아요.

배재식　그 분은 글을 쓸 때에 마구 쓰시는 법이 없어요. 땀이 밸까봐 꼭 손수건을 원고지에 대고 쓰시지요. 글씨도 활자와 같아서 인쇄공들이 이분 것이라면 교정이 필요없다고 그럽니다. 또박또박 쓰시는 거기에도 바로 그 성품이 그대로 드러나지요.

　저희들 이런 얘기에 덧붙여서 박 선생님께서 저희들이 잘 모르는, 어떤 의미에서 더 잘 아시는 그런 성격이 있으면 말씀해 주시지요.

박관숙　저는 대학동창으로서 선배로서 같은 전공의 동료로서 30여 년간을 죽 지내왔는데, 대개 얘기가 나왔지만, 이분의 인품이 처음 얼른 접촉하는 분께는 조금 지나치게 엄하고 가까이 하기가 어렵지 않으냐 하는 인상을 주는 것은 사실입니다. 저는 하도 오래 30여 년 동안 접촉하였고 그래서 너무 잘 알기에 하는 얘긴데 처음에는 그런 인상을 주지만 좀 접촉을 하고 잘 알게 되면 첫 인상과는 달리 아주 자상하달까 이런 면이 있어요. 그리고 이것은 일반에서는 아마 그 분에 대해 잘 모르는 점인데 상당히 엄하기만 하고 과묵하기만 하신 분으로 생각하는데요, 또 그렇지 않고 상당히 서로 잘 아는 사이가 되면 아주 유머도 있고 위트도 잘 하시는 면도 있습니다. 그건 상당히 좌석이나 분위기에 따라서 그렇게 되지만 말이죠. 그리고 일반적으로 말해서 제가 볼 때에는 한마디로 성실하고 자기책임을 다한다는 전형적인 분이라고 볼 수 있어요. 자기 말과 행동에 대해서 말은 번지르르하게 하면서 거기에 대한 책임은 지지 않는 경향도 있는데, 이분은 자기언행에 대해서는 자기가 책임을 진다는 신념으로 일관해온 분으로 생각이 되고, 초면에는 엄하고 가까이하기 어려운 것 같지만 알고 나면 그렇지 않고 유머라든가 이런 것까지도 이해할 수 있는 인품의 소유자라고 말할 수 있습니다.

배재식　가정적인 면에서 볼 때 전 사모님과의 관계 또한 그렇습니다. 사모님보다 연하이시면서도 남편으로서의 가정에서의 자기 위치라는 것은 조금도 아래인 것 같지 않고, 또 사모님도 그렇게 건강이 안 좋으신 가운데도 제가 아는 한에서는 남편 받들기를 그렇게 잘 할 수가 없었다고 알고 있습니다. 요즈음 젊은이들이 흔히 쓰는 사랑이라기보다도 마음으로부터 아끼고 사랑하고, 부부 간에 서로 진실되게 어려워할 줄 아는 그런 분위기였어요. 제가 보기에는 요즈음 젊은 사람들이 말하는 아기자기한 맛은 없을지 모르나 그런 가운데도 두 분은 은밀한 사랑, 남의 눈에 띄지 않고, 남들이 느낄 수 없는 그러한 참다운 사랑을 주고받은 부부였다고 생각해요. 그래서 오늘 사모님이 안 계신 자립니다만 사실 늘 이런 얘기를 하셨지요. 한 번도 호강도 못시켜주고 두고두고 미안하다고요. 하지만 워낙 성격이 천성적으로 학자이시고 자기 일에 충실하시고 하셔서 경제적으로 남처럼 여유있게 사모님을 편안하게 해드리지 못했을지는 모르지만 아마 정신적으로는 누구 못지 않게 두 분이 서로 존대하고 어려워할 줄 알고 사랑하는 부부였다고 확신하고 있습니다. 이처럼 가정적으로도 역시 사모님이나 자식들에 너무 달게 대하지 않으시면서도 남편으로서 아버지로서 자상한 정은 또 다 가지고 계신 것 같아요. 이것 역시 선생님의 성격의 한 면을 그대로 보여주고 있는 거지요. 재혼하시고는 아직 가정분위기를 잘 모르지만 기회 있으면 새 사모님께 한번 인터뷰라도 통해서 말씀 들어 봤으면 합니다.

최송화　　그리고 성품을 판단하는 데 도움이 된 것 같아 말씀드리는데 아까 원고 정리하시는 데 관한 이야기가 있었지만 제가 연구실에 들어가 보고 명절에 세배하러 서재에 들어가 보고서 대번에 느낀 건데 그 연구실이나 서재를 정리정돈해 놓으신 것이 조그만 물건 하나하나 모두 놓여있으면서도 아주 세세하게 정리되어 있는 것, 이것 또한 선생님 성품의 一端(일단) 같아요. 그리고 갖고 다니시는 수첩에 일정을 정리하시는 걸 보면 아주 일관된 성품이, 조리정연한 언변이라든가 모든 것이 설명되는 것 같습니다.

배재식　　바로 그거예요. 이분의 주위를 보면 언제나 그같이 깔끔히 정리되어 있고, 바로 그렇지 못한 사람을 보시는 눈은 뭔가 빠진 사람같이 보시기가 쉬워요. 워낙 빈틈없이 주위가 언제나 정리되어 있으니까 이를테면 돌다리도 두드려 가는 성품이라 표현할 수도 있지 않겠습니까?
　　좀 길어진 것 같습니다만 여러 가지로 이한기 선생님의 걸어오신 발자취, 학문의 세계, 성품, 교육자로서의 그 분의 인상, 가정에 있어서의 남편으로서의, 아버지로서의 보이지 않는 일면 등을 죽 보아왔습니다. 끝으로 법학계, 좁게는 국제법학계, 또 널리는 교육계도 이야기되겠습니다만, 이분이 기여하신 공헌이랄까, 이런 것을 결론적으로 먼저 박관숙 선생님께서 한 말씀해 주십시오.

박관숙　물론 해방 이후 오늘날에 이르기까지 한 30여 년 됐습니다만 우리가 해방 이후부터 비로소 국제법연구를 시작해서 오늘날에 이르렀는데 이한기 교수는 국제법을 전공해서 이제껏 일관해서 그 연구에 몸을 바쳐왔고 그동안 좀 더 화려한 다른 세계에 발을 들여 놓을 기회가 전혀 없었던 것도 아닌 걸로 생각되는데 그러나 꾸준히 初志(초지)를 굽히지 않고 일관하게 학문연구에 정진해 왔다는 데 학자로서 경의를 표할 수 있고요, 또 국제법학자로서는 우리나라에서는 제1세대라고 할까 국제법을 학문으로서 도입하고 소개하고 기초를 닦는 데 절대적 공헌이 있었다고 봅니다. 이를 이어받아서 더욱 발전시키는 것은 요다음 배 교수라든가 여러 분들의 임무라고 생각이 되는데, 이분은 국제법을 통해서 학계뿐만 아니라 전체적으로 우리나라에도 기여를 했다고 봅니다. 이것은 국제법연구에 있어서 이분이 한결같이 취해 오신 태도가 역시 한국 그러니까 우리나라의 국가이익을 어떻게 하면 좀 더 국제법을 통해서 확보할 수 있을까를 늘 염두에 두고 있었고 그래서 학문이 국경이 없다고는 하지만 국제법의 경우는 완전히 국경이 없을 수는 없고 역시 자기가 몸두고 있는 공간, 자기가 위치하는 사회, 나라를 의식하지 않으면 안 된다는 것을 국제법연구를 통해서 보여주셨다는 점이 하나의 큰 공헌이라고 볼 수 있습니다. 그 외에 구체적으로 여러 가지 면에서 한때 어려운 시기에 국제회의에 직접 참여했고 또 과도기에 정부일에도 어느 정도 참여하여 조력했다고 하는 것도 이분이 학자로서 또 학자가 가지고 있는 전문지식을 통해서 나라에 이바지한 것이라 할 수 있겠지요. 그러니까 국제법학자로서는 제1세대로서의 임무를 충실히 수행했고 우리나라 초창기에 있어서는 두말할 것 없이 첫손가락 꼽는 데 손색없는 업적을 남겼다고 생각합니다.

배재식　사실 저희가 보기에도 해방 직후 넓은 의미에서 공법, 특히 헌법, 국제법 분야는 거의 진공상태에 있었다고 해도 과언이 아닐 만큼 그 방면에 사람이 없었던 것이 아닙니까. 물론 역사적 결과에서 빚은 것입니다만. 그래서 해방 이후에 이한기 선생님은 바로 이 자리에 계신 박관숙 선생님과 더불어 우리 한국의 국제법학을 키우시는 데, 어떤 의미에선 도입하고, 그것을 후진들을 위해서 혹은 교과서를 통해서 혹은 논문을 통해서 교도하시는 데 선구적인 역할을 해주신 분들이죠. 그런 점에서 언제나 선구자가 안는 부담이란 것 후진이 잘 알기 어려운 것입니다만, 어려운 역할을 훌륭히 다해 오셨다고 한마디로 단언할 수가 있겠지요. 교육자로서도 오늘날 허다한 제자를 배출해냈는데 그 제자들의 평도 아까 많은 얘기가 있었습니다만 엄한 것 같으면서도 제자들이 많이 따릅니다. 또 친구도 많지 않을 듯한데 친구분들도 많아요. 이런 분들도 오래 사귀어 오시면서 그 분의 구수한 점을 발견하고 交遊(교유)를 지속하고 계신 것이겠지요. 그런 점에서 교육자로서도 그야말로 어려운 가운데 특히 우리나라에선 이쪽 분야의 자료가 거의 없다시피 하던 때를 당하시면서도 교육, 특히 국제법 중심의 법학교육에 이바지해 오신 그 분의 공, 또한 찬양하는 바입니다. 또 지금 박관숙 선생님께서 더욱 잘 아시고 그래서 말씀 다 해주셨지만 학자로서, 특히 법학자로서 그 분이 오늘날의 우리나라에 기여한 것, 또는 세계 여러 학회를 통해서 활동해 오신 것, 이런 점에서 반드시 한국이라는 장소적인 한계 내에서만이 아니고 널리 국제적으로도 특히 제약을 받는 한국사람으로서 자신이 하실 수 있는 일을 모두 하셨다고 보고, 그중에서도 우리나라의 입장, 국익을 위해서 모든 관심을 쏟아서 오늘날까지 연구의 대부분이 한국을 주제로 하는 말하자면 실제적인 견지에서 국제법을 공부하셨다고 봅니다. 또 간간입니다만 최고회의 또 외무부 기타 정부가 당면하는 실제 문제의 해결에 자문적인 역할도 하시고, 이렇게 해서 교육자로서, 학자로서 어찌 보면 모두가 부러워 할 만큼 자기 하실 일을 다해 오신 것이 아닌가 생각이 됩니다. 특히 한국을 주제로 한 학문 가운데 역시 대표적인 것은, 앞서 언급했습니다만, 학위논문인 「한국의 영토」로 무엇보다도 노작이었지요. 그것은 바로 우리의 영토인 독도의 영유권을 지켜나가는데 필요한 법적근거를 이론과 실제(先例)를 통해서 규명하고, 특히 그것이 한·일간의 분쟁으로서 I.C.J에 제소되는 경우를 가정하여 거기에 대비한 우리의 주장을 종합적, 체계적으로 정비한 것이라고 할 수 있습니다.

그런 점에서 이한기 선생님이 육십 평생 때때로 건강도 안 좋으셨지만 그러나 오늘날 와서는 아주 건강한 모습으로 자기의 학문의 세계에서, 또 교육자로서의 자기의 임무를 조금도 손색이 없이 수행하고 있다는 것이 무엇보다도 참으로 즐겁고, 다시 그 분의 앞으로의 건강과 보다 많은 업적이 있으시기를 간절히 기대할 뿐입니다.

여기서 빼놓을 수 없는 일이 있습니다. 그것은 이 선생님의 학문, 그리고 학회 생활 가운데서 특기할 만한 것으로, 박 선생님께서 더 잘 알고 계시는 일입니다만, 이 선생님이 박재섭 박사(고대교수)의 학위논문인 저서 『국제법에 있어서의 전쟁의 지위』(일명 "전쟁과 국제법")에 대한 서평을 「대한국제법학회 논총」(9권 1호, 1964. 3)에 쓰셨는데, 이 서평에 대하여 저자이신 박재섭 교수님은 바로 다음 호의 논총에서 전반적인 논평을 하시고, 여기서 두 분의 학문상의 견해의 차이 ─ 논쟁이 전개되었던 것이지요. 이 선생님의 서평에 대한 박 선생님의 논평에 대하여 이 선생님은 그 다음 호에 답론을 발표하셨고, 여기에 대하여 박재섭 교수님은 또 다시 논평을 쓰셨지요. 이에 대해서 이 선생님은 재답론을 준비하였으나, 학회의 원로이신 유진오 선생님과 여기에 계시는 박관숙 선생님 등의 간곡한 만류로 두 분 사이의 역사적인 논쟁은 일단락된 셈이지요. 이 같은 논쟁은 우리나라 법학계에 관한 한, 전무후무한 일로 알고 있으며, 그것은 확실히 이 나라의 국제법학의 발전을 위해서 큰 자극이 되었다고 생각합니다. 더욱이 손세일 편 『한국논쟁사 제3권』에서 "한마디로 학술 論戰(논전)의 모범이었다고 할 만한 논전이었다"라고 소개될 만큼 두 분께서 진지한 자세를 흐뜨리지 않고 시종일관하신 것은 본받을 만한 점이었지요.

최송화　요즈음 '선생'이라는 말이 여러 가지 의미로 사용되고 있습니다만 어떻게 보면 저는 은사에 대한 가장 높임말의 하나라고 생각하는데요, 이런 의미에서 이한기 선생님은 정말 선생님이라고 부를 수 있고 그야말로 우리가 인생에 있어서의 스승으로서 은사로서 마음에 새길 수 있는 분이라 생각합니다.

배재식　박관숙 선생님 오늘 다망하신 중에 나와 주서서 정말 감사합니다. 선생님께서 참석하지 않으셨더라면 이렇게 좋은 자리 가질 수 없었으리라 생각이 됩니다. 바쁘신데 정말 감사합니다.

박관숙　수고들 했어요.

배재식　최교수, 수고했어요.

[서울대학교 법학 제18권 제1호(1977. 6)]

청헌晴軒 김증한 박사께서 걸어오신 길

김증한(金曾漢) 교수님

생 몰: 1920~1988
재 직: 1946~1985
전 공: 민법

대담자 : 황적인(서울대학교 교수)
일 시 : 1980년 4월 16일

"신학설인 물권적 기대권론을 채택했던 용기를 후회하지 않아"

황적인　선생님 안녕하십니까? 바쁘신데 이렇게 나와 주셔서 대단히 감사합니다. 우선 선생님의 회갑을 진심으로 축하드립니다.

　선생님의 회갑을 맞아 평소 가까이 모시고 있으면서도 신변애기는 모르는 것도 많아, 이번에 선생님의 화갑기념호로 발행되는 서울대학교 「법학」에 19편의 논문과 함께 선생님께서 지금까지 걸어오신 길과 연구하신 학문에 관한 말씀을 게재하고자 하여 이 자리를 마련하였습니다.

김증한　감사합니다.

황적인　음력으로는 3월 19일이 생신이십니까?

김증한　　그래요. 금년에는 양력으로 5월 3일이 되더군요. 당시의 양력생일은 나도 모르지요. 그런데 언제 한번 알아보니 5월 6일이 되더군요.

Ⅰ. 유년시 및 가정

황적인　　그러면 해마다 음력으로 생신을 지내시겠네요. 먼저 선생님의 출생하신 곳과 성장하실 때의 말씀을 좀 해 주세요.

김증한　　그러죠. 내가 태어난 곳은 충남 부여군 구룡면 論峙里(현지에서는 "논티리"로 표기)예요. 그곳에서 아주 어린 시절을 보냈지요. 그런데 나는 국민학교를 네 곳이나 다녔어요. 구룡보통학교에 입학하여 2년간 다니다 9세 때 공주로 이사를 했어요. 그러나 공주 읍내에는 빈자리가 없어 하는 수 없이 외가가 있는 공주군 의당면에서 의당보통학교에 다녔어요. 다시 1년 후 읍내로 와서 공주공립보통학교를 다니게 되었는데 그곳도 얼마 다니지 못했어요. 5학년 1학기까지 다니고 평양으로 이사를 하여 그곳에서 보통학교를 졸업하고 평양사범을 다니게 된 것입니다.

황적인　　네. 그러셨군요. 이제 선친이신 金翼鎭(김익진) 선생에 관해서도 좀 말씀해 주십시오. 선친께서는 평양에서 변호사를 지내셨지요.

김증한　　당시 보통 경성법학전문학교(법전)을 나오면 재판소에서 書記(서기)를 했죠. 선친께서도 경성전수학교를 졸업하시고 홍성에서 재판소서기를 하시다가 5호시험인가 하는 일종의 판사특임시험에 합격하셔서 판사로 임용되셨는데 그 해에 내가 출생하여 한 해에 두 경사가 겹치게 되었죠. 그런데 초임지가 충주였는데 한번은 원고인 채권자 일본인 거상과 피고인 한국인 사이의 사건에서 일인에게 패소판결을 내리신 일이 있었답니다. 신임판사가 당시 무조건 유력했던 일인에게 패소판결을 내렸으니 당시는 참으로 sensation을 일으켰던 모양입니다. 그로 인해서 결국 좌천당하시어 강경으로 전임되셨죠. 선친께서 강경에 계실 때 親喪(친상)을 당하셨는데 장례비용이 부족했습니다. 사실 판사생활 8년에 남의 물건이라고는 지푸라기 하나 내 집에 들어온 것이 없다는 것을 긍지로 여기실 정도이었습니다. 그래서 공주에 계신 저희 큰 외숙의 주선으로 돈을 빌려 장례를 치르셨답니다. 그 후 그 빚을 갚기 위해 평양으로 자원하여 전근하셨는데, 그 까닭은 당시의 전근 여비로 빚을 갚으실 생각이었던 까닭입니다. 그리하여 평양에 계셨는데 그 후 覆審法院(복심법원) 판사까지 되셨습니다. 그런데 당시의 복심법원판사라면 한국인으로서는 최고에 도달하게 되는 것이며 그 이상의 진급은 불가능했죠. 그래서 선친께서는 판사생활 8년 만에 법복을 벗고 변호사개업을 하시게 된 것입니다.

황적인   해방 후에는 대법관까지 하셨잖았습니까?

김증한   8·15해방 후에는 평남인민위원회 치안부장을 하셨는데 그때의 얘기도 참 많습니다. 당시의 위원장은 조만식 선생이셨는데 그 조직 구조를 보면 각 부장은 민족주의자를 내세우고 차장은 철저한 공산주의자를 앉혀 모든 실권은 차장이 잡고 있고 인민에 대해서는 부장이 책임을 지게 되어 사실상 선친과 같은 분들은 이용만 당한 셈이죠. 그래서 몇 달 가지 않아 그만두셨습니다.

그리고 얼마 있다 당시 모스코바 3상회의가 있었는데 소련의 말렌코프가 평남인민위원회를 긴급 소집시켜 3상회의 결과를 절대지지한다는 성명을 내라는 명령을 내렸죠. 이때에 조만식 선생은 이 요구를 완강히 거부하셨으며 이로 인해 계속 연금당하시게 되었는데, 이때 조만식 선생과 함께 끝까지 버틴 이가 바로 선친이셨습니다.

그러나 선친께서는 연금당하시지는 않고 집으로 오셨는데 며칠 후 소련군인들이 급습하여 남쪽과 연락을 했다는 누명을 씌우고 가택수사를 했죠. 그래도 증거가 없자 연행되어 소련군 감옥에서 7개월간 복역하셨는데 절대로 월남하지 않겠다는 서약을 하시고 풀려나셨죠. 그 후 기회를 봐서 월남을 하셨고, 처음에는 변호사를 하시다가 그 후 대법관이 되셨습니다. 그러시다가 1949년에는 검찰총장이 되시어 6·25사변이 나기까지 계셨지요.

Ⅱ. 사범학교시절

황적인   잘 알겠습니다. 이제 선생님께서 법학을 택하신 동기를 좀 말씀해 주시죠. 혹 선친께서 권하신 바는 없었는지요?

김증한　평양사범에 다닐 때 일본인 박물(생리위생·지질광물 포함) 선생 한 분과 가까이 지내며 나도 박물을 좋아했으므로 그 분의 지도를 많이 받았습니다. 그 분은 공부 열심히 하셨고 실력도 대단했습니다. 나도 신념이 아무것을 하더라도 하나를 깊이 있게 끝까지 해야 한다는 사람이었으며 그 분의 감화로 생물·천문학공부에 뜻을 두고 별자리에 취미를 가지게 되었습니다. 하루는 그 분이 내게 졸업 후의 희망을 물으셨습니다. 그래서 내가 생물학공부에 뜻이 있음을 밝히자 그 분께서는 상급학교에 진학할 것을 권장하셨습니다. 그가 하시는 말씀이 "아무리 실력이 있어도 외국에서 알아주지 않으면 소용이 없으니 외국어, 특히 영어공부를 열심히 하라"는 것이었습니다. 그래서 졸업 후 약 2년간 훈도생활을 하면서 專檢(전검, 전문학교입학 자자격검정시험)을 거처 예과에 진학하였는데 원래는 생물에 뜻이 있었습니다. 1937년과 1938년 여름까지 訓導(훈도)생활을 하다가 1938년 가을에 일본에 갈 기회가 있었습니다. 가서 약 2개월쯤 있다가 각기병에 걸려 귀국했는데 12월이 되어 제5고 이과와 경성제국대학(성대) 문과에 지원하는 원서를 써놓았습니다. 결국 성대에 문과를 지원한 까닭은 성대에는 생물학과가 없었고 그와 유사한 의과는 병든 사람을 다루어 싫은 느낌이 들었던 까닭이죠.

　　어디에 제출하느냐로 망설이고 있을 때 선친께서 하시는 말씀이 일본에서 각기병이 걸린 것으로 보아 일본의 풍토가 맞지 않는 것 같으니 가급적 한국에서 공부하는 편이 낫지 않겠느냐는 것이었습니다. 그래서 성대 문과에 지원하게 되었고 수학을 잘하여 머리쓰는 것이 수학과 비슷한 법과를 택하게 된 것입니다.

황적인　그렇다면 선친께서 법학전공을 권하신 바는 없었군요.

김증한　그렇죠. 선친은 나에게 공부에 관해서는 일체 간섭하지 않고, 공부하라는 말도 하시지 않았습니다. 상당히 우연한 모멘트로 법학을 하게 된 거죠.

황적인　선생님께서 말씀하신 그 일본인 선생님에 관해서 좀 더 말씀해 주시면 좋겠습니다.

김증한　그 분은 원래 일본해군병학교에 다니셨습니다. 재학 시에는 boat선수, 육상선수를 하셨을 정도로 운동에도 소질이 있었죠. 그런데 폐병을 앓게 되어 퇴교를 하셨습니다. 그 후 건강을 회복하시어 히로시마[廣島]고등사범학교에 입학하셨으며 졸업 후 바로 평양사범학교에 오시게 된 거죠.

　그 분의 지론은 아무 것이나 다 할 수 있는 사람은 급할 때엔 아무것도 못하는 사람이니 무엇이라도 좋으니 한 가지만 철저히, 적어도 그 한 가지도 밥벌이 할 수 있을 정도로 철저히 하는 사람이 되라는 것이었습니다. 그 분 자신이 평양에 계실 때에도 식물채집 등을 하시면서 끊임없이 자신의 연구를 하셨는데 그 열성이 어느 정도냐 하면 한 번은 같이 비 오는 날 비를 맞으며 식물채집을 간 일이 있습니다. 그때 다른 일본인 선생 한 사람이 그 분에게 몸도 건강치 못한데 너무 무리한다고 만류하셨습니다. 이 말에 대해 그 선생님께서는 "식물채집을 하다가 죽는다면 다다미방에 누워 있다가 죽는 것보다 낫지 않은가?"라고 말씀하시며 식물채집을 계속하시는 것이었습니다.

　그 분은 우리 학급의 담임이셨는데 그 분의 성격은 대쪽같이 곧고, 일본 장교의 기질이 몸에 배어 있었습니다. 아침조회 때 복장검사를 하는데, 한번은 바지가 터진 학생이 천이 없어 못 꿰맨다고 하자 자기 양복천을 찢어주시며 꿰매오라고 한 일도 있었습니다. 또 농업실습 때 소나기가 와도 그 분이 계시면 실습활동을 계속해야 했습니다. 그 후 결국 폐병으로 이 세상을 떠나셨는데 그 분의 부친께서 보내신 편지를 보니 「식물과 동물」이란 수준 높은 학술지를 보시다가 손에 쥐고 돌아가셨다는 겁니다. 정말 그 분은 인생과 학문이 하나로 된 분이십니다.

황적인　네. 그렇다면 사범학교 재학 시에 선생님께 가장 큰 영향을 주신 분 같은데 선생님의 성격도 그 분의 영향을 받으신 게 아닌지요?

김증한　다분히 그렇다고 나 자신도 생각하고 있습니다.

Ⅲ. 대학생활

황적인　이번에는 대학에 들어오신 다음의 얘기를 좀 해 주시죠.

김증한　　사범학교를 졸업하고 진남포에서 교원으로 있으면서 전검을 쳤죠. 당시 사범학교 심상과 출신자에게는 상급학교 진학자격이 주어지지 않았기 때문입니다. 전검합격 후 입시준비관계로 1년간 있다가 1939년에 성대예과에 입학했어요.

　　당시 사범학교에서는 주 2시간밖에 영어를 가르치지 않았는데 그나마 그것도 隨意科目(수의과목)이어서 급락(及落)에는 아무런 영향이 없는 것이었습니다. 그런데 성대예과 입학시험에서 영어시험은 영어문장을 읽는 것을 듣고 그 내용을 쓰는 것이 있었는데 영어는 거의 혼자서 공부했기 때문에 상당히 걱정을 했습니다만 무난히 합격을 했습니다. 그리고 처음 배우는 독어만큼은 뒤지지 않아야겠다고 단단히 마음먹고 열심히 했어요. 그때 예과에서는 주로 외국어공부를 열심히 하였지요.

황적인　　당시의 독어시간이 꽤 많았다던데요.

김증한　　그렇죠. 1주일에 10시간씩이었으니까요. 예과 3년간 배우고 나니 웬만한 독일책은 모두 읽을 수 있겠다는 자신이 붙더군요.

황적인　　그때 공부하시던 방법을 좀 말씀하여 주십시오.

김증한　　아침 8시부터 밤 9시까지 쉬는 날 없이 도서관을 이용했어요. 그게 건강유지의 방법이기도 했어요. 웬만큼 무리하더라도 규칙적인 생활만 한다면 사람의 몸에 병이 나지 않으니까요. 그리고 민법 등의 경우에는 육법전서의 각 조문에 표제를 붙여, 무엇은 몇 조, 몇 조는 무엇이라는 것을 외었지요. 방에다 조문 일람표(숫자만)를 붙여 놓았어요. 법학공부는 아무래도 조문에 충실해야 합니다. 그리고 교과서를 암기할 필요는 없다고 보며, 암기보다는 이해가 앞서야 올바른 법학을 할 수 있습니다.

황적인　　선생님께서는 학병으로 일본에 가신 것으로 알고 있는데 그게 언제였나요?

김증한　　학부 3학년 때 갔어요. 학병문제가 거론되기 시작한 것은 학부 2학년 가을이었어요. 그 당시 우리가 졸업하기 위해서는 27단위(학점)를 취득해야 했는데 20단위 이상 취득하고 학병으로 간 학생에 대해서는 집으로 졸업장을 보내 주었어요.

황적인   학병으로 계시면서 보고 느끼신 일이 많으셨을 텐데요.

김증한   그렇죠. 처음에 오사카(大阪)사단 야포연대에서 6개월의 교육을 받고 병과 간부후보생시험에 앞서 경리부 간부시험이 있었는데 나는 그것에 합격해서 경리부 간부후보생으로 갔어요. 그래서 오사카사단사령부에서 전반기교육을 받고 다시 장교가 되는 갑종과 하사관이 되는 을종으로 구분했는데 나는 갑종에 뽑혔어요. 갑종간부후보생의 전체교육이 신경(新京; 현 長春)에서 있었는데(육군 제815부대) 졸업 시에 교장의 말을 듣고 전황이 일본에 극히 불리하다는 것을 알았어요. 오사카 사단출신으로는 나의 성적이 가장 좋았는데 한국인이라는 이유로 나 혼자만 히로시마(廣島)에 배속이 되었어요. 그래서 열차편으로 히로시마에 도착했는데 도착하자마자 공습경보가 울리기에 알아보니 얼마 전까지 내가 있던 오사카에 수많은 B-29가 폭격을 하고 있다는 것이었어요. 그때 죽을 고비를 한번 넘겼죠. 그런데 히로시마에서도 나를 차별대우하여 서열1위부터 7위까지의 사람 중 나 혼자만 하마다(浜田)[島根縣, 시마네현]에 있는 연대에 배속되고 나머지는 모두 사단사령부에 배속되었어요. 그래서 하마다의 연대에서 근무했는데 그때 너무 시간적 여유가 많아 승마를 하면서 시간을 보냈어요. 그러던 중 히로시마에 있는 사단 사령부에 가야할 일이 생겼는데 나에게 가라는 것을 동료인 芝라는 일본인을 대신 가게 했죠. 芝가 도착한 다음 날 히로시마에 원폭이 투하되었어요. 결국 芝는 얼마 후 죽게 되고 나는 또 한 번의 죽을 고비를 넘긴 게 됐죠.

Ⅳ. 서울법대 초창기

황적인   이제 선생님께서 교직에 서시게 된 때의 상황을 좀 얘기해 주시죠.

김증한   나는 1946년 3월 1일 경성대학 법문학부 형법연구실 조수로 채용이 되었어요. 그런데 같은 해 8월 22일 국립서울대학교설치령이 군정법령 제102호로 공포되자 그날부터 國大案(국대안)반대운동이 일게 되었는데 이는 말하자면 공산주의자들의 장난입니다. 그래서 성대 법학과 교수들이 총퇴진하게 되었으며 朱宰璜(주재황), 金甲洙(김갑수) 선생 같은 분도 좌익은 아닌데도 어쩔 수 없이 퇴진하셨죠. 그때 나는 교수가 아니었으므로 학교를 그만둘 이유는 전혀 없었습니다. 그럴즈음 당시 법전교장으로 계시던 高秉國(고병국) 선생께서 초대 법대학장으로 되셨다는 얘기를 듣게 되었습니다. 그래서 고 학장님과 친분이 두터운 陸芝修(육지수) 선생을 통하여 조수를 계속하게 해달라는 부탁을 드렸죠. 얼마동안 아무런 소식이 없다가 고 학장이 만나자고 한다는 말을 듣고 집을 찾아가 만나뵙게 되었어요. 그런데 고 학장님이 하시는 말씀은 교수진의 편성에 관한 것이었는데 대학교육을 정규로 받고 연구생활까지 해본 사람이 적다면서 내게 직접 강의를 맡으라는 부탁을 하신 것입니다. 형법연구실 조수로 있을 때에 비르크마이어(Birkmeyer), 빈딩(K. Binding) 등의 책을 열심히 읽었으므로 기술적이고 분량도 적은 형사소송법은 맡을 수 있겠다는 생각이 들었었는데, 고 학장님 말씀이 민법, 형법 등은 할 만한 기성인들이 많으니 젊고 외국어실력이 있는 사람이 요구되는 서양법제사를 맡으라는 것이었습니다. 그래서 서양법제사와 대륙법의 전임강사로 교직생활을 시작하게 된 거죠.

황적인　그럼 당시에는 그 두 과목만 강의하셨나요?

김증한　아니에요. 그게 이렇습니다. 그 당시 평양사범학교 시절의 은사이신 李崇寧(이숭녕) 선생께서 예과부장으로 계시면서 내게 예과의 독어강의를 부탁하시는 것이었습니다. 그래서 고 학장님께 말씀을 드렸더니 고 학장님 말씀은 법대에도 독어강의가 있으니 그것을 하라는 것이었습니다. 그리하여 학부에서는 서양법제사와 대륙법 강의를 하고 전문부에서는 독어를 강의하게 된 거죠. 당시 봉급은 쌀 대두 한 말의 액수이었어요.

황적인　당시에 좌우익의 대립이 심하여 상당히 어수선했다던데요.

김증한　아까 얘기한 것처럼 국대안반대운동 자체가 좌익이 조종한 결과입니다.

이들은 美帝(미제)가 한국의 청년들을 미국식민지의 수족으로 만들기 위한 수작으로 국립대학교를 설립한다고 선전하였으며 심지어 고교생들까지 이에 가담한 경우도 있었습니다. 이들은 등록을 방해하는 등 갖은 행패를 부렸습니다. 하지만 학생들이 등록하여 학교가 문을 열게 되었죠.

당시에 국립서울대학교 이사회가 있어 이 이사회에서 각 단과대학이 사용할 건물을 지정했죠. 1946년 9월 28일에 청량리에 있는 舊法專校숨(구법전교사)에서 개강은 했지만 워낙 먼데다 교통이 불편하여 거의가 휴강상태에 있다가 드디어 1946년 11월 7일 학생총회결의로 1주일 동안 동맹휴학에 들어갔습니다. 소련의 혁명기념일인 11월 7일을 잡아 맹휴를 한 것을 봐도 좌익의 조종이라는 것을 알 수 있습니다. 좌우지간 1주일 후 맹휴 계속 여부를 결정하기 위한 총회가 열렸는데 학생들의 발언내용은 공부하자는 쪽이 지배적인 의견이었음에도 투표결과는 맹휴를 계속하자는 쪽으로 기울어져 휴강이 계속되는 가운데도 일부 우익계 학생들은 강의를 계속해서 들었습니다. 그런 상황이 계속되는 가운데 다음해 2월에 가서 서울대 전체가 정상화되었는데 본부에서는 주동학생을 제명하라는 지시를 내렸습니다. 그때 다른 대학에서는 1~2명씩 제명하고 말았지만 법대의 경우는 달랐습니다. 내가 30명의 명단을고 학장께 제시하면서 "일단 공산주의자들의 끄나풀이 된 이상 저들에게 자유행동이 허용되지는 않으며 주동자가 따로 있는 것도 아니므로 모두 제명함이 옳다"고 주장했죠. 이에 대해 학장께서는 모두가 사랑하는 제자들인데 많이 처벌할 수 없다고 하셨습니다. 그래서 다시 내가 그 30명의 학생들의 모든 생활에 대해 학장님이 책임을 질 수만 있다면 내가 양보하겠지만 그럴 수 없다면 제명하는 것이 옳은 일이라면서 다시 한 번 강력히 주장했죠. 결국 30명 모두 제명되고 말았습니다. 그후 6·25까지 법대에서는 좌·우익간의 싸움이 한 번도 없었습니다.

V. 6·25 사변

황적인　네, 그러면 이제 6·25사변 당시 선생님이 겪으신 일들을 좀 말씀해 주시죠.

김증한　법대교수들은 대부분 부산에 피난갔습니다만 각자 개인적으로 행동할 수밖에 없는 상황이었습니다. 나의 경우 가족들은 서울에 남겨두고 부산으로 갔다가 9·28수복 후에 만났습니다. 그러다 1·4후퇴 때엔 전 가족이 대구로 갔습니다. 당시 나는 육군본부 문관으로 들어가 복무하면서 강의를 했는데 대구에서는 고대, 대구대, 청구대 등에서, 그리고 부산에서도 법대 이외에 홍익대, 동국대, 부산대 등에서 강의를 했습니다. 과목은 그전부터 해오던 서양법제사와 로마법이었습니다.

그 밖에 기억나는 일은 부산에서의 일인데 학기말 시험칠 때의 일입니다. 시험 전날 과목별출석을 조사하여 응시자격의 유무를 검토하여 자격있는 학생의 수험번호를 정하여 학생들 번호표를 만들어 시험장 각 책상에다 붙이고 시험칠 때에 지정된 좌석에 앉으라는 말을 했죠. 그게 어디 제대로 되겠어요? 아니나 다를까 학생들이 제멋대로 앉았더군요. 그래서 내가 말하기를, "법대란 질서가 생명인 곳이다. 나 혼자의 힘으로 여러분을 당할 수는 없으니 여러분들이 힘으로 내 의사를 무시한다면 난 어쩔 수 없다. 그러나 여러분들도 진정 법의 생명인 질서가 지켜져야 한다고 생각이 되면 제자리에 앉아주기 바란다."고 했죠. 그랬더니 질서 정연하게 제자리를 찾아 앉아주어 무사히 시험을 치르게 되었죠.

황적인　선생님께서는 학생과장을 오랫동안 하셨는데 언제부터 하셨나요?

김증한　1950년 1월부터 법대 학생과장을 했죠. 당시에 사실 학생들을 엄하게 다루었기 때문에 학생들에게는 무서운 존재였죠. 학생과장을 한 기간은 약 7년쯤 됩니다. 당시의 일로서 기억이 나는 것은 6·25때 부산에서 있은 일입니다. 방학 동안에 교사로 사용할 목조가건물을 건축했는데 이것이 개학이 되어도 준공이 되지 못했습니다. 그래서 학교에서는 편법으로 1주일 내내 교련만 했어요. 학생들이 이에 대해 교련반대결의를 하기 위해 집회를 가졌죠. 내 생각으로는 그대로 두었다간 교련반대 결의를 하게 될 것은 뻔하고 그렇게 되면 전시이었으므로 학생들이 당하는 피해가 이만저만이 아니라는 생각이 들었어요. 그래서 집회 중에 내가 나서서 심하게 호통을 쳤더니 학생들이 해산하더군요.

황적인　선생님께서는 매우 엄한 교수이셨지요.

김증한　나만큼 엄한 사람이 없었던 것 같아요. 부산 피난중에 백골단, 땃벌떼 등이 난무하던 그 시대에도 법대에선 삐라가 한 장도 나오지 않았어요. 이렇게 되니 어떤 학생들은 내가 법대생들을 병신으로 만들고 있다고 불평하기도 했습니다만, 학생들이 떠들어 봐야 아무 성과가 없다는 등의 말을 하며 설득했지요.

황적인　연구생활에 관해서 말씀해 주십시오.

김증한　대구에 있다가 부산으로 내려간 것이 1952년 초였습니다. 그래서 부산에서 법률학사전 편찬에 착수했는데 그때 같이 일한 사람으로는 金道昶(김도창) 씨와 安二濬(안이준) 씨 등이 있고 그 밖에 여러 사람이 도와주었어요. 그런데 원고가 거의 탈고될 무렵 나는 미국으로 가게 되었고, 1954년에 내가 미국에서 돌아온 후에 청구문화사에서 『법률학사전』이 나왔습니다. 그후 10년이 지나서 1964년에는 법문사에서 나왔지요. 이번에도 역시 나와 김도창, 안이준이 중심이 되어서 했지요.

VI. 교환교수로

황적인　미국유학이 선생님의 연구에 많은 영향을 끼친 것 같은데 그 당시의 얘기를 좀 해 주시죠. 우선 언제 어떤 연유로 가시게 되었는지요?

김증한　내가 도미한 것은 1953년 9월이고 Smith-Mundt 장학금으로 뉴올리언즈의 튤레인(Tulane)대학에 가서 1년간 연구했습니다.

황적인　그곳에서 영미사법을 연구하신 것으로 알고 있는데, 민법에 대한 관심은 언제부터 가지셨나요?

김증한　그곳에서 영미사법을 한 것은 사실입니다. 가기 전에 서양법제사와 로마법을 강의했는데 그 내용은 사실상 민법이 아닙니까. 그래서 튤레인대학에서 주로 연구한 것도 사법이었죠. 그런데 형법연구실 조수시절에 Geldart의 『Elements of English Law』를 읽은 적이 있고, 또 Jenks의 『Digest of English Civil Law』를 번역한 것도 있었던 까닭에 영미법에 대한 기초지식이 어느 정도 있었으므로 연구하는 데 큰 곤란은 없었습니다.

황적인　　가서서 느끼신 점이 많을텐데 가장 중요한 것은 역시 Case-Method식 강의가 아니었습니까?

김증한　　그렇습니다. 그런데 가서 제일 처음 뼈저리게 느낀 것은 어학공부에 대한 아쉬움이었습니다. 학교를 갓 졸업하고 온 어린 사람들이 형편없는 영어실력으로 출발하여 얼마 지나지 않아 놀랄 만큼 진전한 것을 보고는 역시 외국어는 젊었을 때 해야 한다는 것과 내가 너무 늦지 않았나 하는 생각이 들더군요. 당시 33세이었는데도 늦다는 느낌이 들었으니 젊은 학생들이 때를 놓치지 말고 어학공부를 열심히 해둘 필요가 있을 것 같아요.

　　그리고 황 교수께서 말씀하신 것처럼 가장 큰 영향을 받은 것은 Case-Method식 강의였습니다. 튤레인대학은 1830년대에 창립된 법학교육의 중심지로서 역시 Case-Method식 강의가 법학교육의 최고방법이란 것을 일깨워 주었습니다. 그래서 귀국 후 약 1년간 일본 大審院判決(대심원판결)을 교재로 하여 Case-Method식 강의를 시도한 적도 있었습니다. 그리고 그곳의 Moot Court의 영향을 받아 법대에서 최초로 민사모의재판을 시도하기도 했죠. 6·25 이전에도 형사모의재판이 있긴 했습니다만 민사모의재판과는 그 성격이나 준비과정이 달랐죠.

VII. 신민법의 제정 및 민법연구

황적인　　신민법 제정 당시 하신 일을 말씀해주십시오.

김증한　　미국에서 돌아와 Case-Method식 강의를 시도하고 있을 때 민법초안이 발표되었습니다. 신형법의 경우에는 법률이 공포될 때까지도 형법교수들이 형법초안의 내용을 몰랐었는데 민법의 경우에는 다행히 일찍 알려져 연구·비판의 기회가 주어진 것입니다. 당시 고 학장께 건의하여 서울의 민사법담당자들의 모임을 가졌습니다. 그래서 "민법초안연구회"라는 모임을 결성하여 총칙, 물권, 채권의 편별로 몇몇 사람들이 분야별로 맡아 검토했는데 당시 나는 물권분야를 맡았습니다. 그 후 연구결과를 『민법안의견서』라는 책자로 만들어 玄錫虎(현석호) 의원을 통하여 국회에 제출했습니다. 그 분이 주동이 되어 우리의 의견가운데 많은 것이 채택되었는데 예컨대 "청약"이란 용어가 그렇고 李恒寧(이항녕) 교수가 만든 공동소유의 유형 또한 그렇습니다.

황적인　당시 채택 여부를 결정하던 분은 누구였나요.

김증한　채택 여부에 결정적인 영향을 미치신 분은 張暻根(장경근) 의원이었습니다. 그 분이 국회민법안심의소위원회의 위원장으로 계시면서 공동소유의 유형도 쉽게 채택됐다는 얘기를 후에 들었으니까요.

황적인　선생님께서는 안이준 선생님과 공동으로 민법 교과서를 집필하셔서 민법학계에 기여를 하셨는데, 당시의 얘기를 좀 해 주시죠.

김증한　안 변호사가 그 전에 이미 일본의 我妻榮(와가쓰마 사카에) 교수의 교과서를 모두 번역해서 대구에 있는 문성당에서 출판한 것이 있었습니다. 그 뒤에 我妻(와가쓰마) 교수의 교과서 개정판이 나오자 문성당에서 개정판의 번역을 안 변호사에게 다시 부탁했어요. 그때에 안 변호사가 나를 찾아와 어떻게 하면 좋을까 하고 묻길래 내가 말하기를 일본과 한국법 사이에는 현행법령이 다르고 그 밖에 사정이 다르므로 이왕 원고를 다시 쓸 바에야 이 기회에 우리나라 법에 맞게 새로 쓰는 게 낫지 않겠느냐고, 그리고 혼자서 하기 힘들다면 나와 함께 해도 좋다고 했죠. 그랬더니 안 변호사가 좋다고 하여 박영사에 말하여 『물권법』이 나오게 된 거죠. 그리고 계속해서 박영사와 법문사에서 재산법분야의 공편저가 나왔지요. 그러다가 1960년부터 내가 단독으로 민법강의서를 내고 있지요. 그것도 『물권법』에서 시작하여 『민법총칙』, 『채권총론』이 나왔고, 이번에 『물권법』은 改稿版(개고판)을 냈지요. 『채권각론』은 집필중입니다. 『법학통론』은 원래 보통고시의 강의록으로 1949년에 매월 나왔던 것인데 부산 피난 중에 창인사가 나에게 연락없이 출판했어요. 그런데 책이 꽤나 잘 팔렸나 봐요. 그 후 법문사로 넘어갔다가 지금은 진일사에서 내고 있지요.

황적인   선생님께서는 우리 민법에 공동소유에 관한 조문이 규정되는데 있어서 기여를 하셨는데 그에 관한 견해를 말씀해 주세요.

김증한   합유와 총유가 우리 민법의 특색이긴 한데 그에 대하여 의문을 품는 사람이 민법학자 중에도 있는 것 같아요. 하지만 이번에『물권법』교과서를 개고하면서 합유, 총유에 관한 판례가 상당히 많다는 것을 알았어요. 이는 그만큼 이용하는 예가 많다는 것을 의미하는 것이 아니겠어요? 이를 바탕으로 합유, 총유의 연구를 좀 더 해나가면 좋을 것 같아요.
    사실 공동소유의 연구 자체가 아직 완결된 것은 아니고, 내 생각 같아서는 이를 바탕으로 人法(인법)의 연구에 몰두해 봤으면 합니다. 공동소유의 형태는 인적결합의 물권법에의 반영이니까요. 그리고 물권적 기대권에 관해서도 좀 더 깊이 해봐야겠다는 생각입니다.

황적인   제가 미국 버클리에 있을 때 한 미국인 사회학교수가 우리나라의 契(계)에 대하여 굉장히 깊은 연구를 한 것을 본 일이 있었습니다. 우리나라에는 역사상 사실 단체조직이 많이 발달하지 않았습니까? 제 생각으로는 그 까닭은 우리나라에는 노예제도란 있긴 했어도 그렇게 광범한 것은 아니었기 때문인가 하는데요. 이는 마치 노예제도가 있었던 로마에 비하여 로마시대와 같은 노예제도가 발달하지 않았던 독일의 경우에는 그 대신 단체가 훨씬 발달했던 것과 같은 논리죠. 단체라는 게 우리나라에서는 역사적으로 보아 경제상 상당히 중요한 역할을 한 것 같습니다.

김증한   그래요. 왜냐하면 우리국민의 의식은 개인주의보다는 상호부조적인 단체주의를 지향하고 있거든요.

황적인   그런데 우리나라에서는 단체법 분야의 발달이 상당히 미진한 것 같아요.

김증한　사실 새마을 운동과 관련해서도 법적 문제가 상당히 많을 겁니다. 앞으로 많은 연구가 기대되는 분야지요. 요는 생활주변에 관한 연구풍토의 정착이 바람직하다는 것이죠. 사실 외국의 것을 제대로 받아들이느냐 하는 것도 큰 의문이고요.

황적인　오랫동안 연구생활을 해 오시면서 느끼신 게 많을 텐데 지금의 소감은 어떠신지요?

김증한　젊었을 때엔 나도 참 용기가 많았다는 생각을 하게 됩니다. 예를 들어, 『물권법 상권』을 쓸 때에 당시 이것은 4년이 걸렸는데 독일에서도 신학설이었던 물권적 기대권을 취급했을 뿐만 아니라 그것을 채택하기도 했거든요. 당시의 용기에 대해 아직도 별로 후회는 하지 않습니다. 물권행위의 독자성 문제도 요는 어느 것이 거래의 실제와 합치하느냐 하는 것인데, 난 아직도 독자성의 문제는 명백하다고 생각하고 있어요.

　또 민법제정시에 앞에서 말한 『민법안 의견서』에서 나는 물권변동에 관하여는 舊法(구법)상의 의사주의를 답습함이 좋다고 주장했습니다. 그 이유는 무리하게 형식주의의 채택을 강행한다면, 혼인에 있어서 신고를 하게 함으로써 형식혼주의를 취했더니 "내연의 처"라는 판례법이 나온 것과 마찬가지로, "내연의 소유권(?)"이란 판례법이 나올 것이라고 당시에 말했었죠. 그런데 형식주의를 취했더니 결국 그렇게 되고 말았죠. 각종의 특별조치법과 각종의 세법 등에서 말하는 "사실상의 소유권"이란 게 바로 그것 아닙니까. 이것은 결국 이론적으로는 물권적 기대권으로 설명할 수밖에 없을 것입니다.

황적인　선생님께서는 유기천 교수님과 함께 서울법대에서 가장 오래 재직하신 교수님이신데 그간의 연구생활에 대해 갖는 느낌은 어떠신지요?

김증한　법학교수로 스타트한 것이 46년이었으니 꽤 오래 되었지요. 최초로 글을 쓴 것은 「법정」에 실었던 「민법 제14조에 관한 판례 비평」이란 글이었어요. 문제의 민법 제14조는 처의 무능력을 규정한 것이었고 대법원은 그 규정이 실효하였다고 판시했어요. 물론 시대정신에 비추어 보면 제14조는 부당하지만 과연 대법원이 법조문을 무효라고 선언할 권한이 있느냐는 내용의 내 글이 발표되자 찬·반 두 쪽으로 나뉘어 활발한 법률논쟁이 전개되었습니다. 요즈음에도 그런 풍조가 있었으면 좋겠어요.

어쨌든 그간 열심히 글도 쓰고 책도 냈지만 어떻게 보면 아무 초점 없이 닥치는 대로 했다는 느낌이 들어요. 소유가 뭐냐라는 문제를 연구해 보려고 생각하고 있었는데 아직 시작도 못하고 있는 형편이니까요. 하여간 물권법 책을 제일 먼저 냈고 그것이 내가 가장 크게 관심을 갖는 분야입니다. 물권법에서 뭔가 일했다는 느낌이 드는 것은 공동소유형태임은 황 교수가 말씀하신 바와 같고 이를 기점으로 하여 人法(인법)의 문제를 연구해 보고 싶어요. 그리고 물권적 기대권이론도 좀더 발전시켜 나갈 가치가 있다고 생각하고 있어요.

황적인　좋은 말씀해 주셨습니다. 그런데 평소의 생활신조가 있으시면 말씀해 주십시오.

김증한　생활신조라고 해야 할 것은 별로 없습니다. 있다면 다른 사람을 비판하기에 앞서서 나 자신을 돌이켜보자는 것입니다. 그리고 변함없는 생각이 있다면 죽을 때까지 책을 들여다 볼 수 있다면 그것으로 족함을 느낄 수 있으며, 쓰는 것은 부차적인 것에 지나지 않는다는 생각입니다. 그 일이 내게 평생 동안 주어진 본무가 아닌가 하고 살아왔고 앞으로도 그럴 것 같아요. 옛날 독어를 강의하던 때에 늘 얘기하던 게 있습니다. 독어의 용도는 오직 한 가지뿐이며 그것은 학문을 하는데 쓰는 것이라고 말입니다. 요사이 학생들도 이 말을 명심해서 독어, 그 밖의 외국어를 열심히 공부할 수 있었으면 좋겠습니다.

황적인　법대 재학생에게 하실 말씀을 해 주십시오.

김증한　누구나 그렇게 생각하듯이 대학이란 학문을 하는 곳입니다. 사법시험 등의 각종 시험에 응시하는 것을 말리자고 하는 얘기는 아닙니다만 사법시험이나 행정고시란 기왕 공부한 것을 스스로 테스트해 보는 의미에서 응시해 보는 것으로 생각하여야 하지, 사법시험 자체가 최고의 이상이 될 수는 없는 것입니다. 사실 요즘의 풍조를 보면 안타깝기 짝이 없습니다. 그리고 만약 시험에 합격하여 법조인으로 나가더라도 대학에서 학문을 한 기초를 가지고 살아 있는 자료를 이용하여 그때부터 연구를 시작하라는 말을 하고 싶군요. 역시 대학이란 학문을 하는 곳이지 다른 것을 위한 수단인 것은 아닙니다. 학문을 떠나서는 대학이라고 할 수 없지요.

황적인   우리들 제자에게 더 없이 기쁜 것은 선생님이 건강하시고 연구를 계속하고 계시는 것입니다. 부디 앞으로도 더 많이 연구하실 것을 기대드립니다.

김증한   지금까지 못한 것을 이제부터라도 해야 하겠어요.

황적인   선생님 오랫동안 말씀하시는데 수고하셨습니다.

김증한   황 교수도 수고하셨습니다.

[서울대학교 법학 제20권 제2호(1980. 5)]

김기두 박사의 인간과 학문

김기두(金箕斗) 교수님

생 몰: 1920~1993
재 직: 1959~1985
전 공: 형사법

대담자 : 강구진(서울대학교 교수)
일 시 : 1980년 11월 19일

"형사소송법에서 가장 중요한 것은 인권의식"

강구진　　선생님 안녕하십니까? 바쁘신데도 이렇게 시간을 내셔서 여기 법학연구소에 나오시게 되어 감사합니다. 선생님 회갑에 대해서 우리 법과대학 교수들이 이미 같이 축하를 드렸습니다만, 오늘 이 자리에 다시 모셔 선생님 회갑을 진심으로 축하드립니다. 오늘 여기 모시게 된 것은 선생님을 평소에 가까이 모시면서도 선생님께서 이제까지 걸어오신 길에 대해서 우리가 모르는 것도 많아, 이번에 「서울대학교 법학」이 선생님 화갑기념호로 발행됨을 계기로 선생님께서 이제까지 걸어오신 인생의 역정과 또 학문에 대해서 여러 가지 생각하신 바를 저희들이 듣고 배우고 싶어서 선생님을 모셨습니다.

김기두   감사합니다.

Ⅰ. 어린시절 및 집안

강구진   우선 선생님의 어린 시절부터 말씀해주십시오.

김기두   나는 전남 구례 吉山(길산) 밑에서 태어났습니다. 그리고 구례공립보통학교를 졸업했습니다. 그 후에 당시의 전주고등보통학교를 들어갔는데, 그때 내 종형이 전주고등보통학교에 있었어요. 그래서 종형을 따라서 전주고등보통학교에 들어갔습니다. 그 후 4학년 때 마침 저의 아버지께서 나주로 이사를 했어요, 그래서 4학년 때 광주고등보통학교로 전학했지요. 그래가지고 광주고등보통학교를 졸업했습니다.

강구진   그럼 선생님 가족관계와 집안에서 누가 법률을 하셨다거나 주위에서 법률을 권하신 분이 계셨는지에 대해서 말씀해 주십시오.

김기두   원래 우리 아버님께서 광주고등보통학교를 나왔습니다. 우리 어머님이 광주고등학교 1회이고 제가 13회 졸업생입니다. 그래가지고 그 양반이 국민학교 선생을 했어요. 그래서 쭉 그 밑에서 자랐지요. 그리고 집안에서 법률공부를 했다거나 그런 분은 없었고 내가 처음일 겁니다.

강구진   작년에 숙부님께서 돌아가실 때에도 제가 뵈었지만 여러 형제분들 많이 계시고 숙부님께서 자유당 시절에 도의회 의장을 하신 걸로 알고 있고, 선생님이 제일 맏이이신데 이번엔 선생님 형제분들에 대해 잠시 말씀해 주십시오.

김기두   내가 장남이고, 차남이 원래 광주에 있었는데, 지금 서울에서 사업을 하고 있습니다. 셋째는 광주에서 소아과병원을 하고 있어요. 상당히 광주에선 이름이 높지요. 지금도 병원을 하고 있어요.

강구진 선생님 사모님이라든가 아드님에 대해서…….

김기두 우리 집사람은 학교는 광주여자고보를 나와 가지고 저와 결혼하고 우리 장남은 서울대학교 의과대학을 나와 가지고 미국 가서 정신과를 전공하고 있습니다. 그리고 둘째가 법과대학을 나와 가지고 대우실업에 가 있습니다. 셋째는 지금 놀고 있고 학교는 동국대 축산과를 나왔습니다. 넷째가 외국어대학을 나와 가지고 지금 마포고등학교에서 독어선생을 하고 있습니다.

Ⅱ. 일본유학

강구진 선생님께서는 일본에 가서서 고등학교를 다니시고 동경제대를 나오셨는데 그 연유를 말씀해 주시죠.

김기두 네, 광주고보를 졸업하고 일본유학길에 올랐죠. 일본에서는 마쓰에(松江)고등학교를 다녔습니다. 그 마쓰에고등학교로 가게 된 것은 중학교 1년 선배가 마쓰에고등학교에 있었는데, 그 선배가 그 지방은 조용하고 경치가 좋으니, 그리로 오라고 해서 그리 갔어요.

강구진 상당히 여유 있게 결정하셨군요. 그런데 선생님 고등학교시절은 일정치하의 시절인데 그때 특히 기억에 남으시거나 말씀하실 것이 있으시면 해주시죠.

김기두 우리 학급에 한국 사람은 거의 없었어요. 그런데 뭐 일본사람 중에는 별로 친한 사람이 없었어요. 그러니까 항상 경치가 좋은 데 가서 산책을 하고, 산책을 하면서 생각을 하고 그런 시절이 길었습니다. 결국 그런 어떤 자신의 생각이랄까 그런 것은 거기서 이루어진 것 같아요. 그것이 습관이 되어서, 지금까지도 골똘히 생각하는 습관이 있습니다.

강구진 고등학교시절이 인생에 끼치는 영향이 참으로 크다는 것을 느끼는데, 당시의 고등학교는 지금의 고등학교와 여러 면에서 달랐을 것 같은데요. 예컨대 교과목이라든가…….

김기두   아, 그렇습니다. 완전히 다르죠. 특히 한 반 학생 30명이 3년 계속, 문과, 갑·을류로 나뉘어 한 반으로 지내죠. 나는 문과 갑류를 나왔죠.

강구진   그래서 1941년에 고등학교를 졸업하시고 동경제대 법학부를 나오셨는데 그 동경제대를 지망하시게 된 동기라든가 특히 법과를 지망하신 동기, 그런 것을 조금 말씀해 주시지요.

김기두   예, 예, 당시 고등학교 문과를 졸업하면 일본학생들은 거의 다 법과를 지망했습니다. 나는 사실상 법학이란 게 아주 싫었어요. 그래서 동양사학과를 마음에 두고 있었는데 동양사학과를 가면 학비를 대주지 않겠다는 집안의 압력으로 결국 법과를 생각하게 되었죠. 그 후에 알고보니 당시의 고등학교의 수재라 할까, 가장 우수한 친구들이 전부 東京大學(동경대학) 법학부로 집중했습니다. 그리고 나머지는 京都大學(경도대학)으로 가고 말이지 九洲大學(구주대학)으로 가고 이런 식이었어요. 그래서 나중에 가선 내가 뭐 법학을 싫어하고 좋아하고 보다도 요컨대 그저 아주 우수한 학생이라고 그런 뭐 젊었을 때의 기분으로 그런 평을 받기위해서 법학부를 지원해서 꼭 동경대학 법학부로 들어가야 겠다 이렇게 생각했어요. 그래서 그리 지원한 겁니다.

강구진   선생님 그럼 고등학교 때에는 역사에 상당한 취미를 가지고 계셨던 것 같은데요.

김기두   아, 그렇지요. 지금 저희들이 형사소송법을 수업함에 있어서 다른 것과는 틀리는 것이 항상 역사적 고찰이랄까 그런 점이 많다는 거죠. 좌우지간 당시의 나는 역사를 상당히 좋아했고, 많은 관심을 두고 있었어요.

강구진   그래서 1941년에 입학을 하셔서 1943년 10월, 그러니까 2년 6개월 만에 졸업을 하시게 되었는데, 그 당시 어떻게 해서 그렇게 짧은 기간에 졸업을 하실 수 있었는지요?

김기두　네, 사실 당시 학부의 수업연한은 3년이었어요. 그런데 전쟁이 시작되어서 문과계통 학부에서는 대부분의 학생들이 싸움터로 나가는 상황이어서 강의가 제대로 되지 않았어요. 그래서 우리가 제일 마지막 졸업을 하게 되었는데, 전쟁관계로 6개월 단축을 해가지고 졸업을 한 것이 그렇게 됐습니다. 그래서 10월에 졸업을 하게 되었지요.

강구진　네, 그러니까 전쟁이 졸업을 앞당긴 결과가 되었군요. 그런데 당시에 선생님께서 법학을 전공하실 때에 한국인으로서 같은 학년에 재학 중이셨던 분으로는 어떤 분들이 계십니까?

김기두　그러니까 이한기 박사가 같은 반에 있었어요. 처음엔 몰랐지요. 고향이 長城(장성)인데 나는 몰랐죠. 거기서 처음 만났는데, 보통중학교학생 중에서는 조선사람 같은 사람이 보이지 않는 게 보통이지요. 그런데 이한기군이 아주 조선사람같이 생겼어요, 그래서 혹시 조선서 왔느냐고 내가 물었더니 이 사람이 그렇게 반가워 할 수 없었어요. 그 뒤 줄곧 이 박사와 함께 지내게 되었죠. 그리고 유기천 선생도 그때 같이 지냈지요.

강구진　유기천 선생님과 선생님의 관계는 그때부터 이루어졌군요. 만나게 된 동기랄까 좀 말씀해 주시죠.

김기두　동경대학에 입학하니까 유 박사가 2년 먼저 와 있었습니다. 그런데 그 친구가 몸이 좋지 않아 휴학을 하고 그래서 졸업을 같이 했지요. 그러나 들어갈 때는 2년 선배지요, 그때부터 잘 알고 있었지요.

강구진　그리고 그 당시 제가 알기로는 일본인 학생 중에서도 히라노(平野龍一) 교수, 마사니 교수 등과 같이 학교에서 친하게 지내셨던 분이 있었던 걸로 아는데요.

김기두   아 그때 우리 학생들이 전쟁으로 다 나가버리고 이 사람들만 그중에서 대학원 요원이었지요. 말하자면 조수의 자격으로, 문과학생들이 모두 전쟁에 나갔는데도 이 사람들은 전쟁 때 병역의무가 면제되어 가지고 우리 2학년을 가르쳐주게 되었지요.

강구진   네, 그랬었군요. 그런데, 선생님께선 일생동안 쭉 학계에만 계시고 학문만 특히 형사법만을 하셨는데, 대학시절에 형사법을 강의하신 분으로서 기억에 남아있는 분들로는 어떤 분이 계시죠?

김기두   오노 세이찌로(小野淸一郎) 박사가 형법을 가르치고, 단도 시게미츠(團藤重光) 교수가 조교수로서 형사소송법을 처음으로 강의를 했습니다.

Ⅲ. 해방 및 6·25시절

강구진   예, 이제 대학졸업 후부터 8·15해방될 때까지 선생님께서 겪으신 바를 말씀해 주시죠.

김기두   대학을 졸업하고 나니 학병문제가 거론되었죠. 재학생들만 다 뽑아가서 좀 부족했던가 봐요. 그래서 학병에 졸업생도 포함시키게 되었죠. 그래서 광주 우리 집에 와있게 되었는데 집에 좀 있다가 군에 가게 되었죠. 그래가지고 1년 5개월 만인가 1년 6개월 만인가 해방되었지요. 전쟁이 끝난 뒤에 바로 한국에 나왔습니다.

강구진   그럼 학병으로서는 일본에 계셨군요.

김기두   그렇지요. 동경(東京)서 훈련을 받았어요. 동경이 아주 불탄 뒤에까지도 동경에 있었지요.

강구진   그럼 선생님, 귀국은 8·15 이후에 하셨군요.

김기두   그렇지요. 8·15 이후에 귀국했습니다. 거기서 나와 가지고 바로 귀국했으니까.

강구진   광주로 오셔서 광주의대 조교수로 계셨는데 광주의대에 몸담으신 연유는 어떠한지요?

김기두   원래 광주고등보통학교에서 영어를 가르치고 있었습니다. 일제 말기에 워낙 가르치지를 않아서 교사들이 태부족했고 그런 사정은 나의 모교인 광주고보도 마찬가지였죠. 그래서 광주고보졸업생들 중 대개 우리 또래가 모여 모교에 봉사하자고 했으며, 나에게는 영어를 맡아달라고 해서 할 수 없이 영어를 가르치게 된 거죠. 그런데, 당시 광주의대가 있었는데 거기도 영어교수가 없다고 강의를 부탁해 왔습니다. 승낙을 하고 광주고보와 광주의대에서 각각 영어를 가르치고 있었는데 마침 광주의대 학장이 나를 잘 알고 있었던 분이라 그 분이 나의 이력서를 써 가지고 의과대학 교수로 먼저 발령을 냈지요. 그래서 광주고보를 그만두고 의대에 근무하게 되었는데 약 4년가량 했던 것 같아요.

강구진   네, 지극히 우연한 계기로 그것도 영어를 통하여 학교와 인연을 맺게 되셨군요. 그런데 그 후에는 법무부에서 법무관으로 계시지 않았습니까? 그러시면서도 형사소송법 교과서를 내셨는데 당시의 상황을 말씀해 주시죠.

김기두   법학을 전공한 사람이 영어선생을 하고 있으니 또 영어선생도 하고 싶어서 한 것도 아니고 그래서 그때 서울로 올라오니까 법무부에 선배가 있었습니다. 洪璡基(홍진기) 씨가 거기 국장으로 있었어요. 법무부 조사국장으로 있어서 법무관으로 있게 되었죠. 그런데 그때 형사소송법이 아주 급했습니다. 처음엔 뭐 아는 사람이 없단 말야, 그때 책이 하나 들어왔어요. 문교부 계통에서 들어온 것이었지요. 그래서 결국 홍진기 씨 하고 나하고 민복기 씨 하고 김갑수 씨 하고 넷이 그것을 읽고 복습을 하자 그랬단 말이야. 나는 법무부 법무관으로 있던 때라 같이 매 주 모여서 복습을 하자고 해놓고, 이 양반들이 굉장히 바빠서 책을 읽으려고도 않고 그저 날 보고 출판을 하면 사서 보겠다는 것이어요. 그래서 사실 형사소송법을 법무부에서 냈지요.

강구진 6·25 당시에 선생님이 겪으신 일과 그 당시의 상황을 말씀해 주시죠.

김기두 네, 그때 막 동국대학교에 근무하게 되었는데 6·25가 터졌어요. 발발 당시에는 피난을 가지 못했어요. 1·4후퇴 때 부산으로 내려갔지. 사실상 그때까지 법무부 법무관으로 그대로 있었어요. 사표낼 일도 없고 그래서 당연히 법무부 법무관으로 내려갔었는데 지금 전봉덕 박사가 그 당시 법과대학 조교수로서 법과대학 학장서리를 했어. 그런데 이 분이 법무부에서 날 만나 법과대학으로 오라고 했지요. 나도 상당히 오래 생각했어요. 그런데 당최 교수로서 강의를 한다는 것이 싫었는데, 그냥 발령을 해버렸어요. 그래서 법대와 인연을 맺게 되었죠.

Ⅳ. 학문관

강구진 그래서 서울대학교 법과대학과 인연을 맺으셔서 1952년 이래로 죽 이제 학교에 계셨는데, 우리학교에 오신 이래로 특히 인상에 남으시거나…….

김기두 글쎄요, 뭐 특별히 인상에 남는 것보다도 다만 학교에 와 가지고 형사법을 내가 한 것이, 결국 유 박사가 그때 형법을 하고, 그리고 형사소송법을 할 사람이 사실상 없었지요. 그리고 내가 형사소송법을 죽 연구생으로 가서도 하고 법무부에서도 했고 또 형사소송법을 하면서 여러 가지 참 생각을 많이 했습니다. 형법독해 강의를 하면서 형법·형사소송법·형사정책을 다 강의를 해보니까 결국은 이거 당최 형법이 형벌이 주가 되어 있습니다. 이거 우리 사회에선 범죄 같은 것이 연구할 테마가 되지 않느냐 하는 생각이 들어요. 이제까지 우리가 하고 있는 형법이 독일 형법이거든요, 대개 일본 것 하고 말이지. 우리나라에선 상당히 사정이 달라져 범죄문제가 큰 문제란 말이지요. 그래서 이 범죄 쪽에 치중을 했습니다. 제가 형사정책을 하니까 그때 소년범죄가 주된 테마가 됐었어요. 그래서 나중에 하버드에 갔을 때도 소년범죄 연구하러 간다 그랬었죠.

강구진　　1955년 7월부터 1년 동안 하버드에 가서 공부를 하셨는데 그전에 우리 형사소송법을 제정한 게 공포가 되지 않았습니까. 거기에 혹시 관여하셨는지요.

김기두　　저 그것에 참여를 하지 못했습니다. 왜 그러냐하면 결국 그 당시 내가 조교수로 있었단 말이야. 상당히 젊었죠. 거기에 직접 관여를 하신 분은 나이가 많으신 분들이지. 거기에 김병권 씨 같은 분이 형사소송법을 제정하는 데 주된 역할을 했으니까 말이지. 부산에서 형법이 제정되었거든요. 그래서 나는 형법이 먼저 제정될 것이 아니고 형사소송법이 먼저 제정되어야 한다고 강력히 주장해서, 부산 있을 때 「부산일보」에 썼습니다. 형법초안이 나왔을 때 모순, 역행, 그런 study로 상당히 지적을 했어요. 그랬으나 뭐 법과대학 조교수, 더군다나 부산 피난 시였으니 영향력이 저에겐 없었어요.

강구진　　그 다음에 선생님께선 여러 가지 사회적인 활동을 많이 하시고 물론 학계를, 저희들이 보기에는 학계를 이제까지 쭉 지키시고 다만 학문과 관련되는 회의 또 국제회의에도 많이 참석하시고 또 학교에서도 행정적으로 교무과장에서부터 사법대학원장, 법과대학 학장 이렇게 다 지내시고 지금도 大韓敎聯(대한교련)에 관계하신다든가 많은 활동을 하고 계신데, 대학행정에 대해 무슨 하시고 싶은 말씀이 계시면…….

김기두　　글쎄, 행정에 대해선 나도 잘 모르고……. 그러나 항상 대학은 말이지요, 진리의 전당으로 그것은 꼭 지켜 나가야겠다라는 생각은 변함이 없습니다. 여러 가지 행정적인 것이 변화가 많고 이런 것에 대해서 난 별로 찬성을 안 해요. 대학당국, 대학이란 것이 결국 내용에 있어서 중요한 것이고, 교수가 자유롭게 연구할 수 있고 이 모든 것 자체를 꼭 지켜가야 하며 이것이 어떤 뭐 특별활동이라든지, 요사이 말하는 그 정치적인 또는 경제적인, 이것도 난 잘 모르겠습니다. 그것의 활동에 관해선 그런 것은 필요가 없는 것이다, 대학은 변화가 없는 것 상당히 보수적인 것이어야 한다라고 주장하고 있습니다.

강구진　　교수와 학생의 사회활동에 관련된 문제…….

김기두   예, 그런 문제지요.

강구진   선생님은 오랫동안 연구생활도 하시고 우리나라 형사소송법을 학문적으로 제일 먼저 발전시키셨는데 이제까지 학문하시면서 느껴오신 소감에 대해서 조금 말씀해 주십시오.

김기두   글쎄 내가 대학에서 학문을 한다는 그 자체가 맞는 것이냐는 의심을 갖고, 한국에서 대학의 교수가 계몽적 역할을 한다는 것이 예상할 수 없는 것이고, 깊이 학문을 연구한다는 것이 거의 불가능한 것이 아닌가, 지금도 그렇게 생각을 하고 있습니다. 그래서 좀 더 기초적인 것을 단단히 공부하고 학생을 지도해야 되지 않는가, 왜 그런가 하면 결국 내가 계속해서 갖는 생각이지만 한국에서의 지성이라는 것이 기초가 단단하지 않다는 것입니다. 허물어지지 않도록 진력을 다해야 하지 않겠는가 생각하고, 모든 문화는 그래서 기초를 단단히 쌓아야 합니다. 그래서 학생들에게도 항상 그런 얘기를 하고 있습니다. 그런데 역시 기초가 부족한 것 같아요. 전체적인 문화에서도 마찬가지인 것 같습니다. 그쪽을 좀 더 전력을 다해서 연구해야 하지 않을까 생각합니다.

강구진   그것이 법과대학 교육제도와도 관련되는 말씀이신 것 같군요.

김기두   네, 글쎄 법과대학에서도 물론이고 다른 데서도 그렇단 말이지요.

강구진   그 다음에 형사소송법은 물론 형법도 다 관련분야라 하신 걸로 알고 있지마는, 형사법 개정, 이번 헌법개정에서도 형소법 규정 부분이 많이 달라졌고 한데, 우리나라 형사소송법이라고 그럴까, 그 법학이 나가야 할 방향이랄까 여기에 대해서 한 말씀해 주시죠.

김기두   결국은 여러 가지 문제가 있습니다마는 형사소송법 자체의 발생 연·월·일보다는 결국 인권옹호랄까 이것이 가장 중요한 것이죠. 그래서 나는 학생들보고도 그럽니다. 형사소송법이 학문적으로 성공하기 전에 자기 자신이 정말 인권의식이 투철해 가지고 인권이란 게 굉장히 귀중한 것이다, 인권이 침해되는 것을 보면 볼 수가 없다는 생각이 실무적인 단계까지 침투되어야 비로소 형사소송법을 하는 것이라 할 수 있는 것이라고요. 대개 형사소송법 자체는 절차법이니까 어떻게 바꿀 수 있는 것이고 그런 것이지만, 그런 기술적인 것이 아니라 사실은 가장 귀중한 것, 인권의식 즉 민주주의의 기본정신이기도 한 그것을 좀 철저히 공부를 하고 생각해 달라는 이런 요구를 하고 있습니다.

강구진　　선생님 지금 선생님의 제자들이 법조인의 대부분이라고 해도 과언이 아닌데, 법조인에 대해서 하시고 싶으신 말씀이 있으시면 해주시죠.

김기두　　아 글쎄, 내가 강의를 할 때도, 아까도 얘기한 것 같이 기초를 튼튼히 해야 한다 이런 얘기를 하는데, 법을 하고 있으면서 법이란 무엇인가를 이걸 철저하게 생각한 사람이 별로 적은 것 같단 말이야. 그래서 여러 가지 과오라면 과오랄까 이런 걸 범하는데 거기에 참여되어 가지고, 그래선 안 될 사람이 선봉에 서게 된 것이, 전부 기초를 좀 단단히 하지 않아 그런 것 같아요, 법이란 무엇이냐, 법의 속성이라든지 이런 걸 철저히 생각해야 할 텐데 그런 걸 안하고 그냥 봐가지고 관리가 되고 이러니까 나중에 중대한 결정을 할 때 가서 그냥 기술자로서 고용이 되고 말죠.

강구진　　법기술자가 되어서는 안 되고 진정한 법률가가 되어야 한다는 말씀이시군요. 그리고 그 말씀은 법실무가들뿐 아니라 법학을 공부하는 모든 학생들에게도 상당히 중요한 얘기가 될 것 같습니다. 그 외에 선생님 특별히 하실 말씀이 있으시다면 기억나시는 대로 말씀해 주시죠.

김기두　　글쎄 내가 지금 얘기한 것 중에서도 비쳤지만 늘 그래요. 범죄문제란 것에 대해서도 대체 이대로 두어선 도저히 안 된다는 생각을 하고 있지요. 문명발전보다도 우선 범죄문제를 어떻게 좀 해결해야 한다는 생각이 듭니다. 범죄하고 투쟁을 시작해야 하는데 우리나라에서는 형사법이나 이런 것이 도저히 문제가 되지 않게 범죄는 막 증가되어 가니까요. 내가 돌아다니며 보아왔지마는 뭐 다른 나라도 별로 이렇지는 않다고 봅니다. 여기에 대해서 적극적인 국가적·사회적 대책이랄까 이것이 제일 아쉽습니다. 그래서 내가 범죄문제연구회를 젊었을 때 만들었어요. 그 래서 법과대학 학생도 많이 참여하고 그랬는데 지금에 와서 범죄문제연구소를 꼭 하나 만들어야 한다는 생각은 여전합니다. 내가 박정희 대통령 또는 김종필 총리에 게 몇 번 건의해봤지만 역시 안 된단 말야, 소년범죄 이건 당최 손댈 수도 없게 되어 버렸거든.

강구진　　범죄문제가 사회의 가장 큰 문제가 되었는데 선생님 좌우간 앞으로 범죄 문제연구소가 원래 구상대로 되셨으면 정말 좋을 것 같습니다. 법무부라든가 이런 데서 좀 협력하는 것도 좋겠지요.

V. 생활관

강구진　　학문에 관해서 여러 가지 좋으신 말씀 많이 해주셨는데 요즘 젊은 세대 에 대해서 선생님의 젊은 세대와 대비해서 하시고 싶은 말씀이 계시면 이 자리에서 말씀을 해주시면 좋을 것 같아요.

김기두　　글쎄요, 그것은 결국 내가 늘 보고 곰곰이 생각한 것인데, 인생의 값이랄 까 뭔가 딸리는 것 같단 말이지. 인생은 상당히 기니까 한걸음 한걸음 단단히 그렇 게 나가 주었으면 좋겠는데 요즘은 바쁘게만 달리는 것 같아요. 나는 달리는 건 별 로 좋아하지 않습니다. 그리고 요새는 여성들이 달리기 시작했단 말이지. 길가에 가다가도 나는 깜짝 놀랍니다. 왜 이렇게 달리나 하고 보면 별다른 일도 아닌데 달 리고 그렇단 말이야. 그래서 세상은 불안한 것이 아닌가 그런 생각이 들어요.

강구진　　좋은 말씀 많이 해주셨는데 그럼 선생님 이제까지의 지내오신 인생과정 에서의 생활신조, 선생님께서는 다재다능하셔서 수필집도 내시고, 그래서 선생님 이 오히려 문학 쪽에서 활동을 하시면 더 빛이 나지 않을까 하는 생각이 들기도 하 는데요. 『한국에 태어난 행복』이란 책도 내시고 그러셨는데 선생님의 생활신조라 든가 그런 것 좀 말씀해 주십시오.

김기두   글쎄 뭐 생활신조란 별 게 없고 오래 살면서 경험을 통해서 사실 사회적으로 조금 더 여유를 갖고 살아야 하지 않겠나 하는 것입니다. 젊은 사람이나 나이 먹은 사람이나 여유가 좀 없다는 생각을 항상 갖고 있습니다. 그래서 나는 무엇을 100%를 한다거나 아주 끝까지 가는 것을 싫어합니다. 일부러 조금 밑에서 여유를 가지고 있어야 한다고 생각하고 있습니다. 그래서 밥을 먹어도 커피를 마셔도 조금 남겨야 하는 이상한 습성이 생겨버렸어요.

강구진   선생님 그게 바로 中庸之德(중용지덕)하고 통하는 것이 아닙니까?

김기두   네, 여러 가지 말이 많지마는 역시 동양에 있어서 중용이란 것이 아주 진리라고 생각하고 있습니다. 지금도 그런 정도의 여유를 놓고 시간을 따지지 않고 살아가고 있죠.

강구진   선생님 이제 앞으로 남은 기간 동안 대학에서 쭉 학문을 하시고 그 다음에 명예교수로서 우리학교와 학문을 위해서 일을 하실 텐데, 앞으로 뭐 특별한 계획이라든가 그런 게 있으시면.

김기두   뭐 특별한 계획은 없고, 역시 내가 하고 있는 일을 계속해야 되겠죠. 지금 강의를 하고 있지만 시간이 갈수록 지금 와서 점점 더 깨닫고 그래요. 내가 어렸을 때는 기억을 잘 했는데 나이가 많아서는 깨닫는 능력이 상당히 증가하고, 기억은 아주 다 잊어버립니다. 그리고 이제까지 기억해 놓은 여러 가지 통합적인 지식이 정말 이런 것이구나 하는 생각이 아주 귀중한 경험입니다. 그래서 역시 나이 많은 사람들에게 물어 봄으로써 그것이 진짜로 알게 되는 것이며 나이가 많다고 해서 젊은 사람하고 가까워야만 한다는 생각에 대해선 상당히 의심이 간단 말이예요.

강구진   혹시 號(호)가 있으신지요.

김기두   아, 나는 호를 반대합니다. 이름이면 충분하지요. 옛날 영감들이 아마 자기 이름을 부르는 것이 별로 좋지 않아서 호를 만든 게 아닌가 나는 그렇게 생각합니다.

강구진　　선생님께서는 원래 형식 같은 걸 별로 중요시 않으시지요. 내용을 중요
시하시는 선생님의 인품의 당연한 귀결이라는 생각이 드는군요.
　저희들 제자로서 선생님이 오래, 선생님 선친께서 작년에 떠나셨지만 선생님 집
안을 보니까 아주 장수하는 집안이신 것 같아요, 오래오래 사셔서 가지고 제자들에
게 많은 것을 물려주시고 앞으로 계속 건강하시길 바랍니다.

김기두　　정말 감사합니다.

[서울대학교 법학 제21권 제1호(1980. 12)]

가산佳山 김치선 박사께서 걸어오신 길

김치선(金致善) 교수님

생 몰: 1922~1996
재 직: 1963~1986
전 공: 노동법

대담자 : 김유성(서울대학교 교수)
일 시 : 1983년 7월 10일

"분에 따라 일하는 것이 나의 생활신조"

김유성　　선생님의 회갑을 진심으로 축하드립니다. 선생님의 회갑을 기념해서 법학연구소에서 「서울대학교 법학」 제24권 제2호와 제3호를 통합하여 선생님의 화갑기념 논문집으로 발간하는 것으로 알고 있습니다. 이 기회를 즈음해서 그동안 선생님께서 걸어오신 학문과 인생의 여정에서 간직하시게 된 많은 사연들 중 후배교수들이나 제자들에게 알려지지 않은 것에 관하여 그 편린이나마 저희들에게 알려주시면 감사하겠습니다.

김치선　　수고를 끼쳐 드려 죄송한 마음 금할 길이 없습니다. 이러한 자리를 마련해 주신 법학연구소에 깊은 감사를 드립니다.

김유성   그럼 먼저 선생님께서 출생해서 어린 시절을 어떻게 보내셨는지 간단히 말씀해 주십시오.

김치선   저의 어린 시절이라 하면 출생해서 국민학교를 졸업하기까지 평안북도 鐵山郡(철산군) 柏梁面(백량면) 嶺洞(영동)에서 자라나던 시기를 얘기할 수 있겠지요. 원래 부모님께서는 농사를 지으시는 농부셨는데 그것도 남의 땅을 빌려 경작하는 소작농이셨습니다. 나는 이러한 어려운 가정에서 칠남매의 2남으로 출생하였습니다. 부친께서는 가난한 농부이시면서도 기독교 신앙을 지키시는 분이셨는데, 어려운 생활 가운데서도 동리의 교회에 나가셔서 남을 도우시면서 교회생활을 하시는 것을 낙으로 삼으시고 가난을 극복하신 것 같아요.

김유성   선생님께서는 지금도 기독교 신자이신 걸로 알고 있습니다. 그렇다면 선생님의 신앙은 어린 시절부터 시작했다고 할 수 있겠군요.

김치선   그렇지요. 어머님 배 안에서부터 기독교를 믿기 시작했다고 할 수 있지요.

김유성   모태신앙이시군요.

김치선   네. 그렇게 말할 수 있습니다. 그리고 제가 다니던 광동소학교가 있는 영동이라는 곳은 몇 가구 밖에 살지 않는 두메산골이었지요. 여기서 교회가 운영하는 초등학교 ─ 오늘날 말로 하면 미션스쿨이라고 볼 수 있지요 ─ 를 졸업했습니다.

김유성   그러면 이제 선생님의 중학시절에 대해서 말씀해 주십시오. 제가 알기로는 선생님께서는 일본에서도 중학교를 다니신 걸로 알고 있습니다.

김치선   제가 소학교를 졸업한 후에는 가정형편상 중학교에 진학할 수 없어서 2년 동안 신의주에 있는 형님댁에 가서 그 분을 도와드리다가 나중에 형님의 도움으로 일본의 東京(동경)에 갈 수 있게 되었습니다. 거기서 어떤 목사님의 소개로 英數學舘(영수학관)에 들어가서 영어, 수학, 한문을 3개월간 열심히 공부한 후 동경 변두리에 있는 사이타마현(埼玉縣)의 중학교 2학년에 편입하였습니다. 그 학교에서 4학년까지 공부하다가 4학년 말 12월 8일 대동아전쟁이 일어나게 되었죠. 그러자 고향 계신 부모님께로부터 빨리 돌아오라는 연락이 와서 결국 중학교를 졸업하지 못하고 그해 겨울에 고향에 돌아왔습니다.

김유성 해방을 맞이하신 후 대학에 진학하시기까지 약 2년간의 기간이 있는 것 같습니다. 그동안은 어떤 일을 하시면서 보내셨습니까?

김치선 앞에서 말씀드렸듯이 저는 신의주에서 8·15해방을 맞게 되었습니다. 소련군이 북한에 진주하기 전에 신의주에서는 무질서 상태 속에서도 목사님들의 주도 아래 시민들이 자치위원회를 조직하여 여기서 행정을 담당하였는데 저는 목사님을 도와드리면서 보냈죠. 그리고 교회에 있는 중학생들이 중심이 되어 기독교정신과 민족주의에 입각한 애국운동이나 반공운동을 했었는데 나도 이러한 학생운동에 참여했습니다. 그 후 38선을 넘어 월남했던거지요.

김유성 38선을 넘어오시게 된 동기는 어떠한 것이었습니까?

김치선 그 당시에 韓景職(한경직)·尹夏榮(윤하영) 목사님 등 미국출신 교회지도자들을 남한으로 피신시켜야 하지 않겠느냐는 여론이 비등하였는데 그 책임을 제가 맡게 되어 그 두 분을 모시고 38선을 넘게 되었습니다. 이를 계기로 여러 번 38선을 넘다가 1946년 가족이 전부 이남으로 넘어 왔지요.

김유성 그러면 38선을 넘어오신 얼마 후에 서울대학교 법과대학에 입학하셨습니까?

김치선 해방 후 그해 가을에 법학전문학교가 처음으로 학생모집을 하여 이에 응시하여 입학하였고 그 후 얼마 안 되어 법학전문학교와 경성제대 법학부가 합쳐서 국립서울대학교 법과대학이 되었지요. 그래서 저는 법과대학 학부 1학년으로 들어가게 되었지요.

김유성　그러면 이때 법학이라는 학문과 처음으로 접하시게 되셨는데 특별히 법학전문학교에 들어가시게 된 이유가 있으신지요?

김치선　내가 법학을 하고 싶다고 하는 생각은 중학교 시절에 싹텄다고 할 수 있죠. 그 당시 한 일본인 목사를 매우 존경했었는데 그 분은 일본인의 군국주의를 비판하시고 소극적으로나마 군국주의에 항거하신 분이셨어요. 그 분은 일본 中央大(주오대) 법대를 졸업하시고 또 신학을 하신 목사님이셨는데 한 번은 그 분이 신문에 쓰신 법률관계의 글을 읽고 법률지식이 있으면 목회를 하는 데 상당히 도움이 되겠고 또 필요하겠다고 생각하게 되었죠. 사실은 처음 법학전문학교에 들어갈 때는 법조인이 된다기보다는 장차 신학을 해서 목회활동을 하려했었으나 그 후 점차 생각이 바뀌어 법학이라는 학문에 매력을 느껴 지금까지 학문에 종사하게 되었던 거지요.

김유성　그 당시와 지금의 법과대학은 매우 달랐으리라 생각됩니다. 당시의 법과대학 학창시절 중 특히 기억나시는 일이 있으시면 말씀해 주십시오.

김치선　당시의 법과대학은 청량리 부근에 위치하였는데 그때 법률서적을 읽으려면 문리대 도서관까지 가야 비로소 구할 수 있었고, 교통도 매우 나빠 전차 한 대만이 왕래하던 시절이어서 무엇보다도 법과대학 校舍(교사)를 중앙에 확보하는 것이 급선무였지요. 그리고 또한 학생통일전선이라는 남로당의 조직이 대학에 침투하여 學園(학원)질서가 문란하였기 때문에 학원의 안정을 도모하는 것이 시급했었죠. 특히 교사 확보문제에 있어서는 학생들이 일치단결하여 다소 강압적인 수단이긴 하였지만 그 후 문교부의 승인을 얻어 동숭동의 미술대학자리에 들어갈 수 있게 되었습니다.

김유성　그러면 선생님께서 법과대학을 졸업하시기 전에 6·25를 맞이하게 되셨고 부득불 부산으로 피난하셨어야 했을 터인데 부산피난시절까지의 법과대학을 간단히 말씀해주시죠.

김치선　당시 문교부장관이셨던 安浩相(안호상) 장관의 지도 아래 1949년 학도호국단이 창설되었는데 저는 학도호국단 상임위원회의 의장으로서 활동하여 학원의 친좌익계 학생들을 선도·계몽하고 그들에게 반공교육을 실시했었죠. 6·25동란이 발생했을 때 저는 4학년 재학생으로서 법과대학내에서는 학도호국단 학도대장을 맡고 있었습니다.

　6·25가 발발하자 저는 여러 가지 우여곡절을 겪은 끝에 겨우 한강을 건너 수원에서 기차를 타고 부산으로 갔습니다. 부산에서는 옛날 저의 영어선생이시던 Mr. Gray를 만나서 그의 소개로 통신부대에서 통역 일을 약 두 달 정도 했습니다. 그 후 서울이 수복되자 10월 말 부산에서 배를 타고 인천에 와서 서울로 다시 들어갔습니다.

김유성　부산에 계실 때의 법과대학 생활은 어떠하셨습니까?

김치선　1·4후퇴 이후의 부산에서의 생활이 본격적 피난시절이라고 할 수 있는데 이때에는 부산 서대신동에 서울대학교 전시대학이 설치되었고 법과대학도 이와 같이 있었지요. 1951년 9월 경남여고 강당에서 졸업식을 거행했는데, 당시 70~80명 정도 졸업한 것으로 기억이 됩니다.

　졸업 후에는 미군 제55 보급군단에서 지배인 격으로 일했는데 여기에서 근로자들의 실상을 많이 배울 수 있었습니다. 그 후 미국으로 가기 위해 미국공보원 인사과로 자리를 옮겼지요.

김유성　이때가 1951년이었는데 언제 미국으로 가셨습니까?

김치선　그 당시에 미국을 가기 위해서는 문교부와 국방부의 승인을 얻어야 하는 등 여러 가지 까다로운 절차가 많았습니다. 그러나 이런 어려움을 다행히 이겨내고 1952년 9월 미국으로 갈 수가 있었습니다. 이때에 한경직 목사님과 당시 법대학장이시던 고병국 교수님의 조언과 도움을 많이 받았습니다.

김유성　당시에 어떤 법을 전공할 것인가를 대략 정하셨습니까?

김치선　그 당시 고병국 교수님께서 노동법이나 법철학을 해보는 것이 어떻겠냐는 조언이 있으셨고, 또한 제가 미군부대 보급창에서 근무하면서 근로자의 처참한 상황과 조선운송간부들이 근로자에게 가야 할 구제물품들을 횡령하고 또한 근로자들을 착취하는 것을 보고 이 근로자들을 위해서 노동관계법을 공부해야겠다는 생각을 하였습니다.

김유성　그러면 미국유학 생활에 대해서 말씀해 주십시오.

김치선　제가 미국에 3년 반 정도 있었는데 1년 동안은 한경직 목사님의 주선으로 Washington주에 있는 Whitworth College에서 B.A. degree를 받았고, 그 후 Charles Gregory 교수에게 노동법을 배우기 위하여 Chicago Law School에 입학했습니다. 그런데 Gregory 교수는 내가 도착하기 두 달 전에 너무 liberal하다는 이유로 대학에서 해임되었습니다. 그리하여 아쉽게도 Gregory 교수의 강의는 들을 수 없었지만, 다른 노동법 교수의 강의와 기타 법률과목의 강의를 들었습니다.

김유성　미국에 계시면서 노동법 및 한국에서 하지 못한 다른 법률공부를 하셨다는 말씀이시로군요. 그리고 언제 귀국하셨습니까?

김치선　1953년 9월 Chicago Law School에 가서 1955년 1월 M.C.L을 끝내고 돌아왔습니다. 동년 3월에 한경직 목사님과의 약속대로 숭실대학의 전임강사로 들어가고 서울법대에 시간강사로 출강했습니다.

김유성　그 이외에 다른 법실무에 종사하신 것은 없으셨습니까?

김치선　이에 대해서는 한국법학원에 관해 이야기해야겠군요. 1956년 이승만 대통령이 법률분야에서 일본의 잔재를 없애고 미국의 민주적 법률제도를 도입하기 위한 기관을 만들 것을 지시했는데 이에 의해 만들어진 것이 한국법학원입니다. 이것은 법학계와 법조계 공동으로 대화하는 광장의 역할을 하였는데 제가 1964, 5년까지 이 한국법학원의 Secretary General을 담당했습니다. 동법학원의 지방순회

강연, "법의 날" 제정 등에 저도 관여하였습니다.

김유성　이번에는 정치적 격동기였던 1960년대의 생활에 대해 말씀해 주십시오. 먼저 4·19때의 말씀을 해주십시오.

김치선　4·19에 대해서 제가 잊을 수 없는 것은 당시 서울문리대 수학과 3학년이었던 저의 막내 동생이 희생된 것입니다.

김유성　교수님의 『노동법총론』 서문에 "4·19에 희생된 동생 치호군에게"라는 글을 읽은 적이 있는데, 이제 그 자세한 내용을 알 수 있겠군요. 그러면 언제부터 서울법대와 인연을 맺게 되었습니까.

김치선　4·19, 5·16 이후 학제의 개편이 있어서 숭실대학의 법학과가 폐지되었고 당시 서울법대 학장이시던 유기천 교수님의 권유로, 1963년 법대 부교수로 왔습니다.

김유성　그러면 법대에서는 어떤 강의를 해 오셨습니까?

김치선　제가 맡은 것으로는 노동법강의, 영미법원서강독, 노동법특강, 사회보장법 등이고, 그때부터 지금까지 강의해 오고 있지요.

김유성　이제 노동법학뿐만 아니라 노동정책 등 실무분야에도 종사해 오신 교수님의 노동법에 대한 소감을 듣고 싶습니다.

김치선　제가 노동법을 시작했을 때는 그 분야의 선배들이 별로 없었고 참고문헌도 매우 적었습니다. 그래서 일본의 책이나 논문 등도 많이 보았지만 그 표현이나 논술의 전개에서 여러 가지 어려움이 많았습니다. 그 예로서 남로당이 많이 사용하였던 노동자라는 말 대신에 근로자라는 말을 사용하였던 것을 들 수 있지요. 그러나 어언 30년이 지나는 동안 많은 노동법학자들과 그들의 연구업적이 생겨나는 것을 보고 새삼 보람을 느낍니다.

김유성   이러한 어려움 속에서 집필하신 「근로자의 단결권」에 대한 박사학위논문에 대해 말씀해 주십시오.

김치선   노동법의 두 支柱(지주)는 근로자의 단결권을 중심으로 한 단체법과 근로자의 근로기준을 중심으로 한 보호법이라고 할 수 있습니다.
　논문의 주제를 택하는 데 있어서는 어떤 의미에서는 그 역사적 발전으로 보나 실제적으로나 후자가 무난하고, 단체법 부분을 학위논문으로 다룬다는 것은 용기를 필요로 하는 일이었습니다. 우리의 후진적 경제여건과 對北傀(대북괴)와의 관계 등으로 인해, 그것을 논하는 일은 쉬운 일이 아니었습니다. 그러나 여러 가지로 노력을 해서 결국은 근로자의 단결권을 택하게 되었고 비록 부족하나마 논문을 완성했고, 지금도 이에 대해서 제 자신 보람을 느끼고 있습니다.

김유성   교수님의 논문은 특히 부당노동행위분야에 있어서는 학문적 approach뿐만 아니라 실무적 approach도 하고 있기 때문에 저희들에게 큰 도움이 되었습니다. 다음에 교수님께서 노동입법분야에 관계하신 것이 있으시면 말씀해 주십시오.

김치선   우리나라의 최초의 노동입법은 1953년에 제정되었고, 1963년 개정되었는데 제정 당시에 저는 미국에 있었고, 1963년 개정 당시에는 학계의 많은 참여가 기대되었지만, 학문적 배경이 별로 없는 몇몇 전문위원들이 개정에 참여했습니다. 그래서 직접 노동입법에 관여한 적은 없고 side에서 우리들의 입장을 강조하고 몇 가지 문제에 대해 그 전문위원들과 논쟁을 벌였던 기억이 납니다.

김유성   교수님께서는 국제노동법 분야에도 많이 관여하신 것으로 알고 있습니다. 이에 대해 말씀해 주십시오.

김치선   제가 1963년 구라파여행을 하게 되었는데 당시 보사부장·차관이 비록 ILO의 가입은 힘들더라도 사회보장협의회에의 가입을 타진해 보라는 부탁을 했습니다. 그래서 동협의회의 사무장을 만나 장관이 써준 편지를 보이고 해서 즉석에서 가입할 수 있었습니다.

또한 ILO의 가입을 타진해 보기 위해 당시 ILO의 사무총장이던 Mr. Mose를 만나던 중 Benjamin Aron 교수의 소개를 받고 그의 추천을 받아 개인적으로 국제노동법 및 사회보장학회에 가입했습니다. 동 학회에 가입한 후 처음으로 1964년 프랑스 리옹에서 열렸던 동 학회의 제5차대회에 참석하였고, 그 후 계속적으로 참여하여 개인적으로 많은 사람을 알게 되었습니다. 동 학회는 ILO에서 후원하고 있기 때문에 상당히 많은 활동을 벌이고 있습니다. 4년 전 독일 뮌헨에서 열렸던 제9차대회에서는 한국이 정식집행이사국이 되었고, 작년 미국 Washshington에서 열렸던 제10차대회에서는 아시아지역 부회장으로 제가 당선되었습니다. 그리고 동 학회의 제2차 아시아지역 학술회의가 올 9월 서울에서 열리고 이에 준비하고 있습니다. 이 국제노동법 및 사회보장법학회에는 아시아와 대양주 국가 중 우리나라가 가장 깊이 관여하고 있는 것 같습니다.

김유성　우리나라가 ILO에 가입하고 있지 못한 불리한 위치를 학회활동을 통해 cover하고 있는 것이 아닌가 생각이 되는군요.

그러면 국제노동학회의 활동을 하시면서 느끼신 지금의 국제노동법학회의 현황, 그리고 우리나라 노동현실과 노동법학회활동에 비추어 본 우리나라 노동법학회의 장래에 대하여 말씀해 주십시오.

김치선　앞에서도 학위논문제목을 정하면서 신경을 썼다고 말했지만, 다 아시다시피 근대노동관계법은 시대적으로 크게 양분됩니다. 독일 바이마르 노동법과 미국의 와그너 노동법시대에는 근로자의 강력한 단결권만이 노사의 대등한 관계를 유지할 수 있게 해주어 근로자의 지위를 향상시켜 준다고 생각되어 왔으나, 2차세계대전 후 독일 본 노동법과 미국 태프트 하트리 노동법시대에 와서는 근로자의 강력한 단결권을 중심으로 한 노동관계법체제를 벗어나서, 노사협의와 근로자의 경영참가의 형태로 시대적으로 발전하고 변화해 가고 있어요. 이런 상황에서 우리나라의 노동법학이, 특히 단체법적인 측면에서, 취하여야 할 입장이 무엇인가, 그리고 노동조합이라는 조직의 위치를 어디에 두어야 할 것인가가 문제되지요.

수년 전에 노사협의회법이 제정되어, 과거의 노동조합의 기능이나 임무이었던 것들이 이제는 노사협의회라는 제도랄까 옷을 입고 활동을 시작했고, 노동조합의 단체교섭도 공장·직장의 단위 내에서만 가능하고 그 밖의 상위단체의 지도·협력은 절대 불가능하도록 되어 있어요. 우리 노동단체법을 연구함에 있어서, 노동조합의 단결권의 행사를 위주로 하여 발전해 온 노동법의 기초를 버리지 않으면서 집단적 노사관계를 고찰해야 하는데, 정부시책이나 사회요청이 노사대립을 억제하려 하고 공장새마을운동 등에서 노사협조가 강조되는 현 시점에서, 한국노동법이 처한 위치는 대단히 어렵고 대단히 심각한 형편이라고 할 수 있지요.

김유성　　지금까지 선생님께서 학문을 해오시면서 느끼신 소감과 그리고 여러 가지의견을 말씀해 주셨습니다. 마지막으로, 선생님께서는 독실한 기독교 신자이신 것으로 알고 있습니다. 선생님께서 실제로 생활하시면서 가지고 계신 생활신조나 생활철학에 대하여 간단히 말씀해 주십시오.

김치선　　생활신조라고 할 수는 없지만, 얼마 전 조선일보의 一事一言(일사일언)에서 隨分(수분), 즉 분수에 따라 행동해야 한다는 말을 한 적이 있어요. 이 말은 수년 전 변산해수욕장 옆 내소사에서 徐燉珏(서돈각) 선생님과 함께 그곳 주지스님이신 해안스님과 일주일 동안 같이 이야기하며 지낸 적이 있었는데, 내소사를 떠날 때 해안스님께서 '佳山(가산)'이라는 아호를 주시면서 글을 써 주신 "隨分救世 物我不二, 愛人如己 似應神命(수분구세 물아불이, 애인여기 사응신명)", 즉 자기 분수에 따라 일을 하면 이 세상과 내가 둘이 아니고 하나이며, 이 세상 사람들을 자기처럼 사랑하면 이것이 곧 신의 명령이 아니겠는가라는 글에서 나온 표현이지요. 나에게 생활신조라는 것이 있다면, 분에 따라 일을 하는 것입니다. 따라서 법과대학의 행정을 함에 있어서도 무리한 행정을 하지 않는다는 것이 제 생각입니다. '가산'이라는 아호는 험산준령이 아니라 아름다운 산처럼 원만하고 무난한 생활을 한다는 나의 생활철학을 그대로 표현해주는 것이기에, 가산이라는 아호를 자랑으로 여기고 있고 아호를 지어주신 해안스님께 진심으로 감사드리고 있습니다.

김유성　　선생님의 隨分救世(수분구세)하시고 愛人如己(애인여기)하시는 생활신념은 실제로 선생님을 접하면서 많이 느꼈습니다. 지금 이 순간까지 선생님께서 걸어오신 길 특히 학문의 길 그리고 생활의 길에 대해 말씀해 주신 데 대해 감사드립니다. 앞으로도 학문에 있어서나 다른 모든 생활에 있어서도 健安(건안)하시고 학문적 발전이 있으시길 간절히 기원합니다.

김치선　　수고 많으셨습니다. 고맙습니다.

[서울대학교 법학 제24권 제2·3호(1983. 9)]

배재식 교수: 법학교육과 활동의 회고

배재식(裵載是) 교수님

생　몰: 1929~1999
재　직: 1958~1994
전　공: 국제법

대담자 : 백충현(서울대학교 교수)
일　시 : 1989년 8월 18일

"대학의 연구기능강화가 우리 대학의 당면과제"

백충현　　선생님의 회갑을 진심으로 축하드립니다. 선생님께서는 식민지지배 하에서 교육을 받으셨고, 해방과 6·25를 거치는 민주교육의 도입기를 몸소 체험하셨으며, 우리나라 법학교육과 연구의 태동기라고 할 수 있는 1958년부터는 사회생활의 전 생애를 모교인 우리 법과대학에서 봉직하고 계십니다. 그렇기 때문에 오늘의 회갑기념 대담은 선생님 개인의 회고뿐만 아니라 우리나라의 법학교육이 걸어온 발자취를 올바르게 정리해 둔다는 각별한 의미도 갖는다고 생각합니다. 선생님께서 국제법 분야에 쌓아올리신 학문적 업적과 공헌에 관하여는 따로 말씀을 나눌 기회가 있으리라고 생각되기 때문에 이 자리에서는 우리 대학에서의 법학교육과 학문활동에 관련된 이야기를 중심으로 말씀을 나누기로 하겠습니다.

　　우선 선생님께서 법학에 입문하시게 된 배경 그리고 특히 국제법을 전공하기로 결정하시게 된 동기부터 말씀을 시작해 주시면 감사하겠습니다.

Ⅰ. 법학입문의 동기와 학창생활

배재식　　제가 올해 회갑을 맞는다고 생각하니 참으로 세월은 유수와 같다는 표현도 모자라는 것 같습니다. 누구나 하는 일이라고 생각되지만 새삼 이런 대담을 제가 하게 되고 보니 감회가 정말 깊습니다.

　제가 법학을 공부하게 된 동기를 말하자면 어린 시절의 이야기로 돌아가게 됩니다만, 사실 저는 요즈음의 고등학교에 해당하는 6년제 중학 당시에는 의학을 공부할 생각으로 이과에서 공부하기도 했습니다. 그런데 해방 이후의 혼란 속에서 자라면서 그리고 우리 정부가 들어서게 되면서 국가를 위해서 무엇인가 할 수 있는 일이 많을 것 같다는 생각을 가지게 되었습니다. 누구에게나 마찬가지였겠습니다만 나라를 잃었던 백성이 36년 만에 광복을 맞아 제 나라를 되찾은 감격 속에서 '국가'라는 것이 얼마나 소중한 것인가를 깊이 생각하게 되면서 사회과학에 관심을 가지게 되었고, 그것이 계기가 되어 법학을 선택하게 된 것입니다.

　그리고 대학 재학 중에는 지금의 형사법학회에 해당하는 Iris반의 회원으로서 주로 형사법연구에 전념하였습니다. 당시 거의가 일본책이었던 저명한 형사법 책 50여 권을 독파하면서, 토요일마다 Iris회에서 형법학상 주관주의의 입장에 서서 열렬한 토론을 하였습니다. 특히 대형법학자이자, 당시 누구보다도 가까이서 지도해 주셨던 유기천 선생님의 영향은 저의 대학원 진학에 큰 계기가 되었습니다. 대학원에 진학하기로 마음먹은 것은 비교적 일찍 대략 3학년 말경이었는데 그때까지는 형법을 전공할 생각이었습니다. 그러다가 대학원 진학에 임박하여 다시 한 번 전공을 깊이 생각하게 되었습니다.

　당시 대학원에는 형사법전공, 민사법전공, 공법전공, 법사상사전공의 네 전공이 있었는데 형사법전공과 공법전공 사이에서 고민을 한 것입니다. 그때 앞서 이야기한 법학 선택의 동기였던 국가에 대한 관심이 다시 솟아났습니다. 당시에 많은 수는 아니었지만 실무자들과 법학자들은 거의가 민·형사법을 전문으로 하고 있었고 그래서 결국 국가학의 범주에 드는 공법 계통을 전공하기로 마음먹었습니다. 전공을 바꾼다는 것은 나름대로는 중요한 결단이었습니다. 그러나 나라가 없는 백성에게는 헌법이 있을 수 없고 국제법이 있을 수 없다는 생각에 깊이 빠져 있던 저는 당시 거의 없었다고 해도 과언이 아니었던 헌법학과 국제법학 즉 공법학을 개척자적인 야망을 가지고서 선택하게 된 것입니다.

대학원에 들어가서는 주로 헌법, 국제법, 법철학강의를 들었습니다. 그리고 학점을 신청한 것은 아니었지만 그래도 미련이 남아서 형사법강의도 들었습니다. 대학원과정에서는 지금은 고인이 되신 박관숙 선생님 그리고 이한기 선생님의 학문적인 영향과 인격적인 영향이 깊었습니다. 또 헌법분야에서는 한태연 선생님의 영향도 받았습니다. 그리고 대학원재학 중에, 지금도 읽어보면 명저라고 생각되는 K. C. Wheare의 Modern Constitutions를 『現代憲法論(현대헌법론)』이라는 제목으로 번역하기도 하였습니다.

대학원을 마치고 대학에서 처음으로 강의를 한 것은 국제법이 아니고 비교헌법론이었습니다. 1955년의 일로 생각되는데 밤을 새워 열심히 강의준비를 했던 기억이 납니다. 1956년에는 제일 젊은 강사로서 서울대학교에서 원서강독을 말았습니다. 당시의 교재는 P. C. Jessup의 『Modern Law of Nations』였는데 그 책은 저의 국제법연구의 방향을 교시해 준 것이었습니다. 그러다가 1957년부터는 법과대학에서 국제법강사로서 강의를 하게 되었습니다. 비록 시간강사였지만 모교에서 국제법을 강의하게 된 것이 제가 공법 중에서도 특히 국제법으로 방향을 굳힌 계기가 되었던 것으로 생각됩니다. 1958년에는 법대졸업생으로는 처음으로 저와 현재 동료로 있는 곽윤직 교수가 법과대학에 전임으로 임용이 되었습니다. 이것이 사실상 국제법을 지금까지 연구하게 된 결정적인 계기였습니다. 다만 요즘도 학생들에게 언제나 이야기하는 것입니다만 공법을 하는 사람들은 국제법과 헌법을 밀접하게 관련지어서 연구해야 한다는 생각은 아직도 변함이 없습니다.

Ⅱ. 변혁기의 법학교육제도

백충현　　선생님의 말씀 속에서 법과대학에서의 연구와 교육의 변천과정도 설명된 것 같습니다. 제가 볼 때 우리나라의 법학교육은 그 내용과 방법에 있어서 과거 일제시대의 제도를 상당한 기간 동안 답습해 왔다고 생각합니다. 이와 관련하여 서울대학교 법과대학을 중심으로 해서 새로운 교과과정, 교육방법, 연구방법을 추구하는 개선이 지속되어 왔다고 봅니다. 그런데 선생님께서는 작년 법과대학 학장 임기를 마치실 때까지 법학연구소장 등 법학교육과 연구에 관련된 모든 학교 행정보직을 두루 거치셨습니다. 서울대학교의 전반적인 교육제도의 개선을 위한 각종 위원회 활동에도 빠짐없이 관여를 해 오셨습니다. 그래서 서울대학교를 중심으로 이야기를 하게 되면 그것이 자연히 우리나라의 법학교육의 변천사를 이야기하는 것이 된다는 생각에서, 지금부터 법학교육에 초점을 맞추어 말씀을 듣도록 하겠습니다. 선생님께서는 교수활동의 초기에 이미 Harvard Law School에서의 연구경험도 쌓으셨고, 특히 국제법교수시면서 후에 국제사법재판소 판사까지 역임하신 Baxter 교수와 각별한 교류를 계속해 오시면서, 법학교육제도와 교육방법론 특히 국제법연구에 대해 많은 영향도 받으셨고 또 그 경험을 법과대학에서의 교육에 실천하신 것으로 알고 있습니다. 이러한 배경을 중심으로 해서 우리나라 법학교육제도의 초창기부터 변천과정의 중요한 문제를 하나씩 짚어가면서 말씀을 듣도록 하겠습니다.

배재식　제가 법학교육의 제도, 방법, 내용에 관해서 어떤 개선이 필요하다는 생각을 깊이하게 된 것은 역시 Harvard에 다녀온 것이 계기가 되었습니다. 언젠가 Fides에 국제법연구를 중심으로 해서 법학방법론과 법학교육방법론의 개선에 대해서 기고한 적도 있습니다만, 당시부터 법학교육방법론과 법학방법론에 대해 깊은 관심을 가지게 된 것이 사실입니다. 4·19 전후의 어려운 시기에 학생과장을 맡아 어려운 과정을 겪었었고 Harvard에서 돌아오자마자 교무과장을 맡아 교무행정을 담당하게 되어 법학교육에 대해 남다른 관심을 기울이게 되었습니다.

백충현　그러면 법학교육과 관련된 두 가지 구체적인 문제, 즉 교과과정의 내용의 변천발달과 공사법학과로 나뉘어져 있는 현재 우리 제도의 문제로 좁혀 앞으로 우리 사회에 필요한 것은 어떠한 방향인가에 대해 말씀을 듣기로 하겠습니다.

배재식　교과개편과 관련해서 말하자면 그 동안 새로운 과목들이 많이 생겨났습니다. 그 가운데 국제거래법은, 1966년으로 기억되는데 제가 Harvard 대학에서의 Laws of International Transactions라는 세미나에 참석하였던 경험을 토대로 비슷한 과목을 상과대학에서 강의하기 시작한 것이 계기가 되었었습니다.

1967년에 이한기 선생님이 학장이 되시면서 다시 교무행정을 담당하게 되었는데 법학교육에 대한 평소의 생각을 실천해 보고자 법과대학 내에 법학교육연구위원회를 두고, 격주로 모여 2년여 간 토의를 거듭한 끝에 4년제에 대한 부정적인 평가를 내리고서 두 가지 안을 제시했습니다. 하나는 예과 2년, 본과 4년의 6년제 안이었습니다. 이 안은 당시 조선일보에 대서특필되어 다른 법과대학의 반발을 사기도 했습니다. 다른 하나는 예과 2년, 본과 3년의 5년제 안이었습니다. 5년제 안의 주된 논거는 당시의 경제사정에 비추어 6년제안은 무리가 아닌가라는 것이었습니다. 예과 2년을 두기로 한 것은 두 안에 공통된 것이었는데, 그 이유는 법학을 이수하는 데 있어서는 인문, 사회과학교육이 보다 철저해 져야겠다는 것이었습니다. 즉 철학, 기술, 과학의 3박자를 갖추어야 하는 법학의 특수성을 고려한 것이었습니다. 이 안은 교수회의에서도 여러 차례 논의되어 긍정적으로 결의된 바도 있습니다. 특히 5년제안은 저의 학장 재임 중에 서울대학교의 학제로 확정이 되어서 그 실행을 준비하는 단계에 있습니다.

원래 행정학과는 실질적으로 공법학과로서 그 졸업생에게는 법학사학위를 주게 되어 있었는데 Harvard에서 돌아와 보니 행정학사학위를 주도록 바뀌어 있었습니다. 그런데도 그 중요한 문제의 결정과정은 상당히 불투명했습니다. 저는 행정학과의 교과내용이 사실상 법학 중심이라는 점을 중시하여 다시 원래의 제도로 복원시킨 적이 있습니다. 그러나 5·16 이후 갑작스럽게 행정학이라는 것이 일반화되면서 법과대학에도 영향을 미치게 되어, 행정학과를 확대하자는 주장이 나오면서 교과과정과도 관련된 어려운 문제들이 생겨났습니다. 그러한 주장이 오늘날 행정학과를 신설하고자 하는 움직임과도 관련이 있는 것입니다. 1960년대 말부터 서울대학교 발전을 위한 위원회가 있었고, 1971년부터는 서울대학교 10개년 계획을 정식으로 다루는 기획위원회가 발족되어 저는 그 위원으로 10여 년간 활동했습니다. 그 기획위원회의 기본방향은 대학원중심의 대학, 유사학과의 통합이었습니다. 그리고 당시로서는 행정학과는 더 이상 공법학과와 같은 것이 아니었습니다. 이러한 배경에서 비록 기획위원회의 단계에서까지는 2개학과를 두자는 법과대학의 결의가 통과되었지만, 학장회의에서 최종적으로 법학과 하나만을 두기로 결정이 나서, 관악 이전 이후인 1980년까지 단일학과로 시행이 되었습니다. 그러나 행시합격자의 수가 눈에 띄게 줄어든 데 대한 동창회의 우려와 교수들의 요구에 따라 다시 두 개 학과를 두기로 의견을 모았는데 또다시 과의 명칭이 문제가 되었고 기업법학과를 신설해서 1개 학과로 하자는 의견도 나왔습니다. 그러나 교수회의 투표로 공사법학과로 결정했습니다. 이렇게 어려운 과정을 거쳐서 지금의 공사법학과제도로 정착이 된 것입니다. 그러나 그 과정에서 문교부로부터 공사법학과로 나눈 전례가 없다는 점과 나누는 경우에도 교과 내용을 어떻게 가를 것인가라는 문제점에 대한 지적도 있었습니다. 결국 아직도 공법학과의 독자성 규명이라는 문제가 남아 있다고 할 것입니다. 생각건대 공법학과는 고급행정관료의 양성이라는 목적을 위해 필요하다고 봅니다. 현 단계의 우리나라 법과대학교육의 목적은 실무와의 관계에서 말하자면 반 정도는 법조계로, 1/3 정도는 행정계로, 나머지는 기업 기타 분야로 진출하게 하는 것이 바람직하다고 봅니다. 이를 위해 공법학과의 교과과정은 이러한 목적에 부합하는 것이 되어야 하리라고 봅니다. 특히 그러한 교육은 우리나라에 있어야 할 법치행정을 위해서 꼭 필요한 과정입니다.

Ⅲ. 국제화시대의 대학과 학술활동

백충현　　같은 내용의 다른 측면이 되겠습니다만, 대학에서의 연구활동이라는 측면에서 여쭈어보기로 하겠습니다. 선생님께서는 법과대학에서의 학문활동의 질적 향상을 위해서도 항상 노력하셨다고 생각합니다. 법학연구소장으로 계실 때에도 여러 가지 형태의 국내외 학술활동을 활발하게 전개하셨습니다. 예를 들면 외국학자들과 함께 법학연구방법론을 위시해서 특수문제에 관한 많은 국제학술활동도 있었습니다. 그러나 교수 중심의 활동 이외에 학자양성이라는 측면에서는 아직 미흡한 단계에 있는 것이 아닌가 생각됩니다. 서울대학교 전체의 문제입니다만 대학원 중심대학이라는 명분에 부합하는 실질을 갖추어야 할 것으로 생각합니다. 이 점에 대해서 말씀해 주시기 바랍니다.

배재식　　요즈음 학자 아닌 교수가 있다는 말도 있습니다만 교수의 기본은 역시 학문을 하는 것이어야 한다고 하겠습니다. 이 점에서 연구기능의 강화가 중요하다고 봅니다. 1960년대 말에 연구기능강화를 위한 노력이 있었습니다. 저는 그때부터 기금확충과 강의부담의 축소 그리고 연구교수제도의 도입 등을 주장하여 왔습니다.

대학의 연구기능강화의 문제는 대학원교육 강화와 직결되는 과제이며, 따라서 이것은 우리(나라) 대학의 당면과제로서 아무리 강조해도 지나칠 수 없는 최우선의 목표이어야 합니다. 말할 것도 없이 대학원의 본질은 학자의 양성입니다. 그러한 의미에서 대학은 학문의 전당이어야 합니다. 그런데 '대학원 중심'이라는 용어 또는 개념은 ― 서울대 특유의 의미를 지닌 것이기는 해도 ― 일반적으로 말해서 적당한 것이 못된다고 생각합니다. 요컨대, 대학원교육의 '강화'는 긴요한 당면과제임을 강조합니다.

법학연구소를 4년간 맡아 오면서도 재정적인 어려움에도 불구하고 법학지를 계간으로 발간하기로 한 것이 가장 중요한 일이었다고 생각합니다. 이와 관련해서는 故(고) 유진오 선생께서 유럽의 법학계를 둘러보신 후에 계간으로 낼 것을 충고하신 것이 자극이 되기도 했습니다. 법학지를 일 년에 4권 내는 의의는 4권이라는 숫자에 있는 것이 아니고 교수들이 글을 실을 수 있는 기회를 보다 자주 갖는다는 데 있는 것입니다. 또한 저는 법대 조교나 법학연구소 조교들에게 학자가 될 사람으로서 잡일보다는 먼저 공부를 할 것을 권하면서 1년에 한 편씩의 논문을 제출하도록 했습니다. 그리고 지도교수의 감수를 받아 발표할 수 있도록 해주기도 했습니다. 그런데 일 년에 두 권 나오는 법학지에는 그런 공간을 마련하기 어려웠고 그래서 네 권을 내기로 한 것입니다. 결국 법학지를 계간으로 발간하기로 한 것은 교수와 조교들에게 학문적인 자극을 주기 위한 것이었다고 할 수 있습니다.

그리고 외국의 학자들도 초빙한 가운데 그런대로 규모가 큰 국제학술대회를 매년 개최한 것도 기억에 남는 일입니다. 그 학술대회에서 다루었던 주제로는 법학방법론, 법학과 법률실무, 환경법, 법학교육 등이 있었습니다. 그러나 그때마다 겪었던 재정적인 어려움은 실로 큰 것이었습니다.

백충현　　선생님께서는 또한 학장직을 맡고 계시는 동안 국제간의 학자교류에도 역점을 두시고 법과대학 교수와 동경대학 법학부 교수 간의 교류를 추진하셔서 상호방문을 통한 학술교류가 정착되는 단계에 이른 것으로 생각됩니다. 그러나 그 내용은 법학교육을 비롯한 상호 공동관심사에 대한 소개 정도에 그친 것으로 생각되는데 앞으로의 바람직한 방향은 어떠해야 하리라고 생각하십니까?

배재식   오늘날 우리가 모든 분야에서 국제화시대를 맞고 있는 가운데 경쟁을 해 나 가지 않으면 안 될 시점이라고 생각합니다. 제가 보기에는 법학분야가 비교적 국제화에 뒤늦은 분야라고 생각됩니다. 그동안의 국제교류는 교수와 유학생 모두 주로 미국과 유럽 중심으로 이루어졌습니다. 그러나 우리보다 훨씬 먼저 서구의 문물을 받아들여 이제는 나름대로의 체계를 세웠다고 자부하는 일본법학계와의 교류를 통해 그들이 서구의 학문을 통해 어떻게 받아들이고 어떻게 자기의 것으로 만들었는가를 아는 것도 중요하다고 봅니다. 그래서 동경대학과의 교류를 추진하여, 첫 해에는 법학교육에 대한 모임을 가졌습니다. 지난 여름에 동경대학에 우리 교수님들이 가서 서로의 법학교육의 문제점을 드러내 놓고 이야기를 나누었고 일본의 사법연수소와 최고재판소도 직접 방문하여 교관과 판사들과도 토론을 나누었습니다. 짧은 기간이었지만 매우 깊은 이야기를 나누었기 때문에 그 방문이 앞으로 우리의 법학교육제도를 논의하는 데 있어서 큰 도움이 되리라고 생각합니다. 또한 우리의 법과대학 5년제안이 그들에게 큰 자극이 되었던 것으로 봅니다. 일본도 5년제를 실시하려고 하다가 좌절된 경험이 있어서 많은 질문이 나왔습니다. 동경대와의 교류를 추진하면서 제가 생각해 온 계획은 다음으로 법학방법론에 대해, 그리고 그 다음으로는 전문분야끼리 모임을 가지는 식으로 매년 번갈아 교류하여 더욱 깊이와 폭을 넓히는 것입니다.

Ⅳ. 교수·학생관계와 대학생활

백충현   법학교육과 학생과의 관계를 중심으로 법과대학의 역사를 돌아본다는 의미에서 두 가지를 여쭙고 싶습니다. 첫째는 법과대학의 학생들이 자부심을 가질 수 있는 학창생활 중의 하나가 학생들 스스로가 주체가 되는 학회활동이라고 생각합니다. 그러나 사회변혁기를 거치면서 학회 활동자체도 많이 변질되어 왔습니다. 둘째로는 교수와 학생간의 관계를 보다 밀접하게 하고 대학생활을 보다 알차게 하기 위한 제도로서 출발하였던 지도교수제도 역시 사회의 혼란기를 거치면서 크게 변질되었습니다. 이 두 가지, 즉 학회활동과 지도교수제도에 대한 평가와 앞으로의 방향에 대한 의견을 말씀해 주시기 바랍니다.

배재식　　대학생활에서의 학회활동은 학생들 자신을 보다 성장하게 할 뿐만 아니라, 학문적 취미를 키울 수 있는 기회인 동시에 학생들간의 그리고 교수와의 인간적인 관계를 형성할 수 있는 좋은 기회라고 생각합니다. 그리고 또한 학생들에게 학문적인 개성을 키워 주는 계기도 되는 것입니다. 저는 30여 년의 경험을 통해 학회활동은 적극 장려되어야 한다고 생각하며 학생들에게도 재학 중에 적어도 한 개 이상의 학회에서 활동할 것을 권하고 있습니다. 대학과 교수들의 입장에서도 학회활동을 활성화하기 위해 적극적인 지도와 도움을 주기를 바랍니다.

　다음으로 지도교수제에 대해서는 결론부터 말하자면 학생들과 교수들의 인식이 바뀌어야 하리라고 봅니다. 법과대학의 경우 지도교수제가 생긴 것은 어느 대학 보다 앞서서 대학 자체의 필요에서였습니다. 4·19 전 제가 학생과장을 할 때 당시 학생수가 1,250여 명이어서 장학금지급에 있어서 가정 사정이 어려운 학생을 가려내기가 어려웠습니다. 그래서 당시 13명 정도였던 교수별로 학생들을 분담해서 교수들이 상담을 통해 장학생추천을 하도록 했습니다. 이것이 법과대학의 지도교수제의 시발이었는데 이는 문교부에서 지도교수제를 두라고 하기 이전의 일이었습니다. 매달 어느 교수는 학생들과 다과회를, 어느 교수는 야유회를 그리고 저의 경우에는 영화감상 등을 통해 교수와 학생들이 보다 가까워 질 수 있는 기회를 가졌습니다. 그래서 장학생 선정이라는 현실적인 필요에서 출발한 제도가 기대 이상의 성과를 거두었습니다. 그런데 그 뒤 문교부에서 의무적인 지도교수제를 강요하면서 교수와 학생의 일반적인 인식이 나빠지게 되었던 것입니다. 제 생각으로는 앞으로 이렇게 잘못된 인식을 불식하고 법대 지도교수제 출발 당시의 동기와 목적으로 돌아가 명칭을 바꾸어서라도 제도 자체는 개선해서 유지해 가야 하리라고 생각합니다. 이른바 5공시대 그 어려운 상황에서 보직교수로서 때로는 야단도 치고 화를 내기도 했지만 학생들과 이야기를 나누는 가운데 결과적으로 잃은 것은 없다고 생각합니다. 반대로 당장에 어떤 것을 얻은 것은 없다 하더라도 길게 보면 노력한 만큼의 효과는 있었다고 믿습니다. 학생들이 혈연관계를 떠나서 가장 가까운 사람은 교수이고, 교수이어야 합니다. 교수는 시대적인 상황 속에서 능력의 한계 때문에 그 이상 도와줄 수 없는 경우는 있다 할지라도, 자기 제자에게 해가 되는 일은 절대로 할 수 없는 사람들입니다. 이것만은 아직 깨어지지 않고 있습니다. 어려운 상황에서 왜 교수들이 우리와 함께 대정부투쟁에 나서지 않았는가라고 비난할 수도 있을 것입니다. 그러나 교수들이 가지는 한계를 학생들은 이해해 주어야 합니다. 교수는 스승입니다. 스승은 자기 제자에게 해를 끼치지는 않는다는 믿음의 윤리가 오늘날과 같은 어려운 때에 더욱 싹터야 합니다. 바람직한 지도교수제가 상실되어 버린 것은 참으로 가슴 아픈 일입니다.

V. 법학교육과 사회진출

백충현　지금까지 선생님께서 법학교육의 목적, 내용, 변천과정 그리고 특히 우리 서울대학교 법과대학이 경험했던 모든 사례들을 많이 말씀해 주셨습니다. 정리하는 의미에서 먼저 일반적인 문제로서 법학교육과 우리 사회의 관계에 대해 정리해서 말씀해 주셨으면 합니다. 그 중에서도 특히 법치주의가 잘 실현되는 사회로서의 민주사회에 부합하는 시험제도란 어떠한 것이어야 할 것인가와 관련한 기본적인 기준에 대해 말씀해 주시기 바랍니다.

배재식　사회와의 관계에서 볼 때, 법조인이 되는 실질적인 자격은 대학에서의 교육에 의해 결정되어야 합니다. 다시 말해서 법과대학이 법조인의 밭이 되어야 합니다. 이 점에서 시험제도와 법학교육은 유기적인 관계를 맺으면서 발전해 나가야 합니다. 대학에서 제대로 교육을 받은 사람은 자기가 원하는 사회직역으로 진출할 수 있어야 합니다. 그래야 법학교육도 정상화되는 것입니다. 그렇지 못할 때 지금과 같이 사법시험에 있어서 대학에서의 교육이 거의 무시되는 상황에서는 법과대학은 학원으로 전락할 수밖에 없습니다.

　사법시험 선발인원을 가지고 이야기하자면 과거에 비해 대폭 늘어나 현재는 300명을 선발하고 있습니다. 그러나 이 숫자도 늘어나는 인구와 사회적 수요를 생각할 때는 부족한 것입니다. 일본의 경우 오래 전부터 500명을 뽑고 있고 그 숫자를 늘리는 방향으로 개혁이 추진되고 있습니다(800명으로 확정). 그런데 우리나라에서는 300명도 많다고 해서 200명으로 줄이자는 안이 대한변호사협회, 법원행정처, 법무부 3자합의로 제출된 적이 있습니다. 저는 당시 법대학장으로서 법학교육의 향상을 위해 모든 법과대학, 법학과가 참여하는 모임이 있어야겠다는 생각에서 1984년에 한국법과대학협의회를 구성해서 그 회장 이름으로 300명은 최소한의 필요인원이라는 건의서를 제출해서 관철시킨 적이 있습니다. 선발인원을 줄이는 것은 법학교육의 정상화에 큰 지장을 초래하게 될 것입니다.

사법시험제도이건 행정고시제도이건 대학에서의 교육을 바탕으로 해서 체계적인 교육을 받은 사람을 뽑는다는 기본적인 기준 아래 운영되어야 한다고 봅니다. 물론 그렇더라도 독학자를 배제하자는 것은 아닙니다. 독학자를 위해서는 현재의 1차 시험을 이용할 수 있을 것입니다. 그러나 대원칙으로는 위에서 제시한 기준에 따라야 할 것이며, 그럼으로써 법과대학이 고시학원이 되고 있는 타락상은 막아야 할 것입니다. 이 점은 법학교육을 맡은 사람들 모두가 깊이 생각해야 할 것이며, 보다 적극적인 자세에서 법학계와 실무계의 벽을 헐면서 시험제도의 개선방향을 제시하는 자세와 노력이 필요하다고 생각합니다.

VI. 소중한 직분 : 국제법 연구

백충현　지금까지 선생님께서 말씀해 주신 것은 우리 법학교육이 직면했던 모든 핵심적인 문제를 망라한 것이었습니다. 물론 보다 많은 말씀이 있으실 것으로 생각됩니다만 지면의 제약도 있고 해서 이제 선생님의 개인적인 활동을 조금 여쭙고 마감하도록 하겠습니다. 선생님께서는 사회활동의 면에서는 거의 전 생애를 서울대학교 법과대학의 교육을 위해 바쳐 오셨습니다. 또 선생님께서는 우리 사회가 민주화를 위해 노력하는 변혁기를 살아 오셨습니다. 그래서 4·19 때도 교수로서 참여하셨고, 학계와 실무계를 연계시키는 활동에서도 적극적으로 참여를 하셨습니다. 제 기억으로 말씀드리자면 한일회담에서는 법률고문 또는 자문위원으로서, 그리고 해양법회의에서는 법률고문으로서, 기타 국제법과 관련되는 모든 문제에 대한 법무부와 외무부 등의 자문, 고문교수로서도 활동을 하셨습니다. 순수한 학술활동으로는 대한국제법학회 회장 등 많은 학술활동도 적극적으로 주도하셨습니다. 특히 국제인권법과 관련하여 선도적으로 학계에 많은 문제를 제기하셨고 재일동포, 사할린동포문제에 이르기까지 우리 실무계에 그리고 일본의 학계와 실무계에 국제법적 접근의 계기를 마련하신 공헌이 계십니다. 그래서 국제인권법에 대한 말씀과 장래의 학문적인 그리고 법학교육과 관련한 개인적인 소망 내지는 계획을 들려주시기 바랍니다.

배재식　돌이켜보면 별로 공헌을 했다거나 기여를 한 바가 없는 것 같습니다. 다만 몇 가지 더듬어 이야기하자면 우선 법무부나 외무부 등의 자문에 응해 자그마한 지식이나마 보탬이 될 수 있었던 것이 기억에 남습니다. 그리고 20여 년 동안 지도해 온 법과대학의 모의재판에 대한 기억이 소중하게 남아 있습니다. 한국에서 모의국제재판을 시도한다는 것은 모험같은 일이기도 했는데 학생들이 훌륭한 성과를 내주어 놀라워하면서도 흐뭇해했던 기억이 있습니다. 한 가지 아쉬운 것은 우리가 다른 나라보다도, 미국보다도 앞서서 모의재판을 해왔는데 미국 국제법학회가 주관하며 매년 개최하는 Jessup Moot Court에 많은 나라의 법학도들이 참여하고 있으나 아직까지 우리 학생들이 출전을 못하고 있는 점입니다. 앞으로 반드시 참여하도록 해야겠다는 생각입니다.

국제법학회에서 오랫동안 활동해 온 것도 기억에 남아 있습니다. 나름대로 학회 활동을 활성화하기 위해 노력했다고 자부합니다. 국제법과 관련해서는 아직도 국가주의사상이 평화를 위협하고 있는 실정에 있다는 현실을 지적하고자 합니다. 그래서 저는 국제법에서 개인의 인권에 대해 많은 관심을 기울여 왔습니다. 인권의 문제가 바로 평화의 기초라고 믿기 때문에 앞으로도 계속 관심을 기울여 갈 것입니다. 특히 해외동포의 인권문제에는 민족주의적인 시각에서, 한 민족으로서의 애정과 인간주의에서 기울여 온 관심을 지속시켜 나갈 것입니다.

현대의 법학자는 자기의 법사상 혹은 법지식을 우리 사회의 현실의 개선을 위해 활용할 필요가 있다고 생각합니다. 전문적인 학술지에의 발표나 강의실에서의 강의도 중요한 것이기는 합니다만, 한편으로는 국가가 당면한 현실적인 문제에 기여한다거나 우리 사회에서 문제가 되고 있는 과제의 해결에 자신의 전문적인 지식을 제공하는 것도 중요하다고 봅니다. 물론 저널리즘에 빠지는 것은 배격해야 할 것입니다만, 정확한 지식을 제공함으로써 국가발전에 기여할 수 있다면 그러한 활동도 소홀히 해서는 안 되리라고 봅니다. 이러한 시각에서 유기적인 산학협동체계가 이루어져야 하리라고 봅니다.

백충현　오늘 장시간 동안 선생님의 말씀을 통해서 서울대학교 법과대학을 중심으로 한 대학교육과 연구활동의 과거를 회고해 보고, 또 장래의 과제를 음미해 보는 뜻 있는 시간을 가질 수 있었습니다. 「서울대학교 법학」에 귀한 지면을 할애해 주신 법학연구소에 감사드리면서 그리고 선생님의 회갑을 다시 한번 축하드리면서 이만 마치도록 하겠습니다. 감사합니다.

배재식　감사합니다.

[서울대학교 법학 제30권 제3·4호(1989. 12)]

성헌誠軒 황적인 교수의 걸어오신 길

황적인(黃迪仁) 교수님

생 몰: 1929~2013
재 직: 1968~1995
전 공: 민법, 경제법

대담자 : 권오승(경희대학교 교수)
          이은영(한국외국어대학교 교수)
일 시 : 1990년 3월 31일

"법학자는 새로운 분야에 대한 관심을 가져야"

권오승   선생님, 안녕하십니까? 지난 1989년 10월 7일로 선생님의 華甲(화갑)을 맞이했습니다. 다소 늦은 감이 있습니다만,「서울대학교 법학」제31권 제1·2호가 선생님의 화갑기념호로 출간되게 된 것을 계기로, 저희들이 평소에 선생님을 가까이 모시고 있으면서도 자세히 모르고 지내온 선생님의 생애와 학문에 대해 이 기회에 정리해 두고자, 이러한 자리를 마련했습니다.

우선 선생님의 소년시절에 대해 말씀을 들려주시기 바랍니다.

황적인   저는 1929년 10월 7일에 평양에서 출생했습니다. 부유한 가정에서 태어났기 때문에 어린 시절은 대체로 풍족하게 보냈습니다. 다만 몸이 건강하지 못했고, 국민학교 3, 4학년 경에는 폐결핵을 앓아 3년간이나 휴학을 해야 했던 기억이 있습니다. 저의 국민학교, 중학교시절은 태평양전쟁이 한창이던 시기여서 여러 가지로 사정이 어려웠고, 근로봉사에 동원되느라 공부다운 공부를 하지 못했습니다. 그러나 학교성적, 특히 기하성적이 좋았던 것으로 기억이 되고, 기억력이 다소 뛰어나 긴 문장도 암기를 잘 해서 조회 때 전교생 앞에서 선창을 하기도 했던 일이 기억에 남아 있습니다.

1945년 10월 17세 때 부모님과 동생과 함께 평양을 떠나 서울로 왔습니다. 그리고 1945년 12월 경에 경동고등학교 1학년에 편입했습니다. 당시는 해방 후의 혼란기여서 생활이 상당히 어려울 때였는데, 그때도 학교성적은 우수했었고, 특히 영어를 잘했던 것으로 기억됩니다. 그러나 6학년에 재학하고 있을 때 6·25사변이 일어나 공부가 또 다시 중단되었고, 1·4후퇴 때에는 부산으로 내려갔습니다. 그 후 1951년에 다시 서울에서 3개월간 고등학교를 다닌 후 8월에 졸업을 하고, 서울법대에 응시하게 되었던 것입니다.

권오승　법대를 지망하시게 된 데에는 특별한 동기가 있었습니까?

황적인　저는 원래는 의대를 갈 생각이었습니다. 그런데 1952년 봄 모집공고가 났을 당시에는, 전쟁의 와중에서 공부를 하지 못한 상황이어서, 상대적으로 수험준비가 용이했던 문과를 택했던 것입니다. 문과 중에서 법과를 택한 것은, 저는 원래 고등학교 때까지는 문학에 관심이 많았으나, 문학을 전공하는 데 따른 현실적인 경제적 문제를 고려해서, 법과를 택하게 된 것입니다.

전공선택의 동기가 다른 과목이 마땅치 않아서라는 소극적인 것이었음에도 지금 현재는 법학자가 되어 있으니, 아이러니라고나 할까요. 인생이라는 것이 지극히 간단한 동기에 의해 향방이 결정되는 것이 아닌가 하는 생각이 듭니다.

이은영　선생님께서 대학에서 공부하실 당시의 대학생활은 어떠했습니까?

황적인　1952년에 대학교에 입학하게 되었는데, 당시 학교는 부산에 있었고 집은 서울에 있었던 관계로 입학과 동시에 휴학을 하게 되었습니다. 그러다가 1953

년이 되어 서울대학교 서울분교가 생겨 거기에서 공부를 시작하게 되었고, 1954년 서울대학교가 서울로 복귀한 후, 본격적으로 법학공부가 시작되었습니다. 당시 법과대학에는 저명하시고 훌륭하신 교수님들이 많이 계셨습니다. 이한기 교수께서 독일어 원서강독을, 현승종 교수께서 로마법을, 김증한 교수께서 서양법제사를, 황산덕 교수께서 법철학과 섭외사법을, 그리고 유기천 교수께서 형법을 강의하셨습니다. 당시 모두 다 젊고 저명한 분들로, 훌륭한 강의를 해주셔서, 그 분들에게 강의를 들은 것을 저로서는 매우 다행스러운 일로 생각하고 있습니다.

이은영   선생님께서 공부하신 시절은 전쟁으로 혼란스러운 상황이었고, 그러한 상황에서는 법학자가 되려고 하는 사람들이 많지 않았으리라고 생각됩니다. 학자의 길을 선택하신 특별한 계기가 있으시면 말씀해 주십시오.

황적인   학자의 길을 선택하게 된 것은 지금 생각하면 아주 소박한 생각에서였습니다. 당시 저는 인간이 다른 인간을 재판할 수 없다는 생각을 강하게 가지고 있었습니다. 그래서 법조계 진출에 대해서는 애초에 관심이 없었습니다. 물론 변호사의 길에 대해서는 생각해 보지 않은 것은 아닙니다만, 어쨌든 학생들에게 가르칠 수 있는 학자의 길이 당시의 저의 인생관에 비추어 보다 보람있는 것이라고 생각했고, 그래서 학자의 길을 택하게 된 것입니다.

권오승   선생님께서는 1957년에 법과대학을 졸업하시고, 바로 대학원에 진학하셔서 1960년에 법학석사학위를 받으신 것으로 알고 있습니다.

황적인   그렇습니다. 당시에도 석사과정을 2년 만에 마치는 것이 보통이었지만, 좋은 논문을 써야겠다는 생각에서 3년간 공부를 하게 된 것입니다. 석사논문은 「판례법의 법원성」이었습니다.

권오승   박사과정은 어떻게 시작하셨습니까?

황적인   제 기억으로는 제가 서울대학교 대학원 법학 박사과정 제1회로, 그리고 혼자서 입학했던 것 같습니다.

권오승　당시 지도교수는 김증한 교수이셨습니까?

황적인　그렇습니다. 김증한 교수님을 만나게 된 것은 1954년 서양법제사 강의를 통해서였으나 개인적인 접촉은 없다가, 1957년 대학원에 들어가자마자 김증한 교수 연구실에 최초의 연구생으로 들어가 민법을 전공하기 시작했던 것입니다.

이은영　대학원을 마치신 후에는, 서독으로 가서서 쾰른에서 케겔(Kegel) 교수의 지도로 학위논문을 쓰신 것으로 알고 있습니다만, 당시 독일 유학생활은 어떠했습니까?

황적인　1960년에 석사학위를 받고, 1963년까지 3년간 가톨릭의대 의예과에서 법학개론과 독일어를 강의하다가 서독으로 가게 되었습니다. 서독에서는 먼저 하이델베르크에서 어학과정을 마친 후에 다시 쾰른으로 갔습니다. 당시 쾰른대학에는 닛퍼다이(Nipperdey), 케겔(Kegel), 에어만(Erman) 등 저명한 민법교수가 네 명이나 있었습니다. 따라서 민법분야에서는 쾰른대학이 전 독일에서 최고였습니다. 쾰른대학에서는 첫해에는 강의를 들었고, 1964년에 케겔 교수의 지도승낙을 받아 그의 "국제사법 및 외국사법연구소"에서 3년에 걸쳐 강의와 세미나에 참석하는 한편 박사논문을 쓰게 되었습니다. 당시에도 최대한 열심히 공부를 하기 위해 많은 노력을 기울였습니다. 유학생활에 반드시 따르기 마련인 신변적인 일에 대한 시간은 최소한으로 줄이고서 공부한 결과, 다른 사람들보다 다소 빨리 만 4년 3개월 만에 박사학위를 취득하였습니다.

　독일유학생활과 관련해서 기억에 남는 것은 첫째 닛퍼다이 교수의 강의가 상당히 특색있는 명강의였다는 점입니다. 다음으로는 독일법학의 높은 수준과 철저한 연구태도가 기억에 남습니다. 저의 박사학위논문의 주제인 기업담보와 관련해서 기업의 법적 개념에 대해서만 당시 이미 100여 편의 논문이 있는 것을 발견하고 놀랐으며, 논문을 쓸 때 다른 사람들의 견해를 단순히 나열하거나 남의 책을 인용부호 없이 베끼는 일을 결코 하지 않는 독일인들의 연구태도에 깊이 감명받았습니다. 하나 덧붙이자면 시간엄수 등 독일인들의 생활방식에서도 많은 것을 배웠습니다. 그러한 여러 가지 태도들이 지금의 저의 몸가짐이나 연구방법에 적지 않은 영향을 미쳤다고 생각됩니다.

권오승　선생님께서는 그 후 1968년에 서울대학교 법과대학 조교수가 되셔서 지금까지 교수생활을 해오셨는데, 처음 출발하실 때의 상황에 대해 말씀을 들려주시기 바랍니다.

황적인　1967년 6월에 귀국해서 그해 2학기에 독일법과 프랑스법을 합쳐 대륙법이라는 제목으로 강의를 한 것이 서울법대에서의 첫 강의였습니다. 그리고 1968년 신학기에 전임으로 되었는데 당시 전담과목은 경제법이었습니다. 당시 경제법은 생소한 과목이어서, 학생들도 호기심이 많았습니다. 1968년 1학기에 제가 처음 경제법을 강의한 것이 한국에서의 경제법강의의 시초였고, 그것이 오늘날과 같이 경제법이 보급되게 된 계기였다고 생각합니다.

권오승　선생님께서 한국에서의 경제법의 개척자라는 사실은 누구도 부인하지 못할 것입니다. 당시 처음 시작하실 때와 지금의 상황을 비교하신다면 어떻게 말씀하실 수 있겠습니까?

황적인　당시와 지금은 비교할 수가 없을 정도입니다. 당시에는 경제법에 관한 책이 거의 없었습니다. 일본서도 적었고, 다만 괴팅겐대학의 린크(Gerd Rinck) 교수의 비교적 얇은 교과서가 교과서로서 쓸 수 있었을 뿐입니다. 다만 당시에는 경제법의 실정법은 좀 있었습니다. 그러한 상황에서 거의 혼자서 새로이 하나의 영역을 개척하다시피 해서 강의를 시작했던 것입니다.

이은영　민법 강의를 하신 것은 언제부터였습니까?

황적인　제 기억으로는 1973년 10월 9일에 최종길 교수가 작고한 이후에 맡게 된 것으로 기억합니다. 1967년에 대륙법 강의를 시작한 이후 그때까지는 주로 경제법, 로마법, 서양법제사, 독일법 원서강독 등을 강의했습니다.

이은영　선생님께서는 최종길 교수님과 더불어 독일에서 공부하여 독일의 민법학을 한국에 직수입한 해방 후 최초의 세대라고 생각합니다만······.

황적인　그렇습니다. 물론 김증한 교수님께서 독일법에 많은 관심을 가지고 계셨기 때문에 개척자는 그 분이라고 할 수 있습니다. 1960년에 발간하신 『신물권법 상』은 독일법의 영향을 강하게 받은 것이라고 할 수 있습니다. 그 다음이 최종길 교수이었습니다. 그러나 그 분은 독일문헌을 많이 인용하기는 했지만 독일법의 직접 도입에는 상대적으로 관여가 적었다고 할 수 있습니다. 그 다음이 저인데, 저는 독일법의 도입에 남달리 관심을 가지고 있었고, 대륙법강의와 독일법 원서강독 등의 강의를 통해 많은 노력을 기울였습니다.

이은영　초기에 있어서 황 교수님의 독일법 도입은 그 구체적인 모습이 행위기초론, 영업권의 보호, 인격권론 등으로 나타났다고 생각합니다만······.

황적인　그렇습니다. 독일에서 귀국한 직후 「法政」지에 「서독일민법의 최근 동향」이라는 논문을 실었고, 그 후 계속해서 행위기초론, 영업권, 인격권, 법인의 본질에 대한 논문을 썼었습니다.

이은영　선생님의 연구의 특색은 1979년에 『판례교재 채권법 I』을 출간함을 계기로 대법원판례를 엮어 민법연구에 판례를 도입하신 것, 가등기담보에 관한 특별법 등 담보물권법에 대한 연구를 통해 약자보호에 관심을 기울이신 점, 그리고 국제통일매매협약과 같은 최근에 새로이 등장한 민사법 문제들을 다루신 점 등이라고 생각합니다.

황적인　저의 연구와 관련하여 스스로 특색 있는 점이라고 생각하는 것은, 크게 세 가지입니다. 첫째는 판례연구입니다. 판례연구는 저의 연구활동에 있어서 큰 비중을 차지했습니다. 그 결과가 『판례교재 채권법 I』, 『민법연습 I』(1979), 『민법

연습 Ⅱ』(1987) 그리고 불원간 출간될 『기본판례 민법』 다섯 권입니다. 둘째는 입법과정에 직접 참여한 것입니다. 특히 1984년의 일련의 민사법 개정에 참여한 것이 기억에 남습니다. 당시 법무부 민법상법개정특별심의위원회 및 동 소위원회의 위원으로서 개정작업에 참여했는데, 그 결과가 가등기담보 등에 관한 법률, 주택임대차보호법(1983년 개정) 등이었습니다. 마지막으로는 새로운 분야에의 관심입니다. 특히 비교법에 큰 관심을 가져 왔습니다. 1987년에 대륙법 강의를 통해 그리고 일련의 논문을 통해 독일법의 소개에 주력했고, 1970년에 미국 캘리포니아대학의 버클리 캠퍼스에서 연구하는 기회에 영미법에 대한 최초의 본격적인 연구를 했습니다. 버클리에서는 1년간 머물면서 그 전반은 강의를 듣는 외에 미국의 민법에 관한 문헌조사를 하였고, 후반은 국제통일매매법을 연구하였습니다. 그러나 보다 강한 관심을 가졌던 것은 역시 독일법의 소개였으며, 그 결과가 1987년에 이은영 교수와 공저로 출간한 『독일법』이라고 할 수 있습니다.

이은영　　지금 말씀하신 연구의 특색은 1980년부터 출간하신 네 권의 『현대민법론』에 잘 나타나 있다고 생각됩니다. 독일, 미국, 일본 등 외국의 새로운 이론 뿐만 아니라, 판례들까지 망라되어 잘 소개되어 있는데, 그 시리즈를 구상하시면서 어떤 점을 특히 염두에 두셨습니까?

황적인　　『현대민법론』이 나오게 된 주원인은 학생들에게 민법강의를 하면서 강의교재가 있어야 한다는 생각을 하게 된 것입니다. 그래서 1967년 이후 1980년까지 13년간 서울법대에서 강의를 하면서 잡지에 발표한 논문들을 모아 교재 겸 논문집으로 내게 된 것입니다. 다만 대부분이 강의안으로 되어 있으나 교재에는 적합하지 않은 논문이 포함되어 있는 것도 사실입니다. 저의 계획으로는 보다 체계화된 교과서를 위한 중간단계로 구상한 것이며, 앞으로 특히 『현대민법론 Ⅱ』를 토대로 물권법에 관한 좋은 교과서를 만들 생각입니다.

권오승　　선생님께서는 민법 이외에도 경제법, 무체재산권법, 농업법 등 남들이 엄두도 내지 못하는 새로운 분야에서 개척자적 역할을 해오셨습니다. 특히 경제법과 관련해서는 1969년에 『한국경제법론』이라는 제목으로 출간하셨다가 1978년에

『경제법』이라는 제목으로 보완·출간하신 교과서가 그 하나의 가시적인 업적이라고 할 수 있겠습니다. 이와 같이 끊임없이 새로운 분야를 개척해 나가시는 데는 나름대로 어떤 동기가 있으실 것으로 생각됩니다만…….

황적인 　새로운 분야에 대해 관심을 갖고 꾸준히 노력한 결과 어느 정도 성과가 있었던 것도 사실입니다. 경제법, 저작권법, 농림수산법, 공업소유권법 등이 그 예라고 할 수 있습니다. 이렇게 새로운 분야에 관심을 갖고 연구하게 된 것은, 한마디로 말해서 이들 분야들이 중요함에도 불구하고 다른 학자들이 다루지 않기 때문입니다.

저작권법에 대해서 말하자면, 저에게 많은 가르침을 주신 정광현 교수의 영향이 계기가 되었다고 할 수 있습니다. 정 교수께서는 1957년 우리나라 저작권법의 기초에 진력하셨고, 그래서 그 분의 영향이 제가 저작권법을 연구하게 된 간접적인 계기라고 할 수 있는 것입니다. 보다 직접적인 계기는 1984년에 출판사들이 저작자에게 불리하게 저작권법을 개정하려는 움직임이 있을 때, 아무도 그것에 대해 관심을 기울이지 않는 상황에서, 누군가 그러한 개정을 저지해야 한다는 생각에서 저작권법을 연구하기 시작한 것입니다. 그래서 지금은 한국문예학술저작권협회의 총무이사로 일하고 있습니다. 다음으로 무체재산권법을 연구하게 된 것은 저작권법연구를 통해 무체재산권법 일반의 중요성을 인식하게 되었기 때문이고, 그래서 연구를 시작하여 1986년 2학기부터 서울법대에서 강의를 하게 된 것입니다. 농림수산법 등 다른 법분야의 경우에도 그것이 중요함에도 불구하고 아무도 연구를 하지 않고 있어서, 제가 연구를 하게 된 것입니다. 민법학자가 민법 이외에 여러 법분야에 손을 대는 것이 이상하게 생각될지도 모르겠지만, 그 분야들이 누군가는 연구해야 할 중요한 분야들인 것 또한 틀림없는 것입니다.

생각하면 1967년 독일에서 귀국할 당시 케겔 교수가 "보수적인 분야보다 새로운 분야를 연구하라"라고 한 충고도 영향이 있었던 것 같습니다. 외국의 경우 저와 같은 스타일로 연구하는 학자로는 독일에서는 괴팅겐대학의 도이취(Deutsch) 교수, 그리고 일본에서는 쿄토대학의 키타가와 젠타로(北川善太郎) 교수 등이 있습니다. 도이취 교수는 현재 괴팅겐대학에서 "醫師法 및 醫師法研究所(의사법 및 의사법연구소)"를 개설하여, 불법행위, 의료과오, 유전공학 등 많은 새로운 분야를 연구하고 있습니다. 키타가와 교수도 주로 민법을 가르치지만 소비자보호법, 저작권법, 반도체 집적회로의 회로배치에 관한 법률, 컴퓨터프로그램법 등에 관한 많은 연구를 하고 있습니다.

지금 생각하면 저 자신 그러한 새로운 법분야에 대한 연구를 통해서 보수적인 민법연구에서와는 다른 흥미와 보람을 느끼게 된 것이 사실입니다. 새로운 분야를 개척하는 것은 중요하고도 필요한 일인 것입니다.

권오승　　새로운 분야를 개척하는 것의 중요성을 부인할 사람은 없을 것입니다. 그러나 몸소 새로운 분야를 개척하기 위해서는 선생님과 같은 놀라운 성실성, 봉사 정신, 개척정신을 가진 분만이 가능하다고 생각됩니다. 저희들 젊은 교수들도 감히 엄두를 내지 못하는 새로운 분야를 끊임없이 개척해 나가시는 선생님의 모습을 접하면서 많은 부끄러움을 느끼게 됩니다. 특히 선생님의 희생적인 봉사정신이 또한 두드러지는 것이 법률문헌색인의 편찬이 아닌가 생각합니다만…….

황적인　　법률문헌색인의 편찬작업은 저의 연구활동 중에서 큰 비중을 차지한 것이라고 할 수 있고, 저는 일찍부터 그 중요성을 절감해 왔습니다. 특히 1970년 제가 미국에 갔을 때, 법률문헌색인이 크게 발달해 있는 것을 보고 나서, 우리나라에도 그러한 색인이 있어야겠다는 생각을 다지게 되었습니다. 제가 출간한 법률문헌색인에 대해서 말하자면, 서울법대 24회 출신의 피닉스회가 1968년에 시험준비과정에서 수험지들을 조사해서 30면 정도의 얇은 색인을 작성한 것이 시초입니다. 그들이 졸업할 무렵 제가 보완을 부탁해서 보다 자세한 색인이 만들어졌고, 그것을 토대로 제가 1971년 서울대학교 부속도서관 조사과장으로 재임하는 기간 동안 작업을 진행시켰습니다. 그 작업 과정에서는 특히 현재의 효성여대 홍명자 교수를 조사과의 직원으로 채용하여 많은 도움을 받았습니다. 작업은 저의 후임으로 조사과장이 된 박병호 교수가 계속하여 2년여 후에『법률문헌색인』1권(1945~1975)이 나오게 되었던 것입니다.

곧 출간될 약 1,200면의『법률문헌색인』2권(1975~1985)은 제가 1985년 법학도서관 관장으로 재임하게 되면서, 최종고 교수가 학생들의 도움으로 만들어 놓은 자료를 토대로, 현재 사법연수원 시보로 있는 권영상 군의 도움을 받아 만들었습니다.

그 과정에서 많은 노력이 있었던 것은 사실입니다만, 한국에서 가장 알찬 법률문헌 색인이 나오게 되었다는 사실만으로 큰 보람을 느끼고 있습니다.

이은영 학자에게는 저술작업과 학회활동이 매우 중요하다고 생각합니다. 선생님께서는 한국민사법학회, 한독법률학회를 비롯해서 여러 학회에서 헌신적으로 활동해 오신 것으로 알고 있습니다. 학회활동에 관해서 말씀을 듣고 싶습니다.

황적인 제가 한국민사법학회에 참가하게 된 것은 대학원 시절인 1958년 무렵부터입니다. 그래서 한국민사법학회에 대해서는 남다른 애착을 가지고 있습니다. 본격적으로 관여하게 된 것은 1972년부터 13년간 동학회의 간사를 맡아 일해 오면서부터입니다. 학회의 간사는 학회를 위해서는 불가결의 부서입니다만, 그 직을 맡는 개인에게는 매우 큰 희생과 인내를 요구하는 자리이기도 합니다. 특히 재정적인 악조건과 회원들의 자발적인 참여가 충분치 못한 한국의 학회상황에서 간사는 누구나 맡기를 꺼리는 자리입니다. 지금 생각하면, 새로운 분야에 대한 저의 연구가 남들이 하지 않기 때문이라는 이유에서 시작된 것과 마찬가지로, 한국민사법학회의 간사도 반드시 필요함에도 불구하고 아무도 하려고 하지 않아서 제가 13년간이나 맡아 왔던 것입니다. 그 13년간 악조건 속에서나마 나름대로 열심히 노력해서, 한국민사법학회를 하나의 학회로서 확고하게 뿌리내리게 함으로써, 회원 190여 명의 지금과 같은 큰 학회로 정착시키는 데 다소 기여를 했다고 생각하고, 또한 그 점을 자랑스럽게 생각하고 있습니다.

한독법률학회의 경우도 비슷합니다. 김증한 회장의 뒤에서, 남들의 눈에 띄지 않는 곳에서 1976년부터 1985년까지 9년간 간사를 맡아 오면서, 초창기에는 기반도 없고 자금도 없고 참여도 부진했던 작은 학회를 지금과 같은 학회로 키우는 데 나름대로 기여를 했습니다. 그간 30여 명의 독일교수를 초청하여 발표회를 가짐으로써 한국과 독일의 법학계간의 교류와 상호지원의 계기를 마련하는 등 다소간의 결실을 맺어 왔습니다.

또 하나 학회는 아니지만 제가 지원을 한 모임으로 현재 제가 총무이사로 있는 한국문예학술저작권협회가 있습니다. 이 협회는 제가 저작권보호에 노력하면서 협동조직 모임의 필요성을 느끼고서, 1984년부터 6년간에 걸쳐 기반조성에 노력해 온 결과, 현재와 같은 한국의 핵심적인 저작권집중관리단체로 성장하게 된 것입니다. 끝으로 한국경제법학회에 대해서는 앞의 세 경우에 비해서는 기여가 적었다고 할 수 있지만, 이 학회에서도 저는 부회장으로서 나름대로 기여를 하고 있습니다.

생각해 보면 저는 연구활동의 경우와 마찬가지로 학회활동에서도 남이 하지 않는, 어떻게 보면 궂은 일을 도맡아 해온 것 같습니다. 그러나 저 자신으로서는 그러한 일들이 매우 중요하다는 확신에 따라 사명감을 가지고 해온 것입니다. 그래서 그만큼 보람도 있었다고 할 수 있겠습니다.

권오승   선생님께서는 학문연구나 학회활동만이 아니라 사회활동에서도 큰 기여를 하신 것으로 알고 있습니다. 특히 소비자나 농민, 임차인 등 약자의 법률적 보호를 위해 애써 오고 계시고, 현재 한국소비자보호원 분쟁조정위원, 저작권심의조정위원회 위원 그리고 대한법률구조공단 이사로 활동하고 계신 것으로 알고 있습니다. 이러한 사회활동에 대해 말씀을 듣고 싶습니다.

황적인   법학이라는 학문은 원래 돈과는 관련이 없고 사명감이나 정의감이 보다 중요한 학문이라고 생각합니다. 저 자신이 걸어 온 길도 사명감이나 정의감에 이끌린 점이 많았습니다. 저작권보호, 소비자보호와 법률구조에 대한 저 나름의 기여가 그 대표적인 예라고 할 수 있을 것 같습니다.

소비자보호에 대해 말하자면, 1980년 이후부터 관심을 가져 왔습니다만, 직접 계기가 된 것은 경제기획원에서 소비자협동조합법과 소비자보호법의 기초를 의뢰받은 것이었습니다. 이들 법률은 민법의 한 분야이기도 하고, 경제법의 한 분야이기도 한 새로운 분야입니다. 따라서 저의 연구활동의 특성이라고 할 수 있는 새로운 분야에 대한 관심이 소비자보호에 대한 연구에서도 작용했다고 할 수 있습니다. 그리고 저는 소비자보호를 위해 희생적인 활동을 하는 많은 분들의 모습을 보고서, 법학자로서 그들에게 법률에 관한 도움을 주어야 한다는 일종의 사명감을 가지게 되었습니다. 이러한 계기로 그간 지속적으로 소비자보호를 위해 연구하고 또 활동해 왔으며, 지금은 한국소비자보호원 분쟁조정위원으로 일하고 있습니다.

법률구조에 관여하게 된 것은 1984년 서울대학교 법학연구소의 법률상담실장을 맡으면서, 여러 가지 법률상담을 한 경험이 계기가 되었습니다. 그 후 계속 법률상담에 관심을 기울여 왔고, 현재는 대한법률구조공단의 이사로 있습니다. 이 분야에 대해서도 법을 배운 사람들의 적극적인 지원이 있어야 할 것이라고 생각합니다.

권오승 선생님께서는 국제적인 학문교류에도 큰 기여를 하신 것으로 알고 있습니다. 앞서 말씀하신 한독법률학회에서의 활동 이외에도 작년에는 독일에 가서서 직접 강의도 하셨고, 그 밖에 일본 등의 법학계와의 교류를 위해서도 많은 노력을 해 오신 것으로 알고 있습니다.

황적인 학문의 국제교류와 관련해서는, 저는 특히 한독법률학회의 간사를 9년간 맡아 일하면서 여러 기관의 지원을 받아 많은 독일교수들을 초청했습니다. 그 일을 하면서 생각했던 점은 몇 가지 있습니다만, 제가 독일에 유학 갔을 때 4년간 체류하면서 장학금을 받아 공부했기 때문에 그것을 갚아야 한다는 생각도 있었고, 또 독일사회에서 영향력이 큰 독일 법학교수에게 한국에 대한 좋은 인상을 줌으로써 한국의 경제적 이익이나 한국유학생들의 편의를 도모할 수 있으리라는 생각도 있었습니다. 결과적으로 저의 의도는 어느 정도 달성되었다고 생각합니다.

그러한 독일교수와의 친분이 하나의 계기가 되어, 작년에 적어도 법학분야에서는 최초로 제가 4개월간 괴팅겐 대학에서 Deutsche Forschungsgemeinschaft 재정지원으로 Niedersachsen주의 대우교수로서 한 달간 한국법, 중국법 및 일본법을 강의하고, 석 달간 연구를 하고 왔습니다. 지금까지 배워가기만 했던 한국인에게서 강의를 듣고 나서 독일인 교수와 학생들의 한국에 대한 생각이 많이 달라졌던 것 같습니다. 저의 활동은 한국을 보다 많이 독일에 알려 한독관계의 발전에 어느 정도 기여를 했다고 생각하고 보람을 느끼고 있습니다. 앞으로도 많은 한국교수들이 유럽공동체의 가장 중요한 나라인 독일에 가서 강의와 저술 등 많은 활동을 해주기를 바랍니다.

저의 국제교류는 주로 독일에 대한 것이었고 앞으로도 그러할 것 같습니다. 그러나 일본과 미국의 교수들과도 다소간의 친분을 가지고 있고, 앞으로도 그 관계를 지속적으로 발전시켜 법학을 매개로 한국을 보다 많이 알리는 활동을 계속할 것입니다.

이은영 좀 가벼운 질문을 하나 드려볼까 합니다. 선생님께서는 제자들에게 법과대학에서 불이 가장 늦게 꺼지는 방의 주인공으로 잘 알려져 있는데, 이 기회에 선생님의 생활신조나 후학들에게 해주고 싶으신 말씀이 있으시면 들려주시기 바랍니다.

황적인 　저는 세계 2차대전과 6·25사변이라는 두 번의 전쟁을 겪은 세대의 한 사람으로서 참으로 어려운 여건 속에서 살아왔습니다. 그 가운데에서 저 나름으로 가지게 된 생활신조는, 학창시절에는 "미래는 아직 오지 않았기 때문에 없는 것이고, 과거는 이미 지나갔기 때문에 없는 것이다. 단지 우리가 접하고 있는 것은 현재일 뿐이다"라는 생각에서 "지금 처해 있는 현재에 최선을 다하라"라는 것이었습니다. 지금도 성실성이 중요하다는 생각에는 변함이 없습니다. 그래서 학생들에게 항상 '성실성'을 강조하고 있습니다. 다만 근래에는 거기에다 "지혜를 가져라"라는 항목을 하나 더 추가하고 있습니다. 성실성에 더해서 창조적이고 효율적인 태도도 중요하다고 생각하게 된 까닭입니다. 또 하나 제가 강조하는 것은 '근면성과 절약' 입니다. 어떤 사람들은 제가 이해하기 어려울 정도로 절약하는 생활을 하고 있다고 말하기도 합니다만, 검소한 생활과 절약은 분명히 필요한 것입니다.

　한편 저 자신이 학생들에게 배운 것도 있습니다. 1969년에 농촌법학회의 지도교수를 하면서, 자기를 내세우지 않고 남이 알아주는 것도 원하지 않고, 보이지 않는 곳에서 묵묵히 열심히 일하는 학생들의 태도에서도 배웠습니다. 그러한 배움이 또한 저의 생활태도에 영향을 미치기도 했다고 생각합니다.

　제가 아침 일찍 출근해서 밤늦게까지, 대개 밤 10시경까지 연구실을 지킨 것은 결코 특별한 일이 아니며, 당연한 일이라고 생각합니다. 학문의 길을 걷는 사람에게, 특히 민법이라는 방대한 분야의 학문을 하는 사람에게 요구되는 일의 양은 엄청난 것입니다. 거기에 학회활동 등 여러 가지 요구가 덧붙여질 때에는 더욱더 그렇습니다. 제가 밤늦게까지 연구실을 지키지 않았다면 지금까지의 활동은 아마 불가능했을 것입니다. 따라서 그것은 결코 특이한 일이 아니라 불가피하다고 생각하는 것입니다. 다만 그렇게 많은 일을 해오는 가운데서도 그런대로 건강을 유지해 올 수 있었던 데 대해서는 다행스럽게 생각하고 있습니다.

권오승 　저희들은 선생님께서 정월 초하루와 초이틀만 쉬시고 그 이외의 날에는 언제나 연구실을 지키신다고 말씀하시는 것을 들은 적이 있습니다. 어쩌면 선생님께서는 학문과 결혼하셨다고 말할 수 있을지도 모르겠습니다. 그러한 정열적인 활동은 특히 가족들의 도움 없이는 어려웠으리라고 생각됩니다만.

황적인　미국의 한 기업가가 한 말 중에 "성공했다고 할 수 있는 기업가들은 모두 가정을 떠난 사람들이다"라는 말이 있습니다. 어쩌면 저도 가정을 떠난 사람이었는지도 모릅니다. 학문과 일을 위해 온 정열을 쏟아오느라 가정에 대해서는 별로 한 일이 없었다는 생각도 듭니다. 그러나 저에게는 말하자면 또 하나의 가정이 있었다고도 할 수 있습니다. 법과대학의 제자들이 저의 자랑스런 아들들이고 딸들이기도 했기 때문입니다. 다만 경제문제 등에는 신경을 쓰지 않고서 학문에 몰두할 수 있게 많은 자유를 준 아내와, 같이 지내는 시간이 많지 못했음에도 잘 참아준 딸들에게 고마움을 가지고 있으며, 또 그만큼 미안하게 생각하고 있습니다. 여담입니다만, 이제는 제가 집에 일찍 들어가면 오히려 이상하게 생각되는 상태가 되어 버렸습니다.

권오승　선생님께서는 이미 많은 일을 해오셨습니다만, 앞으로도 하시고자 하는 일이 많으시리라고 생각됩니다. 구상하고 계시는 연구 및 활동계획에 대해 한 말씀 해주시기 바랍니다.

황적인　지금까지 많은 분야에 대해 연구를 해 왔습니다. 그러나 한편으로 한 분야에 중점을 두어 길이 남을 연구성과를 내는 것도 중요하다고 생각합니다. 여러 분야에 관심을 가져 오면서도 역시 저의 주된 연구분야는 민법분야라는 생각을 한시도 잊은 적이 없습니다. 민법 특히 물권법에 대한 좋은 교과서를 만드는 일은 반드시 이루고자 마음먹고 있습니다.

또 하나 계획하고 있는 것으로는 비교법연구소를 운영해 보고자 하는 것입니다. 학문발전에서 연구소가 차지하는 비중은 매우 큰 것임에도 불구하고, 선진국의 대열에 들어서고 있다고 하는 우리나라에서는 연구소가 지극히 빈약한 상태에 있습니다. 법학분야가 특히 그렇지 않은가 생각합니다. 그래서 저는 정년퇴직 후에 법학계속교육과 국제학술교류 등을 주로 하는 비교법연구소를 운영하고자 하는 생각을 가지고 있는 것입니다. 특히 법학계속교육에 대해서 말하자면, 서울대학교 법학연구소가 작년 4월 이래로 司法發展硏究課程(사법발전연구과정)을 신설하여 실무법조인들에 대한 계속교육을 처음 시작하였고, 이제 3기과정이 끝났습니다. 미국, 서독 등에서는 오래전부터 계속교육을 해왔습니다. 특히 미국의 경우 뉴욕의 Practicing Law Institute 등에서 몇 십 년 전부터 해오고 있습니다. 법학계속교육이 실무가들의 재교육이라는 측면만이 아니라, 법학 자체의 발전에도 큰 기여가 될 수 있는 것이며, 따라서 앞으로도 계속 발전시켜 나가야 하리라고 생각합니다.

권오승, 이은영　　선생님, 앞으로도 계속 건강하시고, 계획하시는 일을 두루 이루시기 바라며, 지금까지 보여주셨던 누구도 따를 수 없는 성실성과 개척정신으로 앞으로도 끊임없이 후학들에게 가르침을 주실 것을 부탁드립니다. 감사합니다.

황적인　　감사합니다.

[서울대학교 법학 제31권 제1·2호(1990. 8)]

서원우 교수의 걸어오신 길

서원우(徐元宇) 교수님

생 몰: 1931~2005
재 직: 1960~1996
전 공: 행정법

대담자 : 최송화(서울대학교 교수)
일 시 : 1991년 5월 22일, 31일

"행정학으로 행정을 이해하고, 이를 바탕으로 행정법을 연구해야"

최송화   어느덧 초여름이 되었습니다. 선생님의 후덕하신 인품처럼 매우 좋은 날씨에 선생님을 뵙고, 회갑을 기념하는 대담을 가질 수 있게 되어 무척 기쁩니다. 정확하게는 지난 3월 20일이 선생님의 60회 생신이었던 걸로 알고 있습니다만, 누가보다라도 선생님의 모습은 연세에 비해 훨씬 젊으시고……. 사실 우리의 전통적인 개념으로 볼 때 회갑이라면 모든 걸 정리하는 시기라고 연상이 됩니다만, 선생님은 요즈음도 강의나 연구, 일상생활 등에 있어 어느 현역교수보다도 더 정력적이고 창의적으로 활동하고 계시다고 생각됩니다. 이번에 선생님의 회갑을 맞이하여 법학연구소에서 학술지 「서울대학교 법학」을 선생님의 화갑기념호로 마련하면서, 선생님의 걸어오신 길을 선생님의 말씀을 통해 돌아보는 그런 자리를 마련하게 되었습니다. 무엇보다 먼저 선생님의 회갑을 맞이하시는 소감 같은 것을 말씀해 주셨으면 합니다.

서원우　감사합니다. 솔직히 이야기해서 회갑을 맞이했다는 실감이 전혀 나질 않습니다. 왜냐하면 남들이 회갑이라고 하니까 그런가보다 하긴 하지만, 계속된 생활의 연속으로 이어져오다 보니까 내 개인적으로는 전혀 실감이 안 납니다. 그러나 한편으로 정년이 5년밖에 남지 않았구나 생각을 하니, 이제 좀 여러 가지로 마무리를 지어야 하지 않겠나 하는 생각도 들고 해서 다소 초조한 느낌도 없잖아 있습니다만, 그 이외에는 별로 실감이 나질 않아요. 이게 모두 제 성격 탓인 것 같아요. 부끄러운 이야기지만 내 성격에는 뚜렷한 매듭이 없어요. 사실 이렇게 회갑을 맞으면 이를 계기로 걸 맞는 계획이랄까 생각도 할 만한데 그다지 특별한 감회같은 것도 떠오르지 않는 것은, 절실성이 부족하달까요 아니면 평범하달까요, 그런 느낌입니다.

최송화　선생님께서 살아오신 모습을 보면 지금 하신 말씀이 이해가 갑니다. 언제나 젊으시고, 평소의 말씀이나 학문적 연구, 이런 것들에서 그런 점이 여실히 느껴지니까요. 요즘에는 젊게 회갑을 맞이하시는 분들도 많다고 하지만, 그래도 선생님처럼 건강하게 회갑을 맞으시는 것은 하늘이 내려주신 복인 것 같고, 선생님의 생활이나 생각이 모두 건강하신 결과가 아닌가 생각합니다. 근자에도 규칙적인 생활을 하시고 주기적으로 스포츠도 즐기고 계신다고 들었는데, 특별한 건강비법이나 선생님의 '스포츠' 생활에 대해 좀 들려주시지요.

서원우　건강에 관해서 말하자면, 우선 같은 연배의 동료들보다 젊어 보인다는 이야기를 많이 듣고 있고, 주름살도 없다고들 합니다. 사실은 60평생을 지나면서 나를 괴롭혀 왔던 것이 심한 근시라는 사실이었는데, 지난 1986년 백내장수술을 한 후 시력이 많이 좋아져서, 새로운 세계가 펼쳐졌다 할 정도로 뜻하지 않게 시야가 밝아져 퍽 다행스런 일이고, 아침에 동네 헬스센터에서 수영도 하고 조깅도 해서 그런지, 잔병치레를 거의 않고 지내는 편입니다. 다행한 일이죠. 그런 면에서 60세라는 걸 느끼지 않고, 오히려 기분은 40대란 생각도 듭니다. 그 외에 특별한 운동을 하는 건 없고 운동에는 별로 소질도 없습니다. 단지 1960년대에 3, 4년간 열심히 등산을 한 적이 있는 정도죠. 또 술은 좋아하면서도 담배는 안 피우니까, 식욕이 좋고 별로 음식을 가리지도 않는데, 그런 것들이 다 건강의 근원이 되는 것이 아닌가 합니다. 성격도 대체로 명랑하려고 노력하는 편이고요.

최송화　방금 조깅이야기를 하셨는데, 최근에 마라톤대회에서 우승하셨다고 들었습니다만…….

서원우　지난 어린이날 동네에서 8킬로 단축마라톤대회가 있었는데, 3개 조로 나누어 실시한 대회에서 48세 이상 조에서 1등을 했습니다. 2등하고 차이도 상당히 나서 동네 사람들이 깜짝 놀라더군요. 뛰면서도 남들처럼 쉬거나 걷거나 하지도 않고 꾸준히 달릴 수 있었던 것은 옛날 등산으로 단련한 탓이 아닌가 생각되고, 또 제가 자가용을 타지 않고 대중교통수단을 이용하면서 많이 걷기 때문에, 그것도 건강에 도움이 되는 게 아닌가 생각합니다.

최송화　아까는 백내장수술 후 눈이 밝아지셨다 하셨는데, 결국 회갑을 맞이하시면서 사물을 보다 더 명확하게 볼 수 있게 되셨다는 것은, 어떻게 보면 인생의 원숙기에 들어서 보다 心眼(심안)이 밝아지신 것이 아닌지요?

서원우　아니 그런 것은 아니고, 눈이란 것이 신체에서 가장 중요한 부분인데, 수술 후 완전히 암흑에서 빠져 나오는 것 같은 느낌을 받았어요. 강의를 할 때에도 예전 같으면 앞자리에 앉은 학생들만 보면서 했는데, 지금은 맨 뒷자리에 있는 학생들의 표정도 보면서 눈으로 서로 커뮤니케이션을 하는 강의를 할 수 있고, 생활 자체도 훨씬 활기가 생긴다고 할까요? 여하튼 본인이 아니고서는 그런 기분은 잘 모르실 겁니다. 보통 눈 좋은 사람들은 눈의 고마움을 잘 모르는데, 역시 나한테는 그게 큰 이벤트였어요.

최송화　사실 선생님의 연배에 계신 분들이 모두 그러하시듯이 선생님의 걸어오신 길 또한 우리나라의 현대사의 질곡들을 그대로 담고 있을텐데 어떠세요? 선생님의 출생과 어린 시절, 성장과정과 관련된 이야기들을 좀 해 주시지요.

서원우　나는 1931년 3월 20일, 음력으로는 2월 초이튿날, 경북 포항에서 북쪽으로 25킬로 정도 떨어진 淸河(청하)란 곳에서 태어났습니다. 3형제 중 둘째로 태어났는데, 돌아가신 양친들께서는 당시로서는 상당히 개화된 분들이었습니다. 부친께서는 시골서 유학을 하셔서, 중동중학교와 지금의 고려대학교의 전신인 보성전문학교를 나오셨고, 서울의 외가식구들도 새로운 물결에 비교적 일찍 접한 집안이었습니다. 그리고 우리 3형제가 다 서울대학을 졸업했습니다. 형님은 경성제국대학 예과를 거쳐 문리대 수학과를, 동생은 법대 11회 졸업생이지요. 나는 해방 직전까지는 중국에서 살았습니다. 선친께서 국내에 계실 수 없는 사정이 있어서 만주를 거쳐 天津(천진)이라는 곳에 계셨는데, 거기서 국민학교 2학년부터 중학교 3학년 되는 해까지만 6년을 지냈죠. 따라서 당시의 국내사정은 잘 모르는 편입니다. 중국에 있으면서 일본 국민학교를 나와 천진 일본중학교로 진학을 했었는데, 중학 3학년 때 해방이 되어 포항중학교로 전학을 했죠. 내가 6년제 포항중학교의 제1회 졸업생이고 졸업장도 제1호랍니다. 그런데 중학교 시절은 태평양전쟁 시절이었고 전쟁 말기에 군부대에 늘상 근로동원도 되고 해서, 제대로 교육을 못 받았죠. 고향에 돌아와서도 경상도 지방에서는 10·1사건이다. 2·7사건이다 해서 좌우익의 대립이 극심하던 시절이었구요. 당시 포항은 항구도시로 상당히 번창한 도시였고 경상북도에서는 중학교 선생대우가 가장 좋은 곳이어서 대구, 서울 등지에서 유능한 선생을 모셔 오곤 했기 때문에 해방 직후인 3~4학년 때까지는 착실하게 교육을 받았어요. 그런데 5학년에 접어들면서 좌우익의 대립과 국대안반대운동 등으로 세상이 매우 혼란스러웠습니다. 당시 동급생들은 나보다 나이가 많았고, 여러 가지 정치적인 파동에 관여하여 퇴학을 당하고 하는 학생들도 많고, 더러는 서울이나 대구 등지로 전학해 가버린 바람에 6학년 올라갈 때에는 50여 명 중에서 14명밖에 남지 않았습니다. 그래서 한때는 그 클라스를 없애려는 시도도 있어서, 나는 당시 명문이던 대구 경북중학교로 전학을 할 생각을 했었습니다. 그러나 포항에서 가장 오래된 중학교를 없앨 수는 없다는 시민들의 여론이 조성되어 나의 전학의 꿈은 깨져 버렸습니다. 그 뒤 14명이 남아가지고 서울로 전학해 간 친구들에게 대학진학 관계의 정보를 받아가면서 거의 독학으로 대학입시준비를 했던 기억이 납니다.

최송화　대학입시에 대해서 말씀을 하셨는데, 법대를 진학한 특별한 동기나 계기라도 있었는지요?

서원우　그때도 서울대학이 어려운 대학이었는데, 14명 중 2명이 서울법대를 쳐서 둘 다 합격을 하여, 당시 대구 영남일보에 기사화되기까지 하는 일화가 있었습니다만, 처음부터 법과를 갈 생각을 했던 것은 아니고, 법학에 관한 관심도 없었어요. 오히려 한때는 문인이 될 생각도 했었고, 또 평소에 노래를 좋아했기 때문에 음대를 갈 생각도 했었어요. 국민학교 4학년 때 일본인 음악선생이 내 노래에 대하여 특별한 관심을 보여주어, 공개석상에서 독창을 할 기회도 여러 번 있었는데, 만약 해방 후 중학교에서 음악선생이 나의 음악소질을 개발해 주었더라면 지금쯤 혹시 성악가가 되었을지도 모릅니다. (웃음) 그러나 시골이라서 그런 기회를 갖지 못했고, 가친께서도 법과대학을 가라 하셨고, 문리대 수학과에 다니던 형의 권유도 있고 해서, 법대에 들어오게 된 것이지요. 사실 아무것도 모르고 법과대학에 들어왔다고 할 수 있죠. 어릴 때부터 꿈이 있어서 법대를 가서 그 꿈을 실현한다든지 하는 그런 생각은 전혀 없었어요. 중학교 때 성적은 대체로 좋은 편이었지만 수학은 잘 못했습니다. 그것도 따지고 보면 눈 때문이라고 할 수 있어요. 국민학교 4학년 때부터 눈이 나빠졌고, 중학교 때는 교실에서 창가자리에 앉았는데, 수학시간에 흑판이 햇빛에 반사되어 잘 보이지 않아 문제풀이에 제대로 따라 가지를 못했었는데, 그것 때문에 수학전공인 형한테 혼도 많이 났지요. 그 대신 영어는 파격적으로 잘 했었고, 암기과목 같은 것은 자신이 있었습니다. 아마 그런 것들로 인해서 사회과학분야를 선호하게 된 것이 아닌가 합니다.

최송화　선생님의 학문적 재능이나 지적인 것은 가문적으로 상속되어진 선천적인 혜택을 좀 물려받으신 것 같군요. 그런데 말씀을 들으니까, 빛의 세계에 대해서는 혜택을 받지 못한 대신에, 소리의 세계에 대해서는 자연으로부터 혜택을 받으신 게 아닌가 생각됩니다만…….

서원우　뭐 목소리가 그다지 좋은 것도 아니고, 그저 혼자 즐겨 부르는 정도죠. 최선생도 노래를 매우 즐기지 않습니까? 노래란 것이 참 인생을 밝게 해 준다 할까요, 평소에도 버스를 타고 갈 때면 혼자 창밖을 내다보면서 마음 속으로 노래를 부르곤 하는데, 그러는 동안은 잡념도 생기지 않고 지루함도 잊게 되지요. 또 울적하다 싶을 때도 혼자서 노래를 흥얼거리기도 하구요. 최 선생도 그런 경험 있잖겠습니까?

최송화   예, 저도 그런 경험은 많이 있습니다. 음악과 관련해서 말씀을 하시니까 선생님의 음악생활이랄까요. 이런 것에 대해서 이야기를 좀 해보는 것도 괜찮을 것 같습니다. 우선 선생님께서 출생하시고 성장하신 시기가 우리 민족의 역사로 보면 주권상실기, 건국기의 이념갈등, 남북전쟁기 등 극도로 불행하고 비극적인 시대였는데, 이 시대에 우리의 마음을 달래주는 민족의 노래들도 많이 나온 것 같습니다. 그중에는 오늘날 젊은이들에게까지 공감을 받고 있는 노래도 많은데, 선생님께서는 그런 노래들을 들으시고 직접 부르시는 것을 일상생활의 일부로 삼고 있다고 듣고 있습니다. 이건 이미 잘 알려진 이야기이지만 공법학회에서는 선생님께서 "서인수"라는 닉네임으로 통하고 있지 않습니까?

서원우   역시 나는 시골서 학교를 다녔기 때문에 정상적인 음악교육은 못 받았고, 따라서 손쉽게 접할 수 있는 게 당시에 유행하는 노래들이었죠. 남들이 듣기에 내 음성이 '남인수' 목소리를 닮았다고 해요. "남인수"라면 그때나 지금이나 잘 알려져 있는 가수지만, 나도 그가 부른 노래들이 제 음성에 맞아서 그런지 그의 노래를 각별히 즐기는 편이지요. 그러니까 사실은 정말 노래를 잘 해서가 아니라 음성이 좀 비슷하고 또 내가 즐기니까 그렇게들 말하는 것 같아요.

최송화   선생님께서 계속해서 부르실 수 있는 노래는 몇 곡이나 될까요?

서원우   지금은 뭐 한물갔지만 한동안은 100여 곡이 넘었죠(웃음). 한때는 "남인수"가 그렇게 좋아서 그가 부른 노래라면 무조건 따라 부르곤 했지만 모두 다 옛날 이야기죠.

최송화   말씀은 그렇게 하시지만, 단순한 음악애호가의 수준은 훨씬 넘으시는 것으로 알고 있는데, 아주 오래전부터 선생님께서 해 오신 좋은 레코드 등의 수집·정리는 음악전문가들에게까지 알려진 걸로 알고 있고, 또 언젠가 제가 듣기로 이태리의 어떤 유명한 성악가가 왔을 때, 그 프로그램 안내서에 선생님께서 추천하시는 글이 전문가들의 글과 함께 수록된 걸 보고, 저 역시 선생님의 음악에 대한 관심도에 대해 재인식을 했던 기억이 있는데, 어떠신지요?

서원우　나는 어떤 면에서는 별로 스포츠도 좋아하지 못하고 취미도 다양하지 못하고, 그저 취미라면 아까 말씀대로 1960년대 등산에 많이 탐닉했던 것과, 그 다음으로 음악감상 정도겠지요. 노래부르기도 좋아했지만, 듣기도 좋아했죠. 1957년 미국에 유학 갔을 때부터 LP판을 열심히 모았어요. 당시는 LP원판이었는데 얼마 안 되는 월급을 쪼개 가지고 사 모으곤 했습니다. 우리나라 음반제작회사의 대표격인 「성음사」의 이사 가운데 한 사람이 고등학교 후배고, 또 절친한 친구 한 사람이 당시 문화공보부에서 이 분야의 국장으로 있어서, 그런 사람들과 사귀면서 음악회에도 자주 가고 하는 동안, 자연히 그쪽 세계에 접할 기회가 많았습니다. 그 바람에 제10회 대종상 영화심사위원도 해봤고 건전가요심사위원도 해 봤습니다. 물론 전문가로서가 아니라 건전한 시민의 한 사람으로서 참여한 것이죠. 한편 외국을 다니면서 모은 클래식 레코드판만 해도 1,000매가 넘는데, 그게 상당한 공간을 차지하는 바람에 집안 식구들과 밤낮 말썽거리가 되고 있습니다. 그러다가 또 한동안은 「오픈릴 테이프」로 부지런히 녹음을 한 적도 있습니다. 심지어 음악대학 「레코드 라이브러리」까지 찾아가서 회귀한 곡들을 녹음해오곤 했었는데, 그런 테이프도 그럭저럭 200개 정도 됩니다. 따지고 보면 거기에 투자한 돈도 이만저만이 아닐 겁니다. 요즘은 컴팩트디스크가 나왔지만 그것은 옛날 레코드를 재생한 것들이 많기 때문에, 특별히 사모으지는 않습니다. 내가 가진 재산목록 중에서 제일 귀한 것이 책이고, 그 다음은 역시 이런 레코드판·테이프들이죠. 한동안은 집에서도 음악감상을 나름대로 많이 했었는데, 요즘은 한가롭게 감상할 만한 시간도 별로 없습니다. 옛날 미국에서 공부할 때, 그리고 1972년에 런던에 약 4개월 머물렀을 때는 음악회도 비교적 자주 다녔어요.

최송화　일전에 내한공연했던 그 음악회는 기억이 나시는지요?

서원우　이태리의 세계적인 테너 가수 Franco Corelli가 왔을 때 얘기였지요. 내가 런던에 있던 시절, 유럽여행 도중 밀라노의 스칼라 가극장에서 베르디의 오페라 "Nabucco"를 보러 간 적이 있었는데, 당일에 가니까 표를 구할 수 없어 개막 30분 전까지 기다려서 반환하는 표를 겨우 구해 관람한 얘기 등을 소재로, 그 음악회 프로그램 팸플릿에 그 짧은 체험담을 쓴 일이 있었죠. 뭐 그런 식으로 한동안 세계 유수한 오페라나 연주자들의 음악회에 부지런히 다녔죠. 국내에서도 두어 번 아마추어로서 클래식음악관계 좌담방송에도 나간 적이 있었습니다만, 좌우지간 내가 음악을 좋아하는 것만은 틀림없는 것 같습니다.

최송화   어떻게 보면 음악이 선생님 생활의 일부랄 수 있겠군요?

서원우   글쎄요, 사람들이 모두 나름대로의 취미가 있겠지만, 나는 외국엘 가도 큼직한 레코드가게 만큼은 꼭 들르는데, 거기서 희귀한 레코드판을 발견했을 때의 기쁨은 수집가 아니면 모를 겁니다.

최송화   선생님께서 지금 소장하고 계시는 것 중에는 이른바 희귀음반 같은 것들도 있겠군요?

서원우   물론이죠. 옛날 국내에서는 입수할 수 없었던 윤이상 씨 판을 비롯해서 당시에는 퍽 귀했던 소련 멜로디아판 같은 것들도 적지 않고, 또 당시에는 그다지 알려지지 아니했던 Rodrigo의 기타협주곡 같은 것은 방송국에 빌려준 적도 있었죠. 이거 음악 이야기를 너무 오래 한 것 같은데요? (웃음)

최송화   예. 아까 법대에 들어가신 시기까지 말씀을 해주셨는데, 그 이후의 학업과정에 대해서 이야기를 이어주시지요.

서원우   법과대학에 들어간 것이 1949년 9월이었어요. 당시는 지금과는 학기가 달라서 9월이 1학기였죠. 정원이 200명이었고, A·B 두 반으로 되어 있었어요. 1949년 9월부터 1950년 6월까지는 착실히 강의를 들을 수 있었는데, 법과대학에서의 그 1년이 우리에게는 아주 소중한 시간이었고, 그것은 또한 불행 중 다행이었던 것 같아요. 우리 다음에 들어온 학생들, 그러니까 내가 7회 졸업이니까 8회 졸업생의 경우는 1950년 3월에 법과대학에 들어오자마자 6·25를 맞았으니까요.

최송화   당시 법과대학은 어디 있었습니까?

서원우   지금 방송통신대가 있는 동숭동 그 자리죠. 당시 9월에 학기를 시작했으니까 10월에 접어들면서 오후 강의가 끝나면 어둑어둑했죠. 강의가 끝나면 당시 대학 본부 자리에 있었던 중앙도서관에서 공부를 하다가, 밤 8시쯤 돼서 내수동에 있는 하숙집으로 가곤 했는데, 동숭동에서 원남동 로타리를 지나 안국동을 거쳐 내수동으로 가는 길은 지금도 플라타너스 가로수가 무성합니다만, 늦가을의 가랑잎을 밟으며 돌아가는 길은 정말 뿌듯했고, 열심히 공부해서 뭐라도 한번 되어 봐야겠다는 생각을 다지곤 했던 기억이 지금도 되살아납니다. 그 길은 지금도 생생하게 기억이 납니다. 그렇게 알찼던 1년이 지나고 다음해 6·25가 터져 모두 뿔뿔이 흩어졌는데, 나는 비교적 운이 좋아 인민군이 서울로 들어오기 직전인 6월 28일에 서울을 빠져나와 수원에서 피난열차를 타고 내려가, 고향에 좀 있다가 부산으로 내려가 당시 전시연합대학에 등록을 했죠. 그런 와중에도 나는 운 좋게도 53년에 정상적으로 법대를 졸업했습니다. 우리 동기 200명 중에 제때에 정상적으로 졸업한 친구들은 불과 40명이 채 안 되었습니다. 어떤 친구는 나보다 6년이나 늦게 졸업한 경우도 있었어요. 나는 당시 단신으로 부산에 내려가 하숙을 하고 있었고, 미군부대 정훈국에서 통역관을 하면서 학교를 다녔는데, 약 2년 남짓한 기간 동안의 통역관 생활이 나중에 내가 미국에 유학갔을 때에도 많은 도움이 되었어요.

그때를 생각하면 요즘 학생들은 정말 행복한 겁니다. 요즘은 한 강좌가 3학점이라 강의시간을 꼭꼭 채우지만, 그때는 최 선생도 알겠지만 시간을 충실하게 채우는 일은 드물었고 본인이 알아서 하는 그런 식이었죠. 돌아보면 참 불운한 시절을 보낸 것 같아요. 해방 전에는 태평양전쟁 등으로 여러 가지 불이익을 입었고, 해방 직후에는 각종 정치적·사회적 혼란들, 그리고 대학 때는 6·25를 겪었으니까요. 아까 회갑을 맞이하는 실감이 나지 않는다고 이야기했지만 그렇게 어려운 시절을 겪어 오면서 용케도 견뎌 왔구나 하는 감회는 없지 않습니다.

대학을 졸업한 후 대학원에 진학해야 병역보류가 보장되었는데, 당시 서울대 대학원 법학전공은 4명밖에 뽑지 않는다는 말이 있어, 처음부터 진학을 포기하고 군에 갈 작정을 했었지요. 그러나 일단 아무 대학이나 들어갔다가 1년 후에 다시 서울대학으로 들어가야겠다고 생각을 고쳐먹고, 나는 성균관대와 중앙대의 대학원 두 곳에 응시해서 모두 합격을 했습니다. 그러나 중앙대가 등록금도 좀 싼데다가, 법대학장도 역임하신 최태영 선생과 법대의 전임이셨던 김기선 선생도 계시고 해서 그 대학원으로 갔습니다. 또 그때만 해도 서울대 출신이 사립대학 대학원에 가는 일이 많지 않을 때이고 해서인지 1년 뒤에는 쉽사리 조교가 되었고, 1955년에 석사학위논문을 윤세창 교수 지도하에서 썼는데, 그때 심사위원은 한태연 교수, 윤당 교수였어요.

최송화　대학원에서의 연구생활에 대하여 말씀해 주시지요.

서원우　중앙대에는 지금은 작고하셨지만 한웅길 교수라는 분이 계셨는데, 그 분이 나를 특별히 많이 귀여워해 주셨고, 나도 일을 많이 도와 드렸어요. 또 나를 특별히 좋아하신 분으로는 정치학과에 강상웅 교수라고 그뒤 국회도서관장도 지내시고 지금은 성균관대 유학원의 재단이사장으로 계시는 분이 계셨고, 또한 공법교수로는 이종국 선생과 윤세창 선생이 계셨는데, 윤 교수님은 전임 비슷하게 중앙대학에 나오셨어요. 지도교수는 한웅길 교수였지만 실질적으론 윤세창 선생의 영향과 지도를 많이 받았습니다. 그래서 쓴 석사논문이 「국가기능확대의 이론과 실제」란 제목의 것으로, 근대국가의 법원리·정치원리가 현대국가에서 어떻게 변용되어 가는가를 체계적으로 연구한 내용이었지요.

최송화　당시로는 자료가 그다지 많지 않았을 것 같은데 어땠습니까?

서원우　1950년대였기 때문에 참고문헌이나 자료가 그리 많지 않았죠. 내 석사학위논문은 행정학적 어프로치에 의한 것이라 할 수 있었죠. 행정학은 그 당시 정인흥 교수가 법과대학에 계시면서 강의를 하신 경우가 있었지만, 당시만 하더라도 행정학을 전공하는 사람은 거의 없었어요. 나보다 일찍 행정학을 연구한 사람이라고는 일 년 선배인 박동서 교수가 있었을 뿐입니다. 지금 행정학의 대가인 유훈 교수나 노융희 교수도 당시는 형사법을 강의하고 있었습니다. 안해균 교수만 하더라도 모 고등학교 영어선생이었던 시절이었죠. 행정학이란 게 아직 우리나라에 학문적으로 뿌리를 내리기 이전이었던 셈인데 정인흥 교수께서 열심히 바탕은 마련했었지만 학문적으로 보급되지는 않았던 시기였어요. 1955년에 석사학위를 받고 나자 바로 중앙대학에서 시간강의를 배정받아 원서강독과 4학년 행정학강의를 맡았습니다. 그게 내가 처음으로 대학 강단에 섰던 것인데, 그때가 내 나이 만 24세 되던 해였지요.

그리고 1년 후인 1956년에 중앙대 법대 전임강사가 되었어요. 당시 영어 원서강독의 교재로는 후에 배재식 선생하고 노융희 선생이 공역한 K. C. Wheare의 『Modern Constitutions』, 윤세창 선생이 번역한 Carl Becker의 『Modern Democracy』, Dicey의 『Introduction to Constitutional Law』 가운데 Rule of Law 부분 등을 이용했습니다. 제가 법대에서 강의를 들으면서 인상적이었던 강의는 황산덕 선생의 법학입문 강의였는데 아마 그게 제가 공법학을 선택하게 된 계기가 된 것 같기도 합니다. 법학입문은 요즘 법학개론하고는 달라서 주로 법철학을 중심으로 한 것이었고, 제가 법대에 들어와서 처음으로 감명깊게 읽은 책 가운데 일본의 오다까 도모오(尾高朝雄)란 법철학자가 쓴 『법의 궁극에 있는 것』이란 책이 있었는데, 오다까 교수의 제자이기도 했던 황 선생의 강의가 그 책의 내용과도 통하는 것이 아니었나 기억합니다. 그 강의는 비교적 이해하기가 쉬웠고, 또 황산덕 선생은 표현은 분명치 않았지만, 쉽고 구수하게 강의를 하셨어요. 지금도 생각나는 강의의 내용 가운데 하나는 Agape, Epitumia, Eros의 3영역에 관한 것이었는데, Agape는 신의 섭리에 의해 지배되는 영역으로서 절대적인 세계이고, Epitumia는 투쟁의 세계로서 Hobbes식의 만인의 만인에 대한 투쟁, 즉 강자의 힘이 지배하는 영역으로서, 또한 다른 의미에서의 절대의 세계인 반면에, Eros의 영역은 사랑의 세계, 상대적인 세계로서 서로 이해하고 상대방의 입장을 전제로 해서 교섭하는 그런 세계라고 하셨어요. 법이란 것은 바로 그러한 Eros의 세계를 규율하는 규범이고, 따라서 법은 합리적이어야 하고 상대적일 수밖에 없다고 하는 말하자면 Radbruch의 상대주의 법철학과 유사한 내용의 얘기였죠. 지금도 가끔 제자들의 결혼식 주례를 할 때 그때의 내용을 인용하고 있습니다. 그러니까 부부 간이라는 것이 신과의 관계에서와 같은 절대적인 관계가 아닐 뿐더러, 완력으로 상대방을 지배하려는 관계가 되어서는 안 되고, 어디까지나 상대방을 이해하고 사랑하면서 지내야 하는 것이라는 것이죠. 또 그때만 해도 법실증주의 이론의 비판, 특히 Hans Kelsen의 순수법학에 대한 비판이 성행하던 시절인데 한태연 선생의 헌법강의에서는 Hans Kelsen에 관한 이야기가 많이 나오곤 했죠. 그리고 근본규범이니 일반이론이라든가 하는 개념들을 황산덕 선생께서 쉽게 가르쳐 주셨습니다. 그래서 나의 학부 졸업논문도 그 비슷한 내용의 것을 쓴 걸로 기억하는데 자꾸 그런 쪽의 문헌을 읽다 보니까 국가권력의 문제, 국민주권이론·민주주의법이론·국가와 국민의 관계·국가권력의 정당성의 근거 등의 문제에 관심을 갖게 되었고, 이는 법철학의 문제인 동시에 공법 특히 헌법의 문제로 이어지는 것이었기 때문에 그때만 해도 행정법에는 별로 관심이 없었고, 대학원에서도 처음에는 헌법을 전공해 한웅길 선생의 지도를 받은 것이고, 석사논문도 헌법·정치학과 관련된 것이었죠. 그때는 대체로 정치학·행정학·법철학·國法學(국법학)·헌법에 관련된 책들을 즐겨 읽었던 것 같습니다.

최송화　지금까지 행정학을 초기에 하시게 된 동기도 간략하게 말씀을 해 주셨는데, 그 이후 미국으로 유학을 가신 걸로 알고 있습니다. 미국유학의 경험이 선생님의 학문세계에는 어떤 영향을 미쳐 왔고, 어떤 모습으로 투영되었다고 생각하십니까?

서원우　1957년에 서울대학교와 미네소타대학이 자매결연을 맺어, 행정학연구차 교수들을 미국에 보내기로 되었는데, 정인흥 선생이 나를 추천해 주셨어요. 그때 10명을 채우기 위해서 여러 전공분야의 사람들을 모아서 간 것인데, 당시 대학에서 행정학을 강의하고 있던 사람은 박동서 교수와 나뿐이었어요. 10명이 분야할당을 해서 갔는데 박동서 교수는 인사행정, 유훈 교수는 재무행정, 노융희 선생은 지방행정, 안해균 교수는 도서관행정, 김해동 교수는 조사방법론, 이상조 선생은 조직관리론, 그리고 상과대학출신의 두 교수가 정부회계론 등을 분담하게 되었는데, 나는 공법부분을 맡았죠. 1956년에 중앙대 전임이 되기는 했었지만, 사실 결정적으로 자각을 가지고 학문의 길을 택해야겠다는 생각을 하게 된 데는 미국에서의 연구생활이 계기가 된 것이라 할 수 있습니다.

　처음에는 1년 예정으로 갔지만, 저는 박사과정까지를 이수하고 오느라, 1957년 7월에 가서 1959년 12월 31일에 돌아왔으니까 2년 4개월간 머물렀던 셈입니다. 지금 생각해도 그 2년 4개월 동안의 공부가 나에게 굉장히 큰 도움이 된 것 같습니다. 1958년 7월에 다시 석사학위를 받고난 뒤 나와 박동서 선생, 유훈 선생을 제외한 나머지 사람들은 귀국을 해서 행정대학원의 창설 준비를 했고, 우리 세 사람은 박사과정에 들어갔습니다. 박사과정에 들어가면 몇 가지 분야를 이수해야 하는데, 나는 비교정부론, 정치이론, 행정학, 공법 네 분야와 부전공으로 사회학, 특히 사회심리학과 사회이론을 택했어요. 이 다섯 분야의 소정 학점을 이수한 다음, 박사학위 논문제출 자격시험을 쳐서 합격을 했어요. 당시 행정분야의 강의를 이수하는 한편, 나는 특별히 공법분야의 과목을 이수하기 위해서 Law School에서 청강으로 몇몇 강의를 들어야 했는데, 그때 미네소타대학의 Law School에는 그 유명한 K. C. Davis가 있었습니다. 그에게 헌법을 1년, 행정법을 한 학기 들었어요. 그것이 미국헌법을 착실히 공부하는 기회가 된 것이죠. 또 그때 나한테 큰 도움이 되었다고 할 수 있는 것은 사회학과에서 들었던 사회심리학과 사회이론강의였어요. 당시 1950, 60년대 미국 사회학계를 풍미하고 있던 사회체계론, 구조기능주의, 즉 R. K. Merton이라든가 T. Parson, M. Levi 등의 이론들을 Martindale 교수의 강의를 통해 들으면서 정말 많은 것을 배웠습니다. 특히 Max Weber의 『Essays from Max Weber』라는 논문집을 아주 철저히 읽었어요. Max Weber하면 사회과학의 기본텍스트인데 관료주의라든지, 지배유형 등에 관한 이론은 굉장히 공부가 되었다고 생각되고, 그때 A. Tocqueville의 『Democracy in America』 등도 읽었는데 한 과목당 4~5권씩은 읽어야 객관식시험에 대비할 수가 있었기 때문에, 그 2년 4개월 동안에 우리나라에서라면 약 10년은 걸렸을 책들을 읽었던 것 같습니다.

최송화　　예, 지금까지 미국에서의 유학생활을 개관해 주셨고, 그 이후로는 귀국하셔서 행정대학원으로 옮기신 걸로 알고 있는데, 행정대학원 시절의 학문적 활동이랄까요 연구랄까요, 그런 부분에 대해서도 좀 말씀해 주십시오.

서원우　　박사과정 시험까지 다 끝내고 1959년 말에 나오게 되었을 때 중앙대로 갈 것이냐 서울대 행정대학원으로 옮길 것이냐 하는 문제에 직면하게 되었어요. 당시 나는 중앙대 전임이면서도 서울대 법과대학 무급조교라는 신분으로 미국에 간 것입니다. 따지고 보면 서울대 발령이 굉장히 빨랐던 편이죠. 어쨌든 여러 가지 사정을 고려한 끝에 행정대학원으로 옮기기로 결정을 했고, 1960년 5월에 조교수 발령을 받았습니다. 배재식 교수나 곽윤직 교수도 1963년에야 법과대학 전임발령이 난 걸로 알고 있는데 그에 비하면 나는 굉장히 빨랐던 셈이죠. 행정대학원에서는 행정법과 발전행정론, 비교행정론 등과 같은 강의를 했습니다. 그런데 행정대학원에는 행정법이 선택과목으로 되어 있었어요. 미국에서는 법학은 직업교육으로서 Law School에서 가르치고 있으며, 행정학은 관리자교육이고 국민의 권리·의무에 관계되는 것이 아닌 인사·재무 등 관리이론이나 기술을 주로 교육하기 때문에, 행정대학원 같은 데서는 법률학을 가르치고 있지는 않습니다. 그러나 우리의 경우에는 일반공무원이 국민의 권리·의무와 관련되는 규제업무를 광범하게 담당하고 있으므로, 공무원교육에 있어서는 법학적 소양이 필수적임에도 불구하고 미국식의 제도를 따르는 사람들은 그런 점을 이해 못하더군요. 그리고 법학은 이미 학부과정에서 배워온 것이므로 그동안 국내에서 가르치지 않은 새로운 분야를 가르쳐야 할 것이 아니냐는 이유도 곁들여, 새로운 분야는 필수로 하고 학부에서 대개 강의를 들을 기회가 있었던 헌법이니 행정법이니 하는 것들은 선택과목으로 한다는 것이었지요. 그렇게 1960년부터 1975년까지 만 15년을 행정대학원에서 조교수, 부교수, 정교수까지의 세월을 보냈습니다. 나에게 행정대학원에서의 15년은 상당히 중요한 의미가 있습니다. 행정학도 조금 하긴 했지만 주로 담당한 것은 행정법이었고, 행정대학원이 정규 4년제 대학이 아니기 때문에 심리적으로 학문적 깊이랄까 하는 점에서 항상 아쉬움 같은 것이 없지 아니했으나, 거기에서 행정의 이론과 실무에 관해 많은 것을 공부했습니다. 그리고 행정대학원에 있으면서 1963년 이후 법대, 사법대학원, 일반대학원의 강의도 더러 맡았었습니다.

최송화   행정대학원에 계시면서는 영국에 잠깐 유학을 하셨던 것으로 알고 있는데, 그 부분은 어떤 것이었습니까?

서원우   1972년 11월에 영국에 가서 이듬해 4월에 돌아왔습니다. 런던대학에 영국행정법과 사회행정을 공부하러 간 것이죠. 또 당시 서울대 행정대학원에서 소위 최고관리자과정을 시작했었는데, 유사한 제도를 시찰한다는 목적으로 영국의 Administrative Staff College, Civil Service College 등에서 영국의 행정제도를 공부할 기회가 있었죠. 그리고 한동안은 입법과정론에도 관심을 가졌었는데, 미국 뉴욕 주립대학에 입법과정연구란 프로그램이 있어서 비교연구의 일환으로 한국의 입법과정에 대하여 발표를 한 적이 있었습니다. 1972년 12월 Cyprus에서 열린 국제정치학회 학술대회에서 한국의 의회제도와 입법과정에 대한 논문을 발표한 적이 있고, 법대로 옮기고 난 이후이긴 하지만 76년 9월에는 아일랜드의 Dublin에서 「입법과정과 인권」이란 주제로 논문을 발표하고, 귀국길에 뉴욕 주립대학도 방문하는 기회를 가졌습니다. 이러한 입법과정에 대한 연구들이 한동안 우리 국회를 중심으로 하여 활발히 이루어졌었는데, 주로 우병규 씨, 김종림 교수, 배성동 교수 등이 중심이 있어요. 나도 당시 법대로 오기 이전에 우리 국회에서의 입법과정에 관한 사례연구를 내용으로 하는 논문을 문교부 학술조성금으로 작성보고한 것이 있습니다. 대충 이상의 것들이 제가 법대로 오기 이전까지 행정대학원에서의 행적이라 할 수 있겠네요. 참 그리고 행정대학원에 있을 때 발전행정에 관한 F. W. Riggs의『신생국행정론』을 박동서 선생, 한영환 선생과 같이 번역을 한 바 있었고, 비교행정론 강의를 하면서 F. Heady의『비교행정론』도 번역을 했죠. 그리고 체계적인 교과서는 쓰지 않았지만, 초창기에 이상조, 이문용 등 여러 사람이 행정학 책을 공저로 냈을 때 「행정책임론」 부분을 내가 썼죠.

최송화 그러니까 초기에 행정학을 보다 중심적으로 연구하시던 시기가 되겠는데, 행정대학원에서 행정법을 강의하시고, 법학적인 기초 위에서 현대적인 행정학을 하시다가 미국에서 사회학, 정치학 등의 기초를 다지셨다고 하셨는데, 다시 귀국해서 행정대학원에 왔을 때도 여전히 행정학이 중심이었겠군요?

서원우 그렇죠. 그때도 행정법강의는 계속 해왔지만, 역시 행정대학원에 있으니까 행정학에 관심을 안 가질 수가 없었고, 그에 관한 문헌도 읽지 않을 수 없었던 것이죠.

최송화 1975년에 법과대학으로 오셨는데, 법과대학으로 옮기신 동기랄까요 그런게 있으실텐데, 말씀해 주시지요.

서원우　1975년에 서울대가 종합화되면서, 법대로 올까 말까를 고민하다가, 계속 행정법강의를 하다 보니까 행정법을 계속 공부해야 하는 처지이고, 법을 공부하려면 행정대학원보다는 정규 4년제 법과대학에서 하는 것이 정도가 아니겠느냐는 생각에서 옮기기로 결정을 했죠. 다른 사람들은 행정학을 전공했으니까 이미 전공이 행정법으로 굳어졌던 나와는 사정이 달랐던 것이죠. 덧붙여 이야기할 것은 한국공법학회가 1970년대 문홍주 선생에 의해 재출발했습니다만, 사실은 그 전신은 1950년대 유진오 선생이나 작고하신 한동섭 선생, 국민대학의 강병두 선생, 이종국 선생, 한태연 선생, 윤세창 선생 등이 "한국공법학회"의 이름으로 자주 모이곤 했었고, 내가 대학원에 있던 1954~56년에는 그 간사역할도 했었어요. 그때만 해도 나는 김도창 선생을 잘 몰랐었는데, 1963년엔가 돌아가신 연세대학의 김기범 선생이 계실 때에, 공법학회에서 「비권력적 행정의 통제」에 관하여 발표를 한 적이 있는데, 그것이 한국행정학회의 학회지인 「행정학보」 창간호에 게재되는 과정에서 김도창 선생을 처음 가까이 할 기회가 있었습니다. 여하튼 공법학회는 1970년에 접어들면서 완전히 재출발했고, 지금은 회장이 1년제이지만 당시는 문홍주 선생이 비교적 오랫동안 회장직을 맡으시면서 학회의 기반을 쌓아올렸습니다. 나도 법대로 와서 한동안 보직을 좀 맡고 있다가, 공법학회에는 적극적으로 참여했죠. 그리고 행정대학원에 있을 때부터 여러 가지 프로젝트에도 많이 참여했었는데, 이러한 점들이 내가 행정법을 공부하면서도 다른 사람들과는 좀 다른 면이 아닌가 생각합니다.

최송화　분명히 그런 점에서는 선생님이 다른 분들과는 좀 다르다고 할 수 있을 것 같습니다. 또 한국행정학회에서의 학술발표회에서 「행정학에서 바라본 행정법, 행정법에서 바라본 행정학」이라는 발표가 있었던 걸로 기억을 하는데, 그것은 법대에 오신 이후인가요?

서원우　아닙니다. 행정대학원에 있을 때죠.

최송화　그것은 아마 우리나라 행정학의 역사나 행정법학의 역사에 있어서 지극히 중요한 의미를 가지는 것이 아니었나 생각되고, 아마도 양 학계에서 처음 만난 것이 아닌가 생각되는데요?

서원우　학회끼리 만난 것은 아니었고, 행정학회에서 주최를 한 발표회였죠. 그러나 그 이후로는 그와 같은 주제로 발표회라든지 모임이 없었어요. 당시 신종순 교수가 행정법도 공부했기 때문에 그 분이 「행정학에서 본 행정법」, 나는 「행정법에서 바라본 행정학」이라는 주제를 가지고 발표를 해서 논쟁이 좀 벌어지기도 했죠. 그 내용은 「행정학보」에 게재되어 있습니다.

최송화　그때 제 느낌은 양 학문, 즉 행정법학과 행정학의 만남이라고나 할까요, 아니면 한국에서 양 학문의 갈등이라고 할까요, 여하튼 양 학문의 역사에 있어서 어떤 하이라이트가 아니었나 생각되는데 어떠십니까?

서원우　맞습니다. 나는 그런 관련분야에 관한 글도 몇 편 써서 나의 행정법교과서에도 일부가 실려 있지만, 당시에 양쪽에 다 관심을 갖고 공부하는 사람이 별로 없었죠. 나는 한동안 고려대 · 연세대 · 홍익대 · 경기대 등에 강의를 나갔었는데, 그때 더러는 행정학도 강의를 했어요.

최송화　어떻게 보면 양 학문이 같은 행정에 관한 현상을 연구하는 것이고, 같은 사회과학이면서도 상당히 벽을 높게 치고 있어서, 행정학 하는 분이 행정법에 대한 이해가 다소 부족하지 않았나, 또 행정법을 하는 사람은 새로운 신생과학으로서의 행정학에 대한 이해를 하지 않으려는 분위기가 묘하게 갈려 있지 않았나 하는데요?

서원우　지금도 그런 경향은 별로 나아지지 않았죠. 행정학자들도 행정법의 최근의 변화에 별로 관심이 없고, 행정법학자도 행정학에 큰 관심이 없는데, 물론 학문적으로 그 방법론은 다릅니다. 우리는 행정법을 대상으로 하는 것인 반면, 행정학은 행정 그 자체를 체계적으로 논구하는 것이기 때문에, 그것이 행정법연구에 얼마나 도움을 줄까 하는 문제도 있긴 하지만, 적어도 행정학을 통해 행정의 실체를 이해하고 그것을 바탕으로 행정에 관한 법을 연구한다면 더욱 좋을 거라고 생각을 하고, 그렇게 본다면 행정학이 많은 참고가 되는 것이지요. 특히 행정작용법이나 행정조직법 영역에서는 행정학의 이론이라는 것이 많은 도움이 됩니다. 그리고 우리 행정법이 지금은 20여 년 전과는 많이 달라졌지만, 그때까지만 하더라도 권력행정을 중심으로 한 근대행정법이론이 중심이었고, 급부행정이나 행정행위형식의 다양화, 비공식적 행정이니 행정규칙이나 재량의 문제들은 별로 깊은 관심을 갖지 않았던 것들이었는데, 나는 이런 부분에 관하여 비교적 일찍이 문제의식을 가지고 열심히 연구를 한 셈이었지요. 결국 나는 양쪽에 다 접해 있었기 때문에 전통적인 행정법이론으로는 오늘날의 행정법의 문제를 이해하기에는 여러 가지 어려움이 있다는 문제의식을 좀 더 일찍 터득했고, 두 가지 입장을 가교하는 무엇인가를 해야 하겠다고 생각한 것이지요. 행정법을 공부하면서도 항상 행정학적인 관점을 의식적·무의식적으로 생각한 것이죠. 그래서 체계적인 교과서는 아직 없지만, 이러한 관점에서 행정법에 대하여 비교적 나름대로 부지런히 연구를 해 왔으며, 단편적인 논문을 통해 부지런히 나의 견해를 발표해왔다고 생각합니다. 그런 글들의 일부를 모은 것이 1979년 1월에 출간된 『현대 행정법론』인데, 그 책에 외람되지만 '현대'라는 타이틀을 붙인 것은 책의 서문에도 쓰여 있듯이, 그 책의 밑바닥에 흐르고 있는 것이 현대국가에서의 행정에 대응하는 행정법이론이라는 문제의식이었기 때문이라 할 수 있죠. 지금 우리나라의 행정법이론은 확실히 하나의 전환기를 맞이했다고 할까요, 옛날에 우리가 배웠던 행정법이론이 기본적인 것은 그대로지만 엄청나게 달라진 점이 많지 않나 하는 생각을 해 봅니다.

최송화   지금까지 선생님이 유학을 마치시고 행정대학원에서 행정법강의를 하시다가 법과대학에 오시는 시기까지 말씀을 해주셨는데, 행정학에서 시작을 하셔서 행정법을 하시고, 토지법·환경법·지방자치법까지 연구를 하시고 계신데 이것은 선생님의 학문적 관심사의 폭이나 선생님의 법학의 전체적인 용량을 단적으로 나타내 주는 것 같습니다. 선생님께서 생각해 오신 법학관 내지 공법에 대한 생각을 정리해 주셨으면 좋겠습니다.

서원우   내가 행정법을 공부하면서 여러 가지 나름대로 배운 점도 있고 느낀 점도 있지만, 특히 변화에 대한 대응을 중요하게 생각했습니다. 사회과학이라는 것은 사회의 제반 현실과 동떨어져서는 생각할 수 없는 학문인데, 우리 한국사회의 빠른 변화속도에 학문 특히 사회과학이 적응해 나가고 있느냐 하는 문제의식을 말하는 것이죠. 법률도 결국 넓은 의미에서 하나의 사회제도인 것이고 하나의 규범인데, 규범이란 것은 사회현실을 떠날 수는 없는 것이며, 그렇다면 행정법 역시 그런 학문적 과제에 대응해 나가야 한다고 생각을 해 봅니다. 그런 측면에서 볼 때, 그동안 공부해 온 행정법이론의 내용이란 것들이 조금은 반성의 여지가 있지 않느냐 생각됩니다. 그래서 나름대로 변화에 대응하려고 노력은 하고 있습니다만, 그것이 쉽지도 않고, 역부족이라서 역시 그때그때 절실하게 느끼게 되는 법적인 문제점들을 단편적으로 연구할 수밖에 없었고, 체계적인 연구가 미흡했던 것은 사실입니다. 이런 것은 앞으로 나에게 남겨진 과제이고 또한 후학들에게 남겨진 과제가 아닌가 합니다. 그동안 토지문제도 그렇지만 우리가 공부하는 것이 행정법이고, 행정이라는 것 자체가 다이나믹하며, 행정법이 바로 이와 같은 행정을 대상으로 하는 법인 만큼, 그런 문제의식이 더욱 절실하지 않나 합니다.

최송화　　선생님께서 처음 행정법을 공부하시던 그때도 대체로 독일의 공법론이 중심이었으리라 생각되는데, 미국에서 법학 전반에 관한 관심 속에서 공법을 하시고 해서 그런지 선생님의 행정법연구를 보면 종래의 대륙법적인 행정법과 동시에 영미법계의 공법이 많이 가미되고 접목된 것으로, 공법학계에서는 획기적인 것이었다고 생각됩니다. 우리 공법의 성격, 법학의 방향이란 점에서 대륙법계 법학하고 영미법계 법학이 어떻게 접목되는지, 선생님이 해 오신 노력하고 앞으로 해야 할 것이라 생각하시는 부분에 대해서 좀 말씀을 해 주시죠.

서원우　　사실 초창기에 행정법 공부할 때에는 학문적인 문제의식 없이 공부를 했는데 역시 미국에서 미국행정법을 접해 보니까, 우리나라의 소위 대륙법계 행정법하고는 이론적 배경이나 체계도 다르고 문제의식도 다르다는 것을 느꼈고, 그래서 귀국 후 미국의 행정법의 동향이랄까요 그런 것들을 나름대로 소개도 하고 했죠. 그래서 내가 그 동안에 나름대로 힘써온 일이 있다면 종래 우리나라에서 크게 문제삼지 않았던 새로운 문제영역들을 소개를 한 것이라 할 수 있겠네요.

최송화　　그런 소개하셨던 부분에 대해 좀 더 상세히 말씀을 해 주시겠습니까? 예컨대 선생님의 강의에서도 나타나듯이 상당히 입법과정론적 입장에서 변화된 상황에 대응하는 법적 요구에 적응하는 이론이라든가 말입니다. 또 테마별로도 좀 이야기를 해주시고요.

서원우　예컨대, 절차법 즉 행정의 절차적 규제문제 등은 이미 1960년대에 소개를 한 바 있었고, 또 당시에 미국의 청문절차 등에 관해 행정대학원 재직 당시 소개를 한 바 있었는데, 당시만 하더라도 행정의 절차적 문제에 대해서는 거의 관심이 없었던 때였죠. 최 선생도 지적하신 것처럼 역시 종래의 대륙법계의 행정법이라는 것이 주로 실체법 중심, 즉 다 같은 법치주의 원칙 혹은 법의 지배 원칙을 주장하면서도 대륙법계에서는 실체적 법치주의랄까, 행정의 내용 그 자체가 법에 적합하냐 아니냐에 중점을 둔 것이었다면, 영미법계에 있어서는 절차적 합법성 내지 적법성이랄까요, 하여간 어떤 결정이 내려지는 과정·절차에 있어서 합리성이 강조되는 면이 있는데, 우리나라 행정법의 과제도 역시 이러한 절차적 측면에 대한 적법성의 보장을 제도적으로는 물론 이론적으로 규명하는 것이 아닌가 생각합니다.

　또 하나 기억하는 것은 1963년에 쓴 것인데 종래의 대륙법계 행정법이 권력행정에 중점을 둔 것인 반면에 현대행정국가에서는 비권력적 법률관계, 행정형식의 다양화 등이 특징인데도 그에 관한 법이론은 미흡했던 것이 1960년대까지의 실정이었고, 「비권력적 행정작용의 법적 문제」라 해서 쓴 글이 있습니다. 그리고 계획재량문제 같은 것도 비교적 초창기에 상세히 소개한 바가 있었고, 또 최 선생도 관심이 있었던 문제이지만 공권과 반사적 이익의 구별같은 문제, 전통적인 공사법구별론에 대한 비판 같은 것은 영미법적 관점의 문제의식이랄 수 있을 것이고, 현대 행정국가의 변화에 대응한 행정소송제도의 문제점 같은 것들이 그것인데, 이런 모든 것들에 공통적인 것은 아까도 말했지만 변화하는 행정에 대한 행정법 내지 제도의 대응이라고 생각합니다. 또한 특별권력관계에 대한 비판의 글도 내가 비교적 초창기에 다루었던 문제가 아니었나 생각합니다.

최송화　그리고 선생님께서는 일찍부터 헌법과 행정법과의 관계에 대해서도 남다른 관심을 보여주신 걸로 기억됩니다만, 그에 대해서는 어떤 생각을 갖고 계신지요?

서원우　역시 행정법이란 것이 헌법의 구체화법이고, 행정법을 통해서 헌법이념이 구체화된다고 하는 문제의식을 일찍부터 갖고 있었죠. 그리고 행정법의 동태적인 연구와 관련하여 이른바 Smend의 동화적 통합이론도 헌법학자들보다 내가 먼저 우리 학계에 소개했습니다.

최송화　처음 선생님의 행정법 논문을 읽을 때, 법치행정이란 것이 '오토 마이어'식의 법률의 지배와 같은 생각이 지배적이었던 시절에 헌법과 행정법과의 관계에 시각을 맞추어 글을 쓰시면서, 행정법에 어떤 새로운 지평을 여신 것이 아닌가 생각되기도 했었습니다만?

서원우　최 선생이 말씀하시니까 생각이 나는데, 한동안 1960년대 강의에서 '法律適合性(법률적합성)'과 '法適合性(법적합성)'을 구별하여야 한다는 점을 강조했었고, 요즘도 기회 있을 적마다 강조하고 있습니다. 종래의 법실증주의적인 헌법학에서의 법이란 것은 인위적인 법률이고, 법률이 반드시 헌법이나 법의 이념과 일치된다는 보장은 없는 것이었던 형식적 법치주의였는데, 오늘날의 법치주의란 것은 실질적 법치주의 내지 사회적 법치주의를 말하는 것이고 법률이 법의 이념과 일치해야 한다는 것, 즉 Gesetzmäßigkeit 뿐만 아니라 Rechtsmäßigkeit가 확보되어야 한다는 것을 강조한 것이죠. 법의 이념·헌법이념·법의 일반원리 등이 행정에서 강조되어야 한다고 했던 것이고, 그것이 영미법에서의 법의 지배와 대륙법에서의 법치주의의 차이가 아닌가 생각됩니다. 영미에서의 법의 지배란 것은 합법성, 즉 이념적인 것을 상당히 강조하는 것이고, 대륙법 쪽에서 법치주의라 할 때 법이라는 것은 아무래도 기술적인 것을 강조하는 측면이 있는 것이라고나 할까요. 이러한 나의 진의를 이해 못하고, 내가 이른바 "토지공개념" 등을 주장한다 하여 법실증주의자로 오해하는 헌법학자들이 없지 않습니다.

최송화　그래서 그런지 언젠가 대학원 박사과정 입학시험에 거기에 대해서 문제를 출제하신 적이 있으시죠? (웃음) 요즘도 영미의 영향을 받기는 했지만 여전히 주류적인 것은 독일의 것이 아닌가 합니다만, 지금 우리의 행정법의 발전에 영미적인 것의 영향이 어느 정도 필요하다고 보시는지요?

서원우 사실은 미국에서 귀국한 후에도 미국 행정법을 열심히 소개하고 연구도 해야 했지만, 원체 우리나라 법학계가 대륙법 일색이고, 우리나라의 법학교육이란 것이 고시제도와 끊을 수 없는 관계에 있는데다가, 기존의 교과서란 것도 대륙법이론에 기초되어 있으며, 학교의 강의도 자연히 그 영향을 받지 않을 수 없어서, 전통적인 독일법에 대해서도 연구를 소홀히 할 수 없었던 까닭에, 미국행정법에 대한 연구를 다하지 못한 데 대해 자책감을 느끼고 있습니다. 이 역시 우리 행정법학계가 당면하고 있는 과제의 하나가 아닌가 생각을 합니다. 지금도 생각 같아서는 영미공법을 연구한 사람들끼리 어떤 학문적 그룹을 형성해서 연구를 활성화할 필요성이 있지 않나 생각을 하고, 특히 영미 행정법 중에서 행정입법이나 행정소송 그리고 행정절차의 제 문제 등은 배울 만한 것이 굉장히 많습니다. 또 환경법과 토지법문제가 나왔습니다만 이러한 문제는 영미법·대륙법의 구별이 없이 현대의 모든 행정국가가 당면하고 있는 문제이기 때문에, 선진국으로서의 미국행정법에서의 활발한 연구들에서 배울 것이 많으리라고 생각합니다. 그러나 아직 전반적으로 이런 특수한 분야에 대한 연구가 소홀하다는 느낌이 듭니다. 지금 우리나라는 실정법상으로 공사법의 구별을 하고 있지만, 오늘날의 제반 문제라는 것이 공·사법 구별에 관계없이 복합적인 법률관계에서 일어나고 있고 해서, 이런 점에서도 영미법의 이론에 관하여 관심을 가져야 하리라 봅니다. 평소에 그런 생각들을 하지만, 아직 구체적인 문제의식은 없고 해서 대답이 될지 모르겠군요.

최송화 선생님께서는 강의, 연구 이외에 일반적으로 교수가 하는 제3의 기능이랄 수 있는 대사회봉사활동도, 남달리 많이 하시고 계신데, 무엇보다도 1983년부터 관여하신 행정쟁송제도와 관련해서 행정심판법 및 행정소송법 개정작업에 참여하셨는데, 그 부분부터 말씀을 좀 해 주시지요.

서원우 사회참여라는 표현이 적합할지는 모르겠습니다만, 행정 내지는 행정법과 관련된 분야를 연구하기 때문에, 행정부 측 또는 국회의 자문이나 프로젝트에 비교적 많이 관여했고, 특히 행정대학원에 있을 때에는 행정학 자체의 학문적 성격이 시민들과 밀접한 관계가 있기 때문에, 상당히 활발하게 참여를 했었습니다. 법과대학 와서는 행정대학원 때처럼 활발하지는 않았습니다만, 행정법제도개선에 관련하여 직·간접적으로 관여를 해왔는데, 1983년 김도창 선생과 함께 행정심판법 및 행정소송법 개정작업에 법무부 자문위원으로 직접 참여하여 1년에 걸쳐 비교연구를 하는 등 나름대로 기여했다고 생각합니다만, 우리나라가 놓여 있는 여건 때문에 우리들의 의견 내지 주장이 충분히 반영되지는 못했습니다. 그러나 해방 이후 행정법의 발전과정에 있어서 행정심판법과 행정소송법을 거의 새로운 법으로서 우리가 고쳤다는 것은 획기적인 것이 아니었나 생각합니다. 그 다음에는 행정절차법 심의에 참여하여 역시 1년 남짓 걸려 법률 시안까지 마련하고 입법예고까지 되었는데 아직 국회에 제출조차 되지 않은 상태입니다만, 그것을 계기로 행정절차제도의 중요성을 행정부에 인식시키지 않았나 하는 생각을 해 봅니다. 그 이외에도 현재 법무부 자문위원을 10여 년 해 오고 있고, 총무처에 행정제도개혁위원회 위원을 하고 있으며, 건설부·총무처·보사부의 행정심판위원과 1976년부터 1980년까지 중앙토지수용위원회 위원을 하다가 미국 가면서 사임을 했다가 최근에 다시 임명이 되었습니다. 그리고 토지 문제에 관심을 가지면서 건설부 국토이용계획심의회 위원이라든가 지난번에 통과를 본 토지공개념 관계입법을 제정하기 위해 국토개발원에 설치된 토지공개념연구위원회에 1년여 참여를 했어요.

최송화   토지문제는 사회참여의 문제이자 선생님께서 학문분야에 던진 역사적 의의가 있는 것으로 우리나라에서 토지공개념을 강조하신 것은 아마도 선생님이 최초가 아닌가 합니다만…….

서원우   토지문제에 대해선 지금 다행인지 불행인지 토지공개념하면 서아무개를 들먹일 정도로 유명해졌고 오해도 많이 받았지만 나름대로 토지정책의 기본방향설정에 음으로 양으로 기여를 했다고 생각이 듭니다. 그것을 바탕으로 하여 구체적인 제도의 문제는 앞으로 연구를 해야 할 것이지만, 토지란 것이 일반 재산권과는 달라서 그 기본이념을 달리 해야 한다는 점을 강조한 것으로, 강연도 많이 하고 글도 많이 썼는데 그 동안 쓴 토지관계논문을 모아 『토지공개념과 법』이란 제목으로 책자를 하나 낼까 고려 중입니다. 이와 같은 것들은 현재 우리나라가 추진하고 있는 토지공개념입법의 기본철학을 형성하는 데 기여를 하지 않았나 생각해 봅니다.

최송화　토지공개념과 관련해서 자본주의 경제체제의 근본적인 문제와 관련된 상당한 반대를 받으신 걸로 알고 있는데 어떻습니까?

서원우　더러 공산주의자 아니냐 하는 오해도 받았습니다만, 내가 토지공개념을 이야기할 때에는 오히려 자본주의의 기본체제를 유지해 나가기 위해서는 토지에 대한 국가의 적절한 조정이 필요한 것이며, 방치하면 불행한사태가 일어날 수 있는 것이기 때문에, 오히려 공산주의혁명을 예방하기 위해서 토지공개념 이론을 주장한 것이었죠. 공개념이라 하니까 일부 국민들이 알레르기적인 반응을 보이고 있지만, 오늘날의 공공개념이라는 것은 절대주의국가나 나찌스 치하 혹은 일제 하에서의 공공개념과는 전혀 다른 민주적인 참여를 바탕으로 하는 것이고, 헌법의 이념을 구현하는 그런 내용의 공공성을 이야기하는 것인 점에 비추어 볼 때, 상당한 오해가 있었다고 할 수 있지요. 옛날에는 공공성이라는 것이 방법론적으로 보면 법실증주의에 바탕을 두고 있는 것이어서 가치문제 등을 일체 배제하고, 이미 목적은 주어진 것으로 생각하고 그것을 전제로 충실히 해석하고 집행해 나가는 것이었지만, 오늘날과 같은 다원화된 사회에서는 다원화된 가치의 조정, 즉 consensus−building이란 것이 아주 중요한 것이지요. 행정법에서도 행정의 공공성, 즉 행정을 통해 국민을 규율할 때 그 정당성의 근거가 되는 공공성이란 것이 규명되어야 한다고 생각됩니다. 이번 가을의 일본 공법학회의 주제가 바로 "현대 국가에 있어서의 공공성 문제"입니다. 예전에 「행정법에 있어서 공익문제」라는 주제로 박문옥 박사 화갑기념논문집에 글을 쓴 적이 있습니다만, 이런 문제는 종래에는 주로 헌법학에서 다루어졌는데, 행정법에서도 공법의 한 문제로서 관심을 가져야 하는 것이고, 그 한 예가 공공복지의 문제가 아닌가 합니다. 이에 관한 서독에 있어서의 논의도 소개한 바가 있는데, 토지공개념이라 하는 것도 다 그런 공공성과 관련된 것이라 할 수 있습니다.

최송화　선생님의 연구활동의 지역적 범위를 보면 미국, 영국 이외에 일본과도 밀접한 관련을 맺어 오신 걸로 알고 있는데, 한일 행정법의 교류와 협력에 관해서 전에 일본에 체류하실 때의 경험을 바탕으로 말씀을 좀 해 주시면 좋겠습니다.

서원우　아까 이야기가 나온 것처럼 해방 전에 일본인 학교를 다녔고 해서 일본 글을 해독하는 데 어려움이 별로 없었기 때문에, 일본행정법을 공부하는 데 이점이 있지 않나 합니다. 그래서 일본의 공법학자를 비교적 많이 알고 접촉을 해 오고 있습니다. 사실은 1977년 일본정부초청으로 3주 동안 일본 전역의 법학부를 돌아다니면서 저명한 학자들도 많이 알게 되었고, 그것을 토대로 학문적 교류도 돈독히 해 왔습니다. 지금도 일본에서 매년 가을 열리는 일본 공법학회 총회와 학술대회에는 가급적 참석하려고 노력하고 있고, 그동안도 많이 참석을 해왔습니다. 나는 우리 법학 특히 행정법 쪽에 영향을 준 것은 물론 독일이 제일 컸고, 영미의 영향도 적지 않았지만 우리나라의 여건상 싫건 좋건 일본의 영향을 무시할 수 없는 것이라 생각합니다. 무엇보다도 우리의 제도가 일본에 제일 가까운 것이고, 법제를 연구하는 데 있어서도 일본의 문헌이라는 것이 구미의 그것보다는 덜 생소하고 이해도 비교적 쉽다는 것, 그리고 일본학자들이 선진국 이론을 나름대로 소화해서 일본에 소개한 것을 우리가 이용할 수 있는 편리도 있다는 것 등을 고려한다면 일본의 이론을 일부러 외면할 필요는 없다고 생각을 합니다. 배울 것은 배우고 버릴 것은 버리는 그런 자세는 견지해야 하겠지만, 학문연구에 있어서는 너무 정치적인 것은 떠나서, 중립적인 입장에서 함께 연구하는 자세가 필요하지 않나 생각합니다.

최송화　학문에 있어서의 민족감정을 극복하고 세계성과 보편성을 추구해야 한다는 말씀으로 이해해도 좋을런지요?

서원우　그렇죠. 학문이란 것은 역시 보편성에 입각해야 하는 것입니다. 나름대로 일본 학계와의 교류활성화를 위해서 노력을 하고 있고, 한동안 동경대 교환교수로 있으면서 일본인의 한국관도 많이 접해보고 또한 느낀 바도 많지만, 일본은 역시 가깝고도 먼 나라임에 틀림없고, 학문적 유대는 반드시 필요하다고 생각됩니다. 또 우리도 일본에 대해서 잘 모르지만 일본 학자들도 우리나라에 대해서 너무 모르는 것 같아요. 그래서 우리 실정을 설명하고 이해시킬 필요가 있고, 우리는 우리대로 일본의 것을 허심탄회하게 공부하는 자세를 견지해야 하겠죠.

최송화　일본에 계시면서 우리나라 법제에 관한 강의나 발표를 하신 적이 있었는지요?

서원우　　일본에서는 몇 군데서 최근 우리나라에서의 토지입법이라든가 지방자치제도 그리고 한동안은 헌법개정논의 등에 관하여 강연을 한 적이 있고, 행정절차법에 대해서는 일본에서도 열심히 연구를 하고 있는데 너무 신중해서 그런지 아직 법의 제정을 보지 못하고 있는 실정이기 때문에, 우리나라에서 심의를 하고 입법예고까지 된 단계이니까 일본 학자들이 매우 큰 관심을 표명했고 해서, 행정절차법에 대한 입법추진경위에 대해서도 강연을 한 적이 있었습니다. 요즘도 일본에서 가끔 한국 소개를 부탁하는 경우도 있습니다. 얼마전 김철수 교수도 갔다 왔지만 일본 어떤 대학에서는 한국법강좌도 설치되어 있다는데, 우리도 사실 일본법강좌 정도는 있을 만하다고 생각합니다. 학문에 있어서 민족적 감정을 앞세운다는 것은 학문의 쇄국주의랄까 후진성을 보이는 것이니까, 개방적 자세를 가질 필요가 있을 것 같습니다. 지금도 일본 학자들은 한국에 대해 연구하고 싶은 관심이 있는 것 같은데, 우리 학자들과 일본학자들의 공동연구 같은 것을 좀 더 개발할 필요가 있을 것 같아요. 행정학 등 다른 분야에서는 더러 그런 공동연구가 이루어지는 모양인데, 법학에서는 아직 별로 활발하지 않은 것 같아요.

최송화　　이야기 순서가 좀 바뀐 것 같긴 하지만, 관여하셨던 행정절차법안에 대해서는 어느 정도 만족하십니까?

서원우　　모처럼 막대한 예산을 들여 연구를 하고 공청회까지 했으면, 입법화를 해야 할 것이고, 모든 법이란 것이 처음부터 완전을 기할 수는 없는 것이고 시행착오를 거쳐 고칠 수도 있는 것인데, 아예 국회에 제출하지도 않고 사장시키고 있는 것은 정부의 큰 잘못이라고 생각합니다. 얼마 전에 총무처에서 개최한 민원행정에 관한 심포지움에서 토론자로 참가한 적이 있는데, 그때 공무원들의 재량권행사의 기준설정이 되어 있지 않아 민원을 야기시키는 경우가 많고, 재량권행사가 이권과 밀접하게 관련이 되어 공무원부패의 소지도 생겨나는 것이라고 이야기를 했고, 정보공개니 공개행정이니 하는 이야기도 있지만 역시 행정권행사의 객관화 내지 공정화를 담보할 제도적 장치가 마련되면, 부패나 민원의 소지가 많이 줄어들지 않겠느냐는 이야기를 했었습니다. 그와 같이 이제는 과감하게 행정절차제도의 시행을 결정할 단계에 와 있지 않는가 생각을 합니다. 물론 정부에서 행정행위 특히 행정처분에 관해서는 그 시안의 일부를 국무총리훈령으로서 시행하고 있지만, 국민 생활과 관계되는 것이 행정처분만이 아니므로 행정입법, 행정계획, 행정지도, 행정벌, 행정강제 등에 대한 절차적 규제 등의 제도는 좀 더 광범위하게 적용될 수 있는 것이 아닌가 합니다. 이제 정부가 정부부처 내에서라도 그동안 시행을 해 왔으니까, 이젠 법제화해야 하지 않겠느냐는 것이죠. 사실 개별 행정법령들 속에는 그런 제도가 많이 규정되어 있으니 그것들을 좀 더 확장하면 되는 것인데, 정부에선 신중함 등을 이유로 그 시행을 늦춤으로써, 오히려 행정의 민주화 내지 적정화를 저해하는 면이 많지 않는가 합니다. 현재 우리는 4공, 5공 때와는 다른 시대에 살고 있다는 것을 인식을 해야 하는데, 제도라든가 하는 것은 지난날과 별 차이가 없다는 것은 아쉬운 점입니다. 이 점은 지방자치제만 보더라도 알 수 있습니다. 1988년 4월 6일 개정된 지방자치법은 그 원안이 사실은 5공 때 만들어진 것이고 현행법도 그것을 거의 그대로 답습한 것인데, 이는 큰 문제점이라 생각합니다. 물론 국회에서 많은 논의가 있었지만 주로 선거시기니 선거방법 등에 대해서만 논의한 것이지, 지방자치제 자체의 재검토란 것은 아직도 중요한 과제로 남아있는 것이 아닌가 합니다. 이것도 역시 시대는 바뀌었는데 법이나 제도가 그에 따라가지 못하고 있는 일례이고, 이런 예는 이밖에도 비일비재합니다. 역시 이런 것을 볼 때, 행정법 하는 사람들이 이론이나 해석에만 그칠 것이 아니라, 제도개선에 적극적으로 참여해야 하는데 나부터도 소극적인 측면이 있음을 시인하지 않을 수 없군요.

최송화   선생님께서 다른 선생님들보다 더 적극적으로 문제의식을 많이 가지시고 현실제도개선이나 이런 데 많이 참석하셨는데, 교수가 현실제도개선에 참여하는데 있어서의 한계라든가 하는 것들에 관해서 말씀 좀 해 주시죠.

서원우   가끔 그런 이야기도 합니다. 학교에 있는 사람인 교수가 어느 정도 현실문제에 참여할 것인가에 대해서 볼 때, 행정법을 해서 그런지는 몰라도 역시 살아있는 학문이 되려면 현실에 적극적으로 참여할 필요가 있지만, 어디까지나 시시비비를 뚜렷하게 가리고 자기의 주관은 견지해야 한다고 생각합니다. 주관도 없이 추종적이라든가 하는 모습은 학문하는 사람의 자세는 아니죠. 그러나 현실적인 문제를 충분히 감안하고 그런 바탕위에서 학문을 해야 되지 않겠느냐는 생각에는 변함이 없고 미국의 학자들에게서는 확실히 그런 면에 있어서 배울 점이 있습니다. 이 사람들을 보면 일정한 기간 동안 정부 부처에서 근무한 후 학교로 돌아와서, 그 실무경험을 바탕으로 강의를 하고, 또 기회 있으면 정책결정기관 등에서 근무하고 하는 모습을 볼 수 있는데, 그러다 보니 학교에서 이야기하는 것도 상당히 살아있는 것을 토대로 이야기하기 때문에, 배우는 사람한테도 많은 도움이 된다고 생각됩니다. 우리나라에서도 적극 장려되어야 하지 않는가 하고, 특히 법학을 하는 사람에게는 매우 중요한 것이 아닌가 합니다.

최송화　　선생님 지금 말씀하신 것은 어떻게 보면 후학, 후배들 하고도 연결이 되는 것 같은데요?

서원우　　내가 법과대학에 온 지가 15, 6년이 다 되어 가는데, 느낀 것이 참 많아요. 학생들한테도 이야기하지만 법학을 가르치는 사람들이 어느 정도 학생들에게 도움이 되는 강의를 하고 있느냐를 생각할 때 자책을 느낄 때가 많습니다. 특히 우리가 미국에서 법학교육이 어떻게 진행되는지를 알고 있는 처지에서, 그들의 교육방식하고 우리 것을 비교할 때는 문제는 훨씬 더 심각하다 할 수 있지요. 물론 원인부터 이야기한다면 먼저 학생들 대부분이 학문을 위해서 법학을 하는 것이 아니라 고시합격이라는 실리적이고 근시안적인 동기를 가지고 법과대학에 들어오기 때문이기도 하고, 따라서 학교의 교육이란 것도 대개는 그 테두리 안에서 행해지고 있기 때문이기도 하겠지요. 그러나 진정한 의미에서의 법학이란 것은 사회에서 써 먹을 수 있는 것이 되어야 함에도 불구하고, 교육제도 자체가 학점이나 시간 등에 있어서 그런 교육을 용납하지 않고 있는데, 이런 것이 과감하게 타개되지 않고서는 사회현실하고 상당히 동떨어질 수밖에 없습니다. 사회변화에 적응을 해야 한다는 점도 중요하지만, 교과목 자체도 사회에서 필요로 하는 교과목이 교과과정에 충분히 반영되지 못하고, 수십 년 전부터 내려오는 기본적인 틀에서 벗어나지 못하고 있다는 느낌이 듭니다. 이런 문제들의 해결은 물론 학교의 주도하에 이루어져야 하겠지만, 무엇보다도 정부가 과감하게 뒷받침을 해 주지 않으면 백년하청일 것입니다. 물론 교수들도 거기에 대처를 해서 강의도 교과서 위주가 아닌 학생들이 적극적으로 참여하는 강의가 될 수 있도록 스스로 훈련을 쌓아야 할 것입니다. 물론 내가 여기에 대해서 뚜렷한 대안이 있는 것은 아닙니다만 여하튼 근본적인 대책이 수립되어야 할 것입니다. 우리는 곧 학교에서 물러갈 사람이고 이는 다음 세대가 해결해야 할 과제가 아닌가 생각합니다.

최송화　이제 후학들에게 어느 정도 짐을 떠넘기시는 말씀을 하셨는데, 후학들이 어떠한 자세, 어떠한 방법으로 학문을 해야 한다고 보시는지, 평소에 생각하셨던 바가 있다면 이 기회에 들려주시지요.

서원우　우리야 과도적인 세대라 할 수 있지요. 어떻게 보면 책임회피적인 태도로 보일지도 모르지만, 아직도 정치적인 소용돌이가 완전히 가라앉지 않았지만 학문하는 사람은 일단 그 길로 들어선 이상 세운 목표에 몰두를 해야 하겠죠. 자기가 하는 일에 프라이드를 느끼고 한눈팔지 않으며, 좀 더 진지한 자세가 필요하지 않나 생각합니다. 요즘 대학원생들을 보면 상당히 우수한 학생인데도 그렇지 못하여 좀 안타까울 때가 있습니다. 이제 선생만 쳐다 볼 것이 아니라, 자기 스스로 일사불란하게 연구하는 자세를 학생들뿐 아니라 젊은 교수들에게도 바라고 싶고, 학문은 어차피 외로운 길이니까 묵묵히 걸어가는 자세를 견지하라고 말하고 싶습니다. 우리는 사실 전쟁 등으로 먹고 살기에 급급한 사람들이었고, 어떻게 보면 학자의 자격도 없는 사람들이 학자 행세를 해 왔다는 자책감도 드는데, 사회도 안정되어가고 있으니까 젊은 후학들은 필생의 업적을 남겨 보겠다는 신념을 가지고, 학문에 매진해 달라고 부탁하고 싶군요.

최송화　선생님이 후학들에게 좋은 말씀을 해 주셨는데, 선생님의 학창시절에 선생님에게 표본이나 귀감이 되었던 분이 있다면, 학계에서 한 분, 인생에서 한 분 정도를 말씀을 해 주시면 좋겠습니다. 특별히 큰 영향을 주신 분들을 말씀입니다.

서원우　초창기에는 한태연 선생의 헌법학이나 행정법학을 탐독했던 시절이 있었지만, 지금 존경하는 분으로서는 역시 김도창 선생을 들고 싶습니다. 왜냐하면

나는 그 분에게서 직접 배우지는 않았지만, 그 분의 꾸준히 계속해서 학문하는 자세가 정말 존경스럽습니다. 특히 매년 저서를 손질하시고, 후학들의 글에 대해서도 관심을 나타내시면서 연구하시는 자세같은 것 말입니다. 금년에 고희가 되시는데도 그와 같은 정력적인 모습을 보여 주시는 것은 학문하는 사람에게는 하나의 거울이 될 수 있으리라고 생각하고, 우리나라 행정법학계에 있어서는 역시 영향력이 가장 크신 분이 아닌가 합니다. 공법학분야가 다른 법분야보다 발전이 상대적으로 늦은 이유 중의 하나는 우리를 이끌어줄 분들이 많이들 학계를 떠났다는 것이지요. 즉 문홍주, 박일경, 한태연 등 지금도 학계에 남아서 후진을 양성해 주셔야 할 분들이 40대에 학교를 떠나 정계·관계에 나가신 뒤 돌아오지 않았다는 것으로 인해, 학문발전에 공백이 생겼고, 후배들이 거의 혼자 몸부림을 쳐서 겨우 오늘에 이른 것이라고 할 수 있습니다. 물론 공법학이란 것이 성격상 정치와 관계가 깊은 것이긴 하지만, 앞으로는 그런 일이 있어서는 안 되리라 생각하고, 역시 학문을 선택했으면 자기 연구에 몰두하고 후진양성에 힘써야 할 거라고 생각합니다. 나는 지금 와서 어느 쪽도 잘하지 못했고, 특히 후진양성에는 제 구실을 못했는데, 이제는 좀 때가 늦은 것 같아요 (웃음).

최송화　선생님 말씀을 들으니까 학계를 한시도 떠나지 않고 계시면서 회갑을 맞이하신 분이 공법학계에는 거의 없다 할 수 있겠군요.

서원우　행정법 분야에서는 내 바로 윗대가 이규석 선생이 계시고, 그 외에 들 수 있는 분이 윤세창 선생 정도죠. 윤세창 선생은 실질적으로 대학원에서도 지도를 해주셨고, 인간적으로도 이끌어주신 분이라, 제가 세배다니는 분이 몇 분 안 되는데 꼭 빠뜨리지 않는 분이 바로 윤세창 선생입니다. 또 돌아가셨지만 정인흥 선생이 역시 인간적으로 후진들을 많이 이끌어 주셨죠.

최송화　결국 회갑을 맞으시는 건 윤세창 선생 다음이라는 말씀이지요?

서원우　그렇죠. 그건 곧 꾸준히 학문을 계속한 사람이 행정법학계에 그만큼 많지 않다는 말이죠.

최송화   이제 선생님의 활동 중에서는 공법학회, 환경법학회, 부동산법학회 기타 공동연구의 장이라 할 수 있는 각종 학회의 참여 및 지도를 빼놓을 수 없는데, 학회 활동에 대해서 말씀을 좀 해 주시지요.

서원우   질문에 대한 대답이 될진 모르겠지만, 지금 내가 관계하고 있는 것이 공법학회, 환경법학회, 부동산법학회 등입니다만, 한동안은 정치학회, 국토계획학회에도 나간 적이 있고, 또 미국에서 귀국한 직후에는 사회학회에도 나갔어요. 미국에서 느낀 것 가운데 한 가지는 소위 학제적 연구와 인접과학 간의 상호 커뮤니케이션이 매우 중요하다는 것이었기 때문에 많이 관여를 한 것이고, 민사법학회, 법사학회도 몇 번 나간 적이 있지만 지금도 기회만 있으면 관심있는 분야의 학회에 많이 나가려고 합니다. 또 그저께는 대학원생들이 "자본주의사회에 있어서 토지문제"란 주제로 심포지움을 한다기에 수업시간 관계로 직접 참여는 못했지만 유인물도 얻어오는 등 가능하면 관심있는 부분에 가리지 않고 참여하려고 노력합니다. 나는 법학도 종합과학의 하나라고 보기 때문에 그런 자세는 대단히 중요하다고 생각합니다. 그래서 그런지 집에 있는 제 서가에는 인접과학에 관련된 책도 꽤 많은 편이고, 가급적 많이 읽으려고 노력은 합니다만 뜻대로 잘 되지는 않습니다. 또 지금도 행정학회엔 나가고 있구요. 행정학과 관련되는 분야 예컨대 한국 지방행정연구원의 자문역을 하고 있고, 토지법분야를 하다 보니까 대한부동산학회니 한국감정원이니 공인중개업협회니 하는 단체들의 고문으로 관여하고 있고, 또 전국경제인연합회 자문위원을 10여 년째 하고 있는데, 그 모임에서 법적인 문제에 대한 자문에도 응하고 경제학자들하고 대화를 가질 기회를 갖게 되죠. 그밖에 국회의 한국의회발전연구회의 연구위원이고 그 연수과정강의도 나가면서 함께 관여하는 정치학자, 행정학자들과도 많은 대화를 갖곤 합니다. 이런 대화의 기회가 대인관계에서나, 학문연구에서나 도움이 되는 것 같습니다. 노융희 선생이 회장으로 있는 지방자치학회에도 상임이사로 몇몇 안 되는 법학자중 한 사람으로서 관여하고 있습니다. 이러한 태도가 법학자로서 어떻게 평가받을 수 있을런지 모르지만, 별로 후회하지는 않아요. 그리고 우리 법학하는 사람도 그와 같이 대화를 가지는 Forum이라고 할까요, 모임들이 있어야 하는데, 너무 대화가 단절되어 있는 것 같아요. 세미나 같은 것도 하고 다른 분야와 접촉을 하면서 인식의 폭도 넓히고 새로운 분야의 지식을 얻는 것이 바람직하다고 생각합니다. 다른 분야의 교수나 졸업생 등을 통한 대화가 소홀한 것 같은데, 이는 법과대학에 몸담고 있으면서 항상 아쉽게 느꼈던 점입니다. 참 그리고 한국경제법학회의 이사직도 맡고 있습니다.

최송화　선생님께서는 학내 봉사직이라 할 수 있는 보직도 하셨는데, 그런 걸 하시면서 시도하셨던 학제적 연구에 대해서도 말씀을 좀 해 주시지요.

서원우　법학연구소장 시절에 "사회변동과 법학"이라는 주제로 세미나를 주최하여 분야별로 행정법은 김동희 선생, 민법은 양창수 선생, 형법은 신동운 선생 등이 참여해서 학제적 연구를 시도한 적이 있는데, 미처 임기를 다 채우지 못하고 일본을 가는 바람에 더 이상의 활동을 못하게 된 것이 지금도 퍽 아쉽습니다. 우리 법과대학이 다 한 가족인데, 사회가 유기적으로 얽히는 정도가 심해지면 심해질수록 교수들 간의 대화, 인간적인 대화는 물론이고 학문적인 대화가 필요하지 않는가 하는데, 너무 대화가 단절되어 있는 것 같아요.

최송화　아까 학문의 길이 외로운 길이고 혼자하는 길이라고 하시면서도, 선생님의 걸어오신 길을 돌아보면, 다른 학문분야와의 학제적인 활동, 즉 법학 외에서뿐만 아니라 법학 내의 다른 분야와의 공동연구활동을 해 오셨는데, 이는 선생님의 인품하고도 관련이 되지 않나 생각합니다. 오늘에 이르기까지 선생님께서 건강한 생각과 풍모를 유지하시고, 그리한 학문적 활동을 하시게 된 배경에는, 선생님 자신을 지키는 원칙이 있을 것 같은데, 좌우명이랄까요 신조랄까요 그런 게 있다면 말씀해 주시지요?

서원우　가끔 그런 질문을 받는데 원래 내가 좌우명 없이 살아온 사람이에요. 결혼식 주례할 때는 역지사지랄까 상대방의 입장을 고려하라는 이야기는 자주 합니다만, 뚜렷한 좌우명이라고는 없습니다. 단지 이야기할 수 있는 것은 건전한 상식, 요컨대 모가 나지 않게 사는 것이 좋다고 보고, 평범 속에 진리가 있다고 봅니다. 상식선에서 생활하게 되면 어떤 의미에서는 개성이 뚜렷하지 않다는 비판도 받을 수 있겠지만, 너무 개성이 강하게 되면 여러 가지 불행의 원인이 된다고 생각합니다.

상식, 좋은 것 아닙니까? 너무 보수적일지도 모르지만 그런 상식은 하나의 직업윤리와도 통한다고 봐요. 상식이란 것이 일반직으로는 기대되는 하나의 규범이라고 생각하니까요. 그 밖에 요란하고 거창한 좌우명 같은 것은 없습니다. 그러나 한동안 등산을 즐기면서 "학문하는 것은 험준한 산을 오르는 것과 같다(學者如登山)"라는 공자의 말을 실감 있게 느끼곤 했습니다.

최송화　주례사에서 말씀하시는 것이 어떻게 보면 선생님 자신의 가정관이기도 할텐데, 선생님의 가정생활에 관해서 말씀 좀 해 주시지요?

서원우　우리 집사람은, 글쎄요, 상당히 지성적이고 (웃음) 역시 평범하다고 봐야겠죠. 솔직히 말하면 개성이 좀 강하다고 할 수도 있는데, 하여간 내 직업을 잘 이해를 해 주는 편이고, 후회하지도 않는 것 같습니다. 나 같은 사람이 좀 부족한대로 비교적 생활도 안정되어 있고, 자유스러운 직업에 종사하고 있으니까 그런대로 만족하고 있는 것 같습니다. 악착같이 경쟁하는 그런 직장이었더라면 얼마나 시달렸겠는가 하는 생각도 해 보곤 합니다.

최송화　지금 말씀하신 것이 회갑을 맞이하신 총체적인 회고이자 소감이 될 것 같은데요?

서원우　우리가 어려운 시절을 보내 왔지만, 다행히 주위에서 보살펴주고 이끌어 주신 분들이 많았기 때문에 이만큼이라도 되었지 않나 생각하고, 항상 고마운 마음으로 살고 있습니다. 결혼식 주례사에서도 항상 감사할 줄 알아야 한다, 경건한 마음을 가져야 한다고 이야기를 하곤 하는데, 어떻게 보면 이런 것은 내성적·소극적인 일면인 것 같기도 합니다. 내 성격상의 결점의 하나이지만, 좋게 말하면 신중하고 나쁘게 말하면 결단력이 없다는 점이지요. 너무 꼼꼼하다 할까요? 아직 이렇다 할 교과서를 내지 못하고 있는 것도 그런 것 때문이죠. 미국에서도 시험공부를 하면서 내 성격상 정독을 하다 보니까 일정한 시간 내에 다 읽지를 못하고 고민한 경우가 여러 번 있었습니다. 아무래도 나중엔 다 잊어버린 것이니까, 우선은 속독을 하고 필요한 부분이 있으면 다시 읽어보면 된다고 하는 것이 속독주의의 장점이고,

학생들에게도 속독을 권하면서도 정작 나 자신은 그게 안 되는 겁니다. 요즘은 행정법 교과서도 시중에 20여 종이 나와 있는데, 일단 책을 내놓고 차츰 다듬어가면 된다는 이야기도 듣고, 실제 현재의 두터운 교과서들이 처음부터 그랬던 것이 아니라 오랜 세월동안 보완을 거듭한 끝에 그리된 것인데, 나는 그런 것이 안 되다보니까 아직 체계적인 교과서 하나 내지 못했죠. 조금은 과감한 면이 있어야 하는데 너무 재기만 하다가 뒤지고 말았던 것 같아요. 또 교과서를 쓰려면 끈기도 있어야 하는데 나는 들어앉아 끈기있게 글을 쓰지를 못해요. 최 선생은 어때요?

최송화　그래도 김남진 교수도 선생님께서 "노익장의 끈기를 보이신다"고 말씀하셨듯이, 모두들 선생님을 보고 어떻게 저토록 정력적으로 글을 쓰나 하고, 굉장히 끈기 있으시다고들 하시는데요?

서원우　그래도 교과서는 못 쓰지 않아요? 나는 교과서식의 다 아는 이야기는 못 쓰겠어요. 그것은 나름대로 문제의식을 갖고 있는 글을 쓰려 하기 때문일 것입니다. 고시수험지에도 글을 많이 썼지만, 나는 수험생을 대상으로 글을 쓴다기보다는 동학이나 학교에서 연구를 하는 사람들을 의식해서 썼고, 나의 『현대 행정법론』도 어렵고 복잡하다는 이야기를 듣긴 하지 만, 다른 어느 교과서보다 깊이 있다는 점에서 적어도 행정법을 연구하고 공부하는 사람들한테는 조금은 도움이 되지 않았나 생각을 합니다. 또 바로 그 점이 그 책의 존재가치가 아닌가 하고, 앞으로도 그런 식의 연구가 장려되어야 할 거라고 봅니다. 일본의 경우만 해도 교과서류는 많이 나오지를 않습니다. 기본 교과서는 3, 4종 정도로 한정되어 있고, 학자들은 계속 깊이 있는 논문을 쓰고 그것들을 모아서 단행본으로 내곤 하는 것이죠. 서점에도 개별 문제에 대한 논문집들이 많이 있지 교과서라는 것은 거의 없다고 볼 수 있습니다. 우리나라는 오히려 행정법 교과서만 20여 종이 나와 있는데, 내용은 대동소이해서 나는 강의를 할 때에도 기본적인 몇 권의 소개 이외에는 교과서를 특정해 주지 않아요. 지금 같아서는 『현대행정법론』상권을 최신자료로 보정을 하고, 하권을 낼 생각을 하고 있고 체계적인 교과서도 하나 내려고 생각은 하고 있는데 쉽지가 않네요.

최송화　그런데 일반적으로 주어지는 시간은 일정한데, 선생님께서는 언제 그렇게 많은 글을 쓰시는지요?

서원우　나야 다른 선생들 교과서 쓸 시간에 쓰니까 그런거죠 (웃음).

최송화　그래도 뭐 특별히 많이 쓰실 수 있는 비결 같은 것이 있을 것도 같은데요?

서원우　이런 점도 있어요. 아까 말했다시피 나는 내가 과도적 시대의 사람이라 생각하다 보니까, 후학들에게 문제의 소재를 소개하는 정도로 생각하고 있고, 그것을 전문적으로 연구하는 것은 후학들의 임무라 생각합니다. 그러다 보니 그동안 해온 작업들이란 것이 실제문제에 대한 것이라기보다는 비교법적 문제, 외국의 이론 동향 이런 것들을 소개했다는 측면이 많고, 그 가운데 어떤 것은 체계화되어 이론으로 받아들여진 것도 있습니다만, 그러한 소개는 실증적인 연구를 내용으로 하는 것이 아니기 때문에, 아무래도 좀 쓰기가 쉽지요. 거의가 번역을 하는 것도 있고, 일본의 것을 이용하는 경우도 있지만, 우리 학계에서는 그런 것도 좀 필요한 게 아닌가 생각해요. 아직 우리나라의 연구여건이라거나 여러 조건들이 풍요롭지 못하고, 특히 문헌이 충분치 못하기 때문에, 특히 지방대학에서는 일단 국내문헌에 의지할 수밖에 없는데, 그런 간격을 메꾸는 역할을 우리 세대가 해야 하지 않겠느냐 생각해 왔습니다. 사실 서울에 있는 우리들이야 외국교수들을 접할 기회도 적지 않고, 자료수집도 비교적 쉽지만, 지방에는 그렇지 못하고, 우리가 가진 자료들을 사장시키지 말자는 뜻에서도 그러한 소개 등은 의미가 있는 것이 아닌가 생각했던 거죠. 최근에야 공법학회만 보더라도 외국에서 전문적인 연구를 하고 돌아온 사람도 많아져서 연구가 본격적인 궤도에 오르지 않았나 하는 생각도 듭니다만, 적어도 우리가 지내온 시절은 학문적으로 황무지 시대였고, 그런 상황 속에서 연구의 체계도 약하고 단편적인 것이 되지 않았나 하는 것이죠. 그리고 앞으로는 학문에 있어서 분업도 좀 이루어져야 할 것 같습니다.

최송화　선생님의 정력적인 학구열과 최근까지의 학문활동에 아마 세월조차 비켜가게 되나 봅니다. 그러니 일에는 늘 정력적이고 생활은 항상 소탈하신 선생님의 모습 자체가 저희들로서는 곧 큰 교훈이 되는 것 같습니다. 앞으로도 이제껏처럼 늘 건강하시고 너그러운 풍모를 대할 수 있게 되기를 여러 후학, 제자들과 더불어 진심으로 빌어 드리겠습니다. 회갑을 맞으신 것을 다시 한번 진심으로 축하드립니다. 감사합니다.

서원우   감사합니다. 최 교수 정말 수고가 많으셨습니다.

[서울대학교 법학 제32권 제1·2호(1991. 8)]

심헌섭 교수 정년기념 대담

심헌섭(沈憲燮) 교수님

생 몰: 1936~2018
재 직: 1977~2001
전 공: 법철학

대담자 : 장영민(이화여자대학교 교수)
일 시 : 2001년 1월 26일

"객관성과 엄정성이야말로 학문의 이상"

장영민   선생님께서 2001년 2월 말로 정년퇴임을 하시게 되었습니다. 오랜 기간 학로서 그리고 교육자로서 소임을 수행하여 오신 선생님의 정년퇴임을 축하드리며, 서울대학교 법학연구소에서 마련한 이 자리를 빌려 선생님의 인생과 학문적 여정을 더듬어 보고자 합니다. 우선 대학생활과 법철학을 전공하시게 된 계기에 관하여 말씀하여 주시기 바랍니다.

심헌섭   대학생활에 대해서는 워낙 오래되고 너무 평범하게 보내어서 정말 이야기할 만한 것이 별로 없군요. 대구에서 고등학교(대구 대륜고등학교)를 마치고 홀로 겨우 들어왔던 대학이라 친구도 없었지요. 주위에 너무 똑똑한 친구들이 많아 그때처럼 적게 뽑던 고시공부는 일찍 단념했어요. 대신에 황산덕 선생님이 번역하신 켈젠의 저서들을 읽어보기도 했고 정희철 선생님이 독강을 Coing의 『법철학개론』으로 하셨고 또 번역도 하셨기에 원문을 대조해서 읽어보려고 했지요. 3학년 때는 김중한 선생님을 무턱대고 찾아가 Harvard Law Review에 실린 A. Ross의 논문을 받아 『법대학보』에 힘겹게 번역도 했지요. 그때는 Ross가 이른바 스칸디나비아 법현실주의 학파에 속하는 유명한 학자인 줄도 잘 몰랐어요. 법철학에 관심이 많으셨고 번역도 자주 하셨던 서돈각 선생님의 라드브루흐 『법철학입문』 번역을 교정을 해 드린 기억도 나네요. 4학년 때는 학생회 학예부장의 부탁으로 『법대학보』의 편집을 맡아 동료들을 끌어들여 함께 만들기도 했어요.

장영민　황산덕 선생님을 평생의 스승으로 모시게 된 경위와 대학원 과정에서의 연구에 대해 말씀해 주시지요.

심헌섭　대학원에서는 황산덕 선생님 연구실에서 공부하게 되었어요. 제가 경북 청송 출신이라는 것을 아시고 자신이 일제 말기에 잠시 청송군청에 근무도 했고 그때 자기 조모님이 청송 심씨여서 그곳에 있는 시조 묘소도 참배도 하셨다는 말씀도 하시는 등 오지 출신인 저를 늘 인자하게 대해 주셨어요. 황선생님은 잘 알듯이 켈젠을 많이 연구하시고 번역도 하신 분이지요. 그래서 그 분의 초기 저서는 매우 분석적이고 인식비판적인 태도가 강하지요. 황선생님은 사회과학자로서는 드물게 자연과학 이론에 밝으셔서 그런 자연과학의 최신이론(상대성이론, 불확정성이론)을 바탕으로 아직도 결정론적 사고에만 얽매여 있는 이데올로기와 법사상을 분쇄하려 했지요. 이것이 법학박사 제1호인 그의 박사학위논문이 겨냥했던 목표였어요. 제가 연구실에 있을 때는 황선생님은 형법도 강의하셨어요. Welzel의 목적적 행위론도 번역하셨고 또 그 체계에 따라 교과서도 준비하였던 관계로 Welzel에 대해 많은 말씀을 하셨지요. 저도 그 영향으로 Welzel의 『자연법과 실질적 정의』를 열심히 읽었고 감동도 받았어요. 그래서 석사논문을 실질적 정의에 관해 쓰기로 했어요. 처음에는 가닥이 잘 잡히지 않더니 차츰 구상이 떠올랐어요. 우선 형식적 정의론을 넘어서고, 다음으로 정의논의에 의미를 일체 인정 않는 극단적 법실증주의를 공격하고 나서 실질적 정의의 실체인 자연법론, 사물본성론을 거쳐 법윤리적 원리에로 논의를 이끌어 갔지요. 피상적이고 조잡하였지만 그래도 꽤 노력은 했어요.

물론 반실증주의적 태도를 취했으나 그것은 법가치론의 차원에서 그랬던 것이지요. Welzel도 법에 있어서는 실증성은 실존이요 본질이라고 Hobbes와 관련해 강조했었지요. 대학원 때는 독서도 꽤 했다고 볼 수 있는데 특히 Fechner의『법철학』을 읽은 것이 법의 구성요인들을 일면적으로가 아니라 총체적으로 파악하는 데 좋은 길잡이가 되었다고 지금도 기억되는군요.

장영민　유학생활 동안에 하신 연구에 대해 말씀해 주십시오.

심헌섭　대학원을 마치고 요행으로 DAAD 장학금을 얻어 독일 Freiburg 대학으로 갔어요. 거기서 독일교수들의 강의도 들어보았고 세미나에 참석도 했지요. 특히 기억에 남는 것은 헌법학(Hesse) 세미나였는데 그때는 헌법해석을 둘러싼 문제점들을 진지하게 토론하였어요. 잘 알아듣지 못해서 사실 분위기만 젖어본 셈이었지요. 독일 갈 때는 어떤 테마를 놓고 깊이 연구해서 업적을 남기고 싶었으나 생각대로 되지 않더군요. 일찌감치 단념하고 읽고 싶은 책을 읽으니 거기에서 얻는 소득도 있더군요. 특히 Engisch 글을 많이 읽었어요. Klug의 법논리학도 이때 접해서 논리학에도 관심을 가졌어요. 철학책도 읽었는데 특히 고서점에서 구입한 Schlick의『일반인식론』이 인상에 남았어요. 그 후 관심도 분석철학 쪽으로 기울어졌는데 이는 독일보다 영미 쪽이 아주 강했지요. 독일어권에서 시작한 철학이 오히려 수입해야 하는 형세였지요. Wittgenstein이나 Popper의 철학을 터득해야 하겠다는 생각이 그때 굳어졌어요. 저도 '깨인 정신과 열린 마음'의 신조와 자세를 갖고 싶었던 때문이었지요. 독일에 있는 동안 이렇게 기초적 독서에만 치우치다가 장학금도 연장이 안 되고 건강도 나빠져 고생도 하다가 돌아왔지요.

장영민　귀국 후 이때까지 대학에서 법철학, 그리고 형법도 강의하셨는데 그 시절을 돌아보시면서 몇 말씀 해 주시지요.

심헌섭　인간적으로나 학문적으로 깨달은 바가 큰 짧은 유학생활이었습니다만 중도에서 귀국한 터이라 막막했었지요. 부산대학에 가기로 했으나 그곳이 타향이라서 머뭇거리다가 숭실대학에 마침 자리를 잡았어요. 책임시간 채우기 위해 마침 전임이 없었던 형법도 강의했어요. 독일 있을 때 조금 읽기도 해서 그럭저럭 꾸려 나갔지요. 그러다 보니 법철학 연구에 몰두할 수 없었습니다. 1976년에 여기 대학원에서 「존재와 당위의 관계에 관한 연구」라는 논문으로 이른바 舊制(구제) 박사학위를 마지막으로 받았어요. 이 글에서 저는 Engisch, Klug 그리고 현대 분석철학 등에 관해 연구한 것을 바탕으로 존재·당위 이원론을 논리적으로 옹호했지요. 그때 심사위원 중에 철학자로는 지금 고려대학에 계시는 과학철학자 이초식 교수님이 수고해 주셨는데 적극 격려해 주었어요. 위원장은 김철수 선생님이셨지요. 심사위원이셨던 곽윤직 선생님은 이 논문은 이초식 선생과 저와의 합작으로 통과시켰다고 농담도 하셨어요. 어쨌든 심사위원님들께 감사했어요. 그 후 법철학에서는 Hart에 관심을 많이 가졌어요. 법실증주의를 견지하면서도 가치론의 의미를 무시하지 않는 것이 Engisch와 거의 같았어요. 저도 그런 태도가 온당한 것으로 여겼고 이를 Popper의 인식론을 바탕으로 Klug처럼 비판적 법실증주의라고 부르고 저 자신도 그것을 표방했지요. 이런 시각에서는 법과 도덕의 절대적·필연적 분리는 주장될 수 없지요. 그렇다고 자연법론처럼 필연적 牽聯(견련)을 주장하지도 않지요. 어쨌든 그 牽聯可能性(견련가능성)을 인정한다는 의미에서 Hart도 만년에 말했듯이 연성 법실증주의, 포용적 법실증주의의 태도가 타당한 법률관이 아닌가 생각하고 있어요. 법가치론, 즉 법이념론이 큰 과제인데 저는 아직도 이를 다듬고 있는 중입니다. 이를 완성하여 이미 내놓은 『법철학 I 』을 수정·보완하여 『법철학』으로 개칭하여 출판해야 제 임무를 마치는 것이 아닌가 하고 생각해 봅니다.

장영민 　독일 유학 이후 여러 차례 외국에 교환교수로 방문도 하셨고 여러 외국 교수님들과 접촉도 있었던 것으로 아는데 거기에 관해 말씀해 주시지요.

심헌섭 　독일 유학에서 돌아와 대학에 있는 사이 외국이라곤 오랫 동안 나가보지 못했어요. 사립대학에 있어서 더욱 그랬어요. 또 그렇게 나가고 싶은 생각도 없었어요. 외국생활이 적성에 맞지 않는 것 같았어요. 그러나 독일의 유명한 학자인 Kaufmann, Jescheck 교수 등 많은 이를 손님으로 맞아 강연도 듣고 안내도 해드렸지요. 1980년도 말 고베 법철학 대회에 여러분들과 함께 참가했지요. 거기에서 글로만 알았던 Weinberger, Dreier 등 동구, 북구 학자들을 보고 강연과 발표를 들었어요. 저의 법철학 연구에 큰 영향을 끼친 분이 Weinberger이지요. 그의 제도적 법실증주의는 Hart, Engisch와 비슷한 관점에 서고 있어서 더욱 그렇다고 볼 수 있고, 특히 규범논리학 연구에 제일 유명한 분이라서 열심히 읽었지요. 또 비인식주의적 가치론을 주창하여 더욱 관심을 두었지요. 저도 그것을 하나의 이론적 가능성으로 인정하거든요. 1990년 저는 독일 유학 후 23년 만에 독일 Göttingen 대학에 가서 1년간 연구했지요. 이때 고베에서 만났던 Dreier 교수가 초빙교수였는데, 너무 친절히 대해 주어 지금도 늘 고맙게 생각하고 있습니다. 그곳에 있는 동안 비인 대학에 Walter 교수를 찾아보았지요. 순수한 2세대 순수법학자였어요. 매우 친절하고 제가 번역한 『켈젠 법이론 선집』에 매우 기뻐했고, 그후 켈젠 연구소 간행물 소개지에 등재도 해 주었지요. 그러나 그 책이 교정에 오자가 많아 늘 부끄럽게 생각합니다. 읽어보는 학생도 많지는 않지만 말입니다. 거기 있는 동안 법철학 대회가 열렸는데 Weinberger, Alexy 등의 강연이 대단했지요. 장 교수도 그때 참석해서 아시다시피 늘 만나보고 싶었던 Klug, Zippelius 교수와 처음으로 인사를 했고 약간의 대화도 나누었지요. 1995년에는 영국 Cambridge에서 6개월 머물렀는데 초빙교수는 Simmonds 교수였어요. 이 분의 철학은 아직도 정확히 모릅니다마는 hollistic한 방법론을 취해서 문제를 보는 것 같았고 글이 명쾌해서 매우 호감이 가는 분이고 인간적으로도 참 매력적이었어요. 하여간 그 유명한 영국대학의 분위기를 맛보았고 Keynes, Russell, Moore, Wittgenstein이 거닐었던 Trinity College의 교정을 밟아 보는 영광도 가졌지요. 지난해에는 여름방학 두 달 동안 독일 Konstanz에 2개월을 보내었어요. 아무 연락 없이 그곳의 젊은 교수 Hilgendorf 교수를 찾아간 셈이지요. 그는 철학에도 학위를 가졌고 분석철학, 특히 비판적 합리주의를 표방하는 분이라서 매력을 느끼고 대화도 나눴지요.

장영민　선생님께 영향을 끼친 분들에 대해 정리해서 말씀해 주셨으면 합니다.

심헌섭　위에서도 다 말한 바이지만 첫째로는 황산덕 선생님이지요. 특히 그 분의 초기작품들에 나타난 인식비판적 태도가 마음에 들었어요. 이런 태도에 부합한 탓인지 Engisch는 저에게 결정적이었어요. 그러나 차츰 Klug, Hart, Weinberger로 관심이 넓혀갔고, 뵙지 못한 분이지만 Tammelo는 저에게 특수한 지위를 차지

했어요. Tammelo는 논리학에도 해박했을 뿐만 아니라 사상도 아주 계몽적이고 전망적이었어요. 그가 광복을 맞은 조국 에스토니아를 보지 못하고 일찍 세상을 뜬데 대해 약소국 국민의 한 사람으로서 마음 아프게 생각해요. 이 분은 유명한 법철학자 Kaufmann과 절친한 친구로서 Radbruch의 마지막 제자들이기도 하지요. 요즈음은 아까 말한 Hilgendorf를 주목하고 있습니다.

장영민　선생님이 보시기에 오늘날 주목할 만한 법철학자나 법철학의 경향이 있다면 어떤 것이라고 보시는지요.

심헌섭　잘 아시듯이 독일에서는 Habermas 철학에 연결하면서 절차적 합의이론을 펴서 크게 주목받고 있는 Alexy가 있고, 영미에서는 법원리 이론으로 법과 도덕의 통합이론을 주창하고 있는 Dworkin을 들 수 있을 것 같군요. 그러나 이들은 모두 법실증주의에 대한 현대적 對極(대극)이라고 볼 수 있어 한계도 드러나고 있어요. 그 중간이라고 볼 수 있는 Weinberger나 Coleman, Waluchow 등의 제도적·포용적 법실증주의 이론이 더 탄탄해 보여요.

장영민　선생님께서는 형법에서도 상당한 업적을 남기신 것으로 압니다만 거기에 대해서 말씀해 주시지요.

심헌섭　업적은 별로 없어요. 다른 대학에 있을 때 형법이 주가 되다시피 강의에 시달렸어요. 그 덕에 글도 조금 썼지요. 고맙게도 인용해 주는 분이 있더군요. 행위론, 인과관계 등에 대해 조금 언급한 것도 있고 Roxin의 기능적 행위지배설도 소개했지요. 저는 법해석에 대해 글을 썼습니다마는 형법을 가르쳐서 그런지 해석학의 객관성과 안정성을 상당히 강조했어요. 그래서 주관적·목적론적 해석(역사적 해석)도 강조했어요. 물론 이것은 '해석'의 범위 내에서 논의되어야지요. 우리 대법원은 민법·형법 가릴 것 없이 흠결보충을 감행하려 하는데 이 때문에 '금액사건', '실화죄 사건' 등에 논란이 있었던 것 같아요.

장영민　선생님의 앞으로의 연구계획에 대해 말씀해 주시지요. 이제부터 선생님 자신의 시각에서 선생님 자신의 견해를 적극적으로 개진해 주셨으면 하는데요.

심헌섭　참 지당한 의견인데 제 철학이 뭐 있어야지요. 앞에서 이미 언급했습니다마는 『법철학Ⅰ』을 정리하고 법이념론을 덧붙여서 한 권의 『법철학』으로 내고 싶어요. 하지만 그것이 그리 쉽지는 않군요. 이번에 이때까지 쓴 것과 『법철학Ⅰ』의 부록을 합쳐 『분석과 비판의 법철학』이라는 타이틀로 법문사에서 곧 출간합니다. 법가치론에 관한 글을 제외한 제 글의 거의 모두입니다. 법일반이론집이라고 볼 수 있지요. 이때까지 한 일이란 알다시피 현대의 법철학동향을 따라잡아 보려는 노력뿐이었어요. 그러다가 벌써 퇴임이 되어 버렸는데 저 자신의 시각에서 저 자신의 견해를 적극적으로 개진할 수 있었으면 합니다마는 이미 너무 늦었군요.

장영민　후학들에게 해 주실 말씀이 있다면 어떤 것인가요.

심헌섭　바로 앞에서 한 말입니다마는 후학들은 저와 같은 전철을 밟지 않고 적극적 자세로 연구해서 학문적으로 발전하기를 바랄 뿐이지요. 언제나 客觀性(객관성)과 嚴正性(엄정성)이라는 학문의 이상을 유념하면서 말입니다. 너무 간단한가요. 원래 훈시적 언변이라곤 하지 못하는 사람이라서 그래요. 용서해요.

장영민　이렇게 시간을 내어 주셔서 감사합니다. 선생님께서는 학문하는 태도와 몸가짐을 말이 아니라 직접 행동으로 보여 주셨습니다. 이 점은 후학들의 마음에 깊이 새겨져 있습니다. 정년 퇴임 이후에도 열정적인 학문활동을 계속하여 나가실 것으로 믿습니다. 선생님의 건강을 기원하며, 모쪼록 선생님께서 소망하시는 계획이 빠른 시간 내에 성취되기를 바랍니다.

[서울대학교 법학 제41권 제4호(2001. 2)]

이호정 교수 정년기념 대담

이호정(李敎珽) 교수님

생 몰: 1936~2018
재 직: 1968~2002
전 공: 국제사법, 민법

대담자 : 윤진수(서울대학교 교수)
석광현(한양대학교 교수)
일 시 : 2002년 2월 6일

"법을 통하여 법을 넘어서는 사람이 되어야"

윤진수　제가 선생님을 처음 뵌 것이 1975년, 그러니까 대학 3학년 때의 일인데 어느덧 27년이 흘러 선생님께서 정년퇴임을 하신다니 세월의 빠름을 새삼 느끼게 됩니다. 평소에도 선생님을 자주 뵙고 좋은 말씀을 많이 듣곤 했지만, 저희 나름대로 궁금한 점도 있고 후학들에게 도움이 될 말씀을 많이 들려주실 것으로 기대되는 점도 있고 하여 찾아뵙게 되었습니다.

　먼저 선생님의 성장과정에 대하여 여쭈어 보고자 합니다. 선생님께서는 평양 출생이시고 6·25 때 월남하셔서 법대에 들어오신 것으로 알고 있는데 그와 관련된 이야기를 들려주시면 감사하겠습니다.

이호정   이런 공식적인 대담을 해 본 경험이 별로 없고, 내놓을 만한 이야기를 할 만큼 대단한 일을 한 것도 없는데, 이런 기회가 주어져 송구스럽기도 하고 난감하기도 하군요.

저의 성장과정에 대하여 간단히 말씀드리겠습니다. 저는 1936년 평양에서 태어났습니다. 1945년, 제가 국민학교 4학년 때 해방을 맞기까지는 일제하에서 교육을 받았습니다. 그리고 1945년부터 한국전쟁이 일어나기 전까지 약 5년은 북한 공산치하에서 교육을 받았습니다. 제가 북한 학제로는 초급중학교 3학년, 남한 학제로는 중학교 2학년 때 6·25가 일어났고, 국군과 유엔군이 12월에 평양에서 후퇴할 때에 남한으로 피난을 왔습니다. 부산에서 피난생활을 3년 동안 하면서 1952년 1월에 용산고등학교 1학년으로 편입하였고, 대략 2년간 고등학교를 다니다가 1954년에 법과대학에 입학하여 법학공부를 시작하게 되었습니다.

정년퇴임을 앞둔 사람이 이런 말을 하는 것은 신사적인 태도가 아닐지도 모르겠습니다만(웃음), 대학에 입학할 때에는 사실 사학과에 진학하여 역사를 공부하고 싶은 마음이 있었는데 여러 가지 사정으로 떠밀리다시피 하여 법과대학에 진학하게 되었습니다. 그런 관계로 법과대학 학부 동안에는 별로 공부를 열심히 하지 않았지요. 이에 대해서는 지금도 후회하고 있습니다. 그러다가 대학원에 진학하면서부터는 다소 힘을 기울여서 법학공부를 하였습니다. 그 결과, 내 능력에는 과분하게도 서울대학교 법과대학 교수가 되어 강의와 연구를 하다가 무난히 정년을 맞이하게 되었습니다. 그것은 저에게는 큰 행운이었다고 생각되고 모든 분들에게 감사하는 마음입니다. 제가 말하고 싶은 것은 법과대학에 진학한 이상 그것은 자신의 선택이고 결정이니, 포기한 것에 더 이상 연연하지 말고 법 공부에 충실하라는 것입니다. 저와 같은 생각으로 법과대학에 들어온 학생들은 일단 법학을 선택한 이상 다른 것을 뒤돌아보지 말고 열심히 법학을 할 것을 권합니다. 전공을 바꾸어 성공한 사람은, 있다 하더라도 극소수입니다. 법의 철저한 연구를 통하여 법을 넘어서는 막스 베버 같은 사회과학자가 되는 것이 가장 正道(정도)가 아닌가 생각합니다. 법과대학에 들어온 학생들은 법과 법학을 사랑하는 태도를 가능하면 빨리 확립하여 법학공부를 열심히 하여 주기 바랍니다.

윤진수   학생들에게 큰 도움이 될 만한 말씀입니다. 대학원에서는 김증한 교수님을 지도교수로 하여 민법을 전공하셨는데 그에 관한 이야기를 좀 들려주시지요. 특히 김증한 교수님에 대한 말씀을 들려주셨으면 합니다. 저도 김증한 교수님께 배우기는 했습니다만, 그때는 교수님 말년이고 해서 궁금한 부분이 많습니다.

이호정　　제가 대학원에 입학한 것은 1958년인데, 그때부터 김증한 선생님의 지도하에 법제사와 민법을 전공하게 되었습니다. 그 이전의 김증한 선생님과의 인연을 잠시 말씀드리지요. 제가 1954년에 법과대학에 입학했을 당시, 김증한 선생님께서는 미국 국무성의 장학금을 받아 미국에서 공부를 하고 계셨고 제가 1학년 2학기 때 돌아오신 것으로 알고 있습니다. 그래서 대학 1학년 때는 선생님 강의를 듣지 못했고 대학 2학년부터 선생님의 강의를 듣게 되었습니다. 김증한 선생님께서는 원래 독일법제사, 즉 서양법제사가 전공이었고 로마법도 아울러 가르치셨는데, 민법 강의는 1955년 2학기, 즉 제가 2학년 2학기 때부터 시작하신 것으로 알고 있습니다. 그때 김증한 선생님으로부터 물권법 강의를 들었지요. 그 당시는 김증한 선생님께서 미국 유학에서 돌아오신 직후인지라, 미국대학의 수업 방식에 많은 영향을 받아 학생 책상도 다 정해주시고 사진을 제출하게 하여 출석부를 사진으로 만드셔서 질문하고 대답하는 방식으로 진행되었는데, 이것이 미국 로스쿨의 방식이 아니었나 생각합니다. 그때는 김증한 교수님께서 젊으셨을 때이기도 하고, 또한 워낙 선생님께서 학문이 깊으시고 철저한 성격이시기 때문에 무섭게 질문을 하고 대답을 못하면 불호령이 떨어지곤 하였지요. 그래서 그 강의실에 들어갈 때는 굉장히 긴장하고 준비하여 들어갔던 기억이 나는군요. 사실 좀 무서운 강의였다고 할 수 있지요. 하지만 선생님께서 워낙 정열적으로 강의하시고 준비를 철저히 하셨기 때문에 상당히 높은 수준의 강의였던 것으로 기억하고 있습니다. 그러한 강의는 법과대학 4학년을 통틀어 단 한 번 밖에 없었던 것이 아닌가 생각합니다.

　김증한 선생님께서는 꼭 제 시간에 강의실에 들어오셨는데, 당시에는 akade‑misches Viertel이라고 해서 수업 시간에 15분 정도 늦게 들어오시는 것이 정상적이라는 말도 있었고, 심지어는 30분 이상 늦게 들어오시는 분들도 많았지요. 그러나 김증한 교수님 한 분만은 제 시간에 들어오셔서 강의하셨고, 학생들이 선생님보다 늦게 들어오는 경우에는 벼락같은 불호령이 떨어지곤 했지요. 그러나 선생님께서 워낙 철저히 강의준비를 하셨기 때문에 학생들로서는 불만을 가질 수 없었고 감명 깊은 강의로 기억하고 있습니다. 그런 이유로 대학원에서 김증한 교수님의 지도를 받게 되었습니다.

또한 개인적 에피소드로 1957년인가 1958년, 즉 졸업 무렵에 학교 운동장에서 김 증한 선생님을 뵈었는데 선생님께서 독일 원서를 구입하고 기뻐하시던 것을 본 기억이 나는군요. 해방 직후나 6·25 무렵에는 우리나라가 워낙 가난했기 때문에 외국 원서를 사 본다는 것은 거의 불가능했습니다. 1957년 무렵부터 외국서적이 우리나라에 수입되기 시작한 것으로 알고 있습니다. 그때 우리 소득 수준에서 외국서적을 사 본다는 것은 매우 어려운 일이었는데, 아마 선생님께서 쓰신 교과서가 두루 읽히면서 다소 경제적 여유가 생기셔서 그런지 독일 민법에 관한 책을 많이 구입하셨지요. 그때 흥분한 목소리로 이번에 독일 책을 많이 구입해서 독일 민법학에 관한 최신 정보를 볼 수 있게 되었다고 말씀하시던 기억이 나는군요. 그때 선생님의 학문적 흥분을 보고 이분께 지도를 받아야 되겠다고 결심하게 되어 대학원에서 선생님을 모시게 되었지요. 이렇게 하여 대학원에 진학하여 김증한 선생님 지도하에 민법과 법제사를 공부하게 되었습니다. 지금의 제가 있는 것은 김증한 선생님 때문이라 생각하며 감사히 여기고 있습니다.

이런 얘기는 다른 교수님들에게 결례가 되는 것일 수도 있겠는데(웃음), 1958년에 대학원에 입학했을 때 다른 선생님들 가운데 대학원 강의를 철저히 하시는 분들은 좀 드물었어요. 그러나 김증한 교수님의 법제사와 사법연구는 매우 철저한 강의였습니다. 지금도 기억나는 것은 2학기에 걸쳐 진행된, 20세기 로마법 대가 프리츠 슐츠의 『Principles of Roman Law』를 텍스트로 하여 강독식으로 강의를 진행한 것입니다. 이 책은 제가 처음으로 끝까지 통독한 법학 단행본입니다. 이 책을 김증한 선생님의 지도하에 철저히 읽으면서 공부도 많이 하였을 뿐만 아니라, 법학 원서에 대한 두려움을 어느 정도 덜어내게 되어 나중에도 큰 도움이 되었습니다. 지금도 이 책의 중요한 내용을 기억할 정도입니다. 이는 지금도 잊을 수 없는, 젊었을 때의 즐거운 추억입니다. 후에 제가 대학원에서 학생들을 가르칠 때도 이러한 방식으로 가르치려 노력했지요. 그밖에 기억나는 것은 독일법제사를 공부하기 위해서 하인리히 미타이스의 『Deutsche Rechtsgeschichte』를 원서로 읽은 것입니다. 그때는 독일어 실력이나 법학 실력도 보잘 것 없었고, 특히나 독일 역사에 대해 잘 몰랐기 때문에 완벽하게 이해했다고 할 수는 없을 것 같습니다. 하지만 통독했을 때의 성취감은 매우 큰 것이었지요. 예르스-쿤켈의『Römisches Privatrecht』를 라틴어 공부도 하면서 읽기도 했는데, 이것도 잘 이해했다고 할 수는 없을 것 같습니다. 하지만 이것도 통독했을 때의 성취감은 매우 큰 것이었고 젊었을 때의 즐거운 독서 기억으로 남아있습니다. 이렇게 대학원에서 여러 책을 섭렵하다가 석사학위논문을 쓰게 되었지요.

윤진수　　源泉(원천)사용권의 법적 성질에 대한 석사학위논문을 쓰신 것을 알고 있습니다만.

이호정　　그렇습니다. 그 당시에 민법 제302조의 특수지역권의 성격을 둘러싸고 논의가 활발했는데, 타인의 토지에서 용출하는 원천의 사용권을 어떻게 법적으로 구성할 수 있는가에 대하여 논의가 있었고, 마침 김증한 교수님께서도 이에 대하여 연구해 볼 것을 권하셔서 이에 대하여 석사학위논문을 쓰게 되었습니다.
　　이에 대하여 연구하다 보니 지역권에는 해당하는 것 같지 않고, 우리 민법이나 일본 민법에서는 규정하고 있지 않지만 유럽 민법에서 규정하고 있는 인역권의 성질을 갖는 것이 아닌가 하는 생각을 하게 되었습니다. 그래서 인역권(人役權)에 대한 여러 문헌들을 읽으면서, 타인의 토지에서 용출하는 원천을 개발, 이용하는 권리는 인역권에 해당한다는 결론을 내리게 되었습니다. 그 후에 다른 교과서에서도 원천사용권의 법적 성질을 인역권으로 서술하고 있는 것으로 알고 있습니다. 제가 처음으로 원천사용권을 인역권으로 구성한 것인지는 알 수 없지만, 이러한 것으로 미루어보아 그래도 석사학위논문을 엉터리로 쓴 것은 아니지 않은가 하는 생각은 듭니다.

윤진수　　김증한 교수님 연구실에도 계셨던 것으로 알고 있습니다.

이호정　　그렇지요. 앞에서 말한 책들도 선생님 연구실에서 읽은 것들입니다. 그 밖의 책들도 많이 보았구요.

윤진수　　선생님 모시기가 어려우시지는 않았나요(웃음)?

이호정   선생님께서는 워낙 실력이 뛰어난 분이기도 했지만 엄격하시기도 했기 때문에 무서운 선생님으로 통하고 있었습니다. 하지만 그런 덕분에 그나마 공부를 좀 할 수 있지 않았나 합니다. 선생님께서는 지식이 정확하고 철저한 분이었습니다. 선생님께서는 독일어 실력도 워낙 정확하셔서 해방 직후에는 법과대학에서 독일법제사뿐만 아니라 독일어도 가르치실 정도였지요. 선생님의 독일어 문법이나 단어 실력은 정확 그 자체라고 할 수 있을 정도입니다. 법과대학 교수들의 독일어 실력이 독문과에 버금가게 된 것은 직·간접적으로 해방 이후에 김증한 교수님이 법과대학에서 독일어를 보급한 공이라고 생각합니다. 이것도 법과대학에 미친 선생님의 공이랄 수 있겠지요.

독어뿐만 아니라 영어텍스트를 읽을 때도 매우 엄격하셨습니다. 해석뿐만 아니라 문법, 발음까지도 정확할 것을 요구하셔서, 정확하게 발음하지 못하면 불호령이 떨어지곤 했지요(웃음). 이러한 점에서도 저뿐만 아니라 김증한 교수님께 배운 많은 사람들이 학은을 입은 것이 아닌가 합니다.

윤진수   제가 심헌섭 교수님께 들은 바에 의하면 김증한 교수님 연구실에 같이 계시면서 사모님이신 조미경 교수님과 결혼하시게 되었다고 하는데(웃음), 이것도 궁금한 부분입니다.

이호정   별로 궁금할 것도 없는데(웃음). 대학원 재학 중에 군대에 다녀온 후에 석사학위논문을 써서 1961년에 석사학위를 받고, 1963년 1학기부터 서울대학교 법과대학에서 영어원서 강독 강의를 하게 되었습니다. 그때도 법제사에 관심이 있어 존스의 논문 중 예링, 빈트샤이트, 기이르케를 비교·분석한 것을 텍스트로 하여 강의를 하였지요. 그 때도 김증한 교수님 연구실을 사용하곤 하였습니다. 집사람은 저보다 법과대학 3년 후배로 1961년에 대학원에 입학하여 저와 마찬가지로 김증한 교수님 밑에서 민법을 공부하고 있었습니다. 그러던 가운데 결혼에 이르게 되었지요.

윤진수   그럼 두 분 주례도 김증한 교수님께서 하셨습니까(웃음)?

이호정　저는 1954년 카톨릭 영세를 받았고 집사람도 카톨릭 신자였기 때문에 결혼은 명동성당에서 했습니다. 지금은 둘 다 성당에 잘 나가지 않기 때문에 말하기 쑥스럽지만, 1964년 명동성당에서 법과대학 카톨릭 지도교수였던 나상조 신부님의 주례로 결혼식을 올렸지요. 저는 1954년에 법과대학에서 카톨릭 학생회를 만들 때의 창립멤버이기도 합니다. 지금은 열심히 나가지 않지만, 그래도 항상 카톨릭에 연결되어 있다는 생각을 가지고 살지요. 그래서 토마스 아퀴나스의 『Summa Theologica』라틴어 영어 대역판을 읽어보기도 했고요. 그 분의 라틴어 전집도 가지고는 있습니다.

윤진수　국제사법 강의는 언제부터 하셨습니까? 법대에 오시면서부터 하셨나요?

이호정　사실 학생 때는 국제사법 공부를 특별히 하지 않았습니다. 대학원 다니면서도 마찬가지이고요. 저는 고서적을 사 모으는 취미가 있어서 한국뿐만 아니라 외국에 나가면 고서점을 둘러보는 것이 큰 낙이지요. 주머니 사정이 허락하는 한 많은 책을 사들이곤 하는데, 대학교 때에는 청계천의 고서점에도 자주 들르곤 하였습니다. 당시 청계천에는 해방 전에 일본 사람들이 가지고 있던 좋은 책들이 많이 나와 있었습니다. 제가 대학교 4학년 때 그곳에서 Statute Theory, 즉 법칙학설을 철저하게 비판한 게오르그 베히터의 논문이 책으로 나와 있는 것을 발견했지요. 그 때도 베히터의 이름은 알고 있었지만, 제가 국제사법을 공부하게 될 줄은 전혀 몰랐기 때문에 그 책을 구입할 생각을 하지 못했습니다. 이 글은 국제사법학사의 기념비적인 논문의 하나인데, 국제사법을 공부하게 된 후로는 이것이 두고두고 후회가 되는 부분이지요. 교수가 된 후에도 미국 Local Law Theory의 대표적 학자인 로렌젠의 논문집을 발견하고도 사지 않았던 기억이 나는군요. 후학들에게는 자신의 주전공과 관계없이 좋은 책이 있으면 언제든지 구입하라고 권하고 싶습니다. 자기가 읽지 않더라도 다른 동료나 후배에게 선물해도 되니까요.

석광현　국제사법을 전공하시게 된 특별한 계기가 있을까요?

이호정　사실 국제사법을 공부하게 된 것은 독일에서 공부하면서부터 입니다.

1970년 독일 Alexander von Humboldt 재단의 후원으로 독일에 유학하여 케겔 교수가 소장으로 있던 쾰른 대학 국제사법 및 외국사법연구소에서 약 2년 동안 연구를 하게 되었습니다. 저의 Betreuer였던 케겔 교수님의 주전공이 국제사법이었던 관계로 의리상 국제사법 공부를 하게 되었지요(웃음). 그때 교수님께서 세계적 명저라 할 수 있는 당신의 국제사법 교과서와 주석서를 주시기도 했고, 그 연구소에는 국제사법의 문헌들이 완비되어 있었기 때문에 여건도 좋았습니다. 또한 국제사법이 중요한 학문으로 부각되어 가는 점도 빼놓을 수 없겠습니다. 즉, 제가 국제사법을 공부하게 된 것은 첫째로, 케겔 교수님과의 사제관계 때문이고 둘째로는 독일에 가서 국제사법의 중요성을 인식하게 되었기 때문이라 할 수 있겠습니다. 제가 일생 동안 학자로 살아오면서 은혜를 입은 분들이 많겠지만, 특히 법과대학의 김증한 교수님과 독일의 케겔 교수님을 일생의 은사로 모실 수 있었던 것은 저의 큰 행운이 아니었나 생각합니다.

　1963년부터 서울대학교 법과대학에서 영어원서 강독 등의 강의를 하다가 1965년부터 이화여자대학교 법정대학 법학과 전임강사를 하였고, 1968년 1월 1일부터 서울대학교 상과대학 전임강사로 발령을 받아 1975년까지 상대에 있다가 관악캠퍼스로 이전하면서 동일 전공교수들을 통합하면서 이번에 같이 정년퇴임하는 최기원 교수와 함께 법과대학으로 소속이 바뀌게 되었지요.

　법과대학에서 국제사법 강의를 맡게 된 경위를 말씀드리겠습니다. 제가 학생일 때에는 황산덕 선생님께서 국제사법과 법철학을 강의하셨고 그 후 미국 예일대학에서 국제사법으로 학위를 받은 김진 교수가 국제사법을 강의하셨지요. 그런데 그 분이 1970년대에 다시 미국으로 돌아가시게 되었습니다. 그래서 서울대학교 법과대학에 국제사법 교수의 결원이 생겼지요. 그 후 돌아가신 최종길 교수님께서 국제사법 강의를 하시기도 했습니다. 제가 법과대학에 들어올 무렵인 1975년에는 서울대학교 법과대학에 국제사법 전임교수는 없었고 시간강사가 국제사법을 담당하고 있었지요. 그래서 그 때부터 국제사법 강의를 맡아 지금까지 국제사법 강의를 해 왔습니다.

석광현　선생님께서 독일에 가신 것은 상과대학에 계실 때의 일로 알고 있습니다만, 어떻게 케겔 교수님을 Betreuer로 하여 독일에 가시게 된 것인지요?

이호정 한국학자들과 케겔 교수님과의 인연은 돌아가신 최종길 교수님으로부터 시작된 것이지요. 최종길 교수님께서는 독일에 유학하여 케겔 교수의 지도로 국제사법 논문으로 학위를 받으셨지요. 그때 최 교수님께서 케겔 교수님께 상당히 좋은 인상을 남긴 것으로 알고 있습니다. 그래서 그러한 인연으로 황적인 교수님이나 제가 그 분 밑에서 공부하게 된 것이지요.

윤진수 최종길 교수님이 선생님보다 몇 년 선배이시지요?

이호정 저보다 3년 선배입니다. 저는 법과대학 12회 졸업생이고 최 교수님은 9회 졸업생입니다. 저나 황적인 교수, 최종길 교수 모두 김증한 교수님 제자이고 앞서 말씀드렸다시피 최 교수께서 케겔 교수에게 좋은 인상을 남긴 점도 있고 해서 케겔 교수께 지도를 받게 되었습니다.

석광현 교수님뿐만 아니라 사모님께서도 쾰른에서 공부하셨고, 1977년, 또한 최근에도 쾰른에 방문하신 것으로 알고 있습니다. 케겔 교수님과의 인간관계에 대해서 더 자세히 말씀해 주셨으면 합니다.

이호정 앞서 말씀드린 바와 같이 1970년 독일 훔볼트 재단의 연구비를 받아 독일에 가게 되었습니다. 그때는 아시다시피 우리 경제사정이 좋지 않았기 때문에 장학금 없이 외국에 가서 공부한다는 것은 거의 불가능한 상황이었지요. 나중에 안 사실이지만 그 당시 케겔 교수님께서 훔볼트 재단 장학생선발위원회 법률분과위원장이셨습니다. 앞서 말씀드린 바와 같이 케겔 교수님께서 한국이나 한국학자들에 대하여 좋은 인상을 가지고 계셨습니다. 꼭 말씀드리고 싶은 것은 그 당시 많은 젊은 법학자들이 독일에서 공부할 수 있었던 것은 어느 정도는 케겔 교수님의 덕이라는 점입니다. 그런 점에서 그 분이 한국법학발전에 끼친 공은 상당한 것이라고 할 수 있을 것입니다.
　케겔 교수님은 상당히 따뜻한 분으로 저뿐만 아니라 제 집사람도 교수님으로부터 큰 사랑과 도움을 받았습니다. 이런 표현이 제자이자 후배인 제가 쓰기에 적당치 않을지 모르지만, 교수님은 아주 두뇌가 명석하시고 촌음을 아껴서 연구하시는 분이기도 했지요. 그 분의 본을 받고자 했지만 작심삼일로 끝난 경우가 많았습니다. 하지만 학자는 모름지기 저래야 한다는 생각을 하기는 했습니다. 교수님은 국제사법은 물론 민법, 영미법 등에서도 많은 업적을 남긴 분입니다. 로마법과 법제사에 대해서도 조예가 깊습니다. 이런 표현이 적당한 것인지는 모르겠습니다만, 교수님을 보면서 저분은 자동판매기에서 물건이 나오듯 자료를 넣으면 논문이 나온다고 생각될 정도였으니까요(웃음).

윤진수　케겔 교수님은 사모님인 조미경 교수님의 Doktorvater이시기도 한 것으로 알고 있습니다. 제가 1987년 독일 함부르크에 있을 때 막스 플랑크 국제사법연구소에서 조미경 교수님의 박사학위 논문을 보고 반가워했던 기억도 납니다.

이호정　1970년 9월 초에 독일에 가서 Goethe Institut에서 4달간 독일어 공부를 하다가, 1970년 말에 쾰른으로 가서 1971년부터 케겔 교수 연구실에서 민법 법률행위론 분야의 연구를 시작했습니다. 법률행위론은 독일 민법학의 꽃이라고 할 수 있는 것으로 이를 공부하던 차에 특히 사회정형적 행위론에 대하여 공부하게 되었고, 국제사법에 대해서는 케겔 교수의 책을 읽고 있었습니다. 그때 교수님께서 집사람에게도 당신 밑에서 공부할 것을 권하셨습니다. 그러다가 1972년 7월에 귀국하게 되었는데 그때 집사람은 논문을 완성하지 못한 상태였습니다. 그 후, 1977년 제가 다시 훔볼트 재단의 Wiederaufenthalt 프로그램으로 방문하게 되었습니다. 그 당시에는 훔볼트 장학금을 받으면 24개월 동안 체류할 수 있었는데 1970년에 방문했을 때 5개월 정도를 남겨놓은 상태였습니다. 그래서 1977년에 5개월 동안 다시 독일에 머물게 되었지요. 그때에도 케겔 교수 연구소에 있었는데, 집사람에게 당신께서 정년퇴임하시기 전에 빨리 와서 논문을 완성할 것을 독촉하면서 관심을 가져주셨고, 귀국할 때에는 논문 제목도 정해 주셨지요. 그 후 1984년에 독일을 여행하면서 교수님을 만나 뵈었는데 그때도 빨리 완성하라고 독촉하셨습니다. 그래서 1985년에 아들이 대학에 진학한 후에 쾰른으로 가서 1986년에 논문이 통과되었습니다. 집사람이 박사학위논문을 무사히 완성한 것은 케겔 교수님께서 상당히 관심을 가지고 밀어주셨기 때문인 것으로 알고 있습니다.

교수님은 세계적인 학자로서 많은 연구성과를 낸 뛰어난 분이기도 하지만, 마음이 매우 따뜻한 분이기도 합니다. 학덕을 겸비한 분이라 할 수 있겠지요. 그 분을 만날 때마다 스승은 모름지기 그래야 하지 않는가라는 생각을 하지요. 그래서 저도 나름대로 흉내를 내려고 노력하기는 했습니다만 성과가 얼마나 있었는지는 모르겠습니다. 그래도 후진들에게 나름대로 관심을 가지려 노력한 것은 그 분의 영향이라고 할 수 있겠지요. 케겔 교수님은 쾰른에서 기차로 2시간 정도 걸리는 Hillesheim이라는 곳에 집을 가지고 계셨는데 새해 첫 날부터 그곳에서 연구를 하실 정도로 열심이었습니다. 저도 독일에 방문할 때마다 그곳에 찾아뵙곤 했습니다. 그곳은 지금은 역이 폐쇄되었을 정도로 시골의 작은 마을인데, 차를 손수 운전해 나와 우리를 마중해 주셨습니다. 꽤 쌀쌀한 날씨에 작은 시골 정거장에서 기차가 떠나서 안 보일 때까지 플랫폼에서 양손을 흔들고 계시던 모습이 지금도 기억에 생생합니다. 그때 받은 감동은 이루 말할 수 없는 것이지요. 기차가 보이지 않을 때까지 손을 흔들고 계시던 그 분의 모습이 잊혀지지 않습니다.

그 분은 20세기 최고의 비교사법 학자라 할 수 있는 에른스트 라벨의 제자이기도 합니다. 라벨은 베를린 대학의 카이저 빌헬름 기념 국제사법 및 외국사법연구소의 소장을 지내시다가 나치스에 의하여 추방되었는데, 케겔 교수님의 지도교수가 라벨 교수였습니다. 이 분이 박사학위를 받을 무렵 라벨은 유태인으로서 대학에서 추방되었기 때문에 공식적으로는 지도교수가 될 수 없는 상황이었다고 합니다. 그래서 다른 분이 지도교수로 되었지요. 케겔 교수의 박사학위논문은 상계를 비교법적으로 연구한 것인데, summa cum laude를 받을 정도로 우수한 것이어서 베를린 대학교 출판부에서 출판되기도 하였지요. 그 분은 논문 출간 당시 서문에 전 소장인 에른스트 라벨과 현 소장인 아무개에게 감사한다는 글을 쓰기도 했는데, 1938년에 그런 글을 쓴다는 것은 엄청난 용기를 필요로 하는 일이었지요. 이것을 읽고 교수님을 만났을 때에 어떻게 1938년 나치스 정권의 서슬이 시퍼럴 때에 그런 글을 쓸 수 있었는지를 물었습니다. 케겔 교수께서는 상당히 기뻐하시면서 그렇게 느꼈느냐고 되물으시더군요.

그 분은 말하자면 전형적이고 정통적인 학자로서 정치적인 분은 아니지만, 자신의 소신을 그처럼 결정적인 순간에 당당히 밝힐 수 있는 용기 있는 분이라는 점에서 여러 가지 점에서 본받을 만한 분이라고 하겠습니다.

윤진수　이제 민법 이야기로 넘어갈까 합니다. 이것은 저의 개인적인 경험입니다만, 제가 대학원 재학 무렵에 선생님께서 법조지에 1960년대에 쓰신 프란츠 바이얼레의 물권행위론에 대한 글을 보고 충격을 받은 기억이 납니다. 그 당시에 물권행위의 독자성, 무인성에 대한 논의는 많이 있었습니다만, 물권행위의 개념 자체를 부인하는 견해는 새로운 것이었던 것으로 기억합니다. 그 뒤에 이영섭 선생님이나 라렌츠의 글에서도 그러한 견해가 소개된 것을 보았습니다만, 어떻게 그런 착안을 하시게 되었는지 궁금합니다.

이호정　다른 분들은 의견이 다를 수도 있겠지만, 제가 생각하기에 식민통치로부터 우리가 입은 가장 큰 피해는 일본인들이 한국사람을 키워주지 않았다는 점이라고 봅니다. 예를 들어 우리나라에서는 판사들이 정년을 채우지 않고 중간에 변호사 개업하는 것이 통례로 되어 있는데, 경제적 요인 이외에 일제하에서 일본인들이 조선인들을 높은 자리에 임명하지 않았다는 것이 이유 가운데 하나가 아닌가 생각합니다. 일제하에서 부장판사로 임명된 조선인은 매우 드물었지요. 모든 부분에서 다 마찬가지였습니다. 법학교수의 경우에도 해방 이전에 정규 대학교수로 재직하던 조선인은 없었지요. 전문학교 교수로 재직하던 분들이 몇 분 있었을 뿐이었습니다. 그러다가 해방 이후에 일본인들이 물러나자 우리나라 사람 가운데 교수로서 훈련받은 분들은 거의 없었기 때문에 학문연구가 되어있는 것도 거의 없었습니다. 그러므로 일본 민법학을 번역하여 의용민법 해석의 빈 공간을 채우는 것이 그때의 역할이었고, 우리의 스승 세대에서 이 역할은 잘 수행한 것이 아닌가 생각합니다. 그러다가 1958년 우리 민법이 제정되어 1960년 시행되면서, 물권변동에서 의용민법이 채택한 의사주의를 버리고 형식주의를 채택한 것은 큰 충격이었습니다. 그리하여 이를 처리하는 것이 민법에서 가장 핵심적 과제로 부각되었습니다. 물권변동에서 의사주의와 형식주의 가운데 어떤 것이 좋은가 하는 점은 1930년대 일본에서도 입법론과 관련하여 문제로 되었지만, 우리나라에서는 입법적으로 형식주의를 취함으로 인하여 문제가 더욱 부각되었습니다. 그래서 물권변동을 둘러싸고 학자들 사이에서 여러 견해가 제기되고 논쟁이 전개되었습니다. 이 문제는 우리 민법학사에서 현실적으로 가장 큰 규모의 논쟁이었다고 생각합니다. 그래서 우리가 학교에 다닐 무렵에는 민법 논쟁하면 으레 물권변동과 관련한 논의를 떠올리곤 하였지요.

그런데 독일 민법을 공부하다 보니, 독일 현행법의 해석상으로는 물권행위의 독자성, 무인성을 인정하지 않을 수 없다는 점, 즉 입법적으로 물권행위와 채권행위가 구별되어 있다는 점을 알 수 있었습니다. 그러나 우리나라에서 형식주의를 채택하기는 했지만 우리 민법은 입법적으로 물권행위의 독자성과 무인성을 인정하고 있지는 않습니다. 또한 우리 민법상 물권행위를 인정함으로써 발생하는 독자적인 효과는 없습니다. 예컨대 독일 민법에서는 Auflassung이라고 하여 채권행위와 구분되는 물권행위를 명문으로 인정하고 있지만, 우리는 입법적으로 양자가 구별되지 않고 물권행위의 개념을 인정함으로써 독자적인 효과가 발생하는 것도 없습니다. 또한 대법원의 판례나, 더 거슬러 올라가 식민지 시대의 조선고등법원 판례가 물권행위의 독자성, 무인성을 인정하지 않고 있는데, 법학이론이나 원칙이 자연과학적 법칙과 같이 절대적인 것이 아니고 가치판단이 개재되어 있다는 점과 법이 궁극적으로는 재판규범이라는 점을 고려한다면, 논리적으로 동가치적이라면 대법원의 확립된 입장을 무시할 수 없는 것이 아닌가 생각하였습니다.

이러한 생각을 가지고 있던 차에 바이얼레의 책을 읽게 되었습니다. 원래 바이얼레의 책은 김증한 교수님께서 가지고 계신 책이었는데, 제목을 보고 어떤 내용인가 하고 읽어보니 이러한 내용을 담고 있었습니다. 내 생각만으로 글을 쓰면 독단적인 것이 되지 않을까 걱정되던 차에 이 글을 보고 소개하게 되었지요.

내 견해가 이영섭 선생의 견해나 곽윤직 교수의 견해와 결론적으로는 같기는 하지만 다른 점도 있습니다. 예컨대 이영섭 선생은 채권행위와 등기가 갖추어지면 물권변동이 일어난다고 하는데 채권행위는 원래 독일 민법학에서 물권행위와 짝(pair) 개념으로 만들어낸 것이며 채권행위라는 것이 인정된다면 논리적으로 물권행위도 인정하여야 하는 것이 아닌가 하는 의문이 있습니다. 이런 의문이 있었지만 내 나름대로의 견해를 내세우자니 연구가 부족한 점이 있고, 지배적 견해를 따르자니 논리적 완결성에 의문이 있고 하여 논문으로 주장하지는 못했습니다. 물권행위와 채권행위의 관계를 어떻게 정립하여야 하는가 하는 것은 아직도 자신 없는 부분입니다. 그러나 나의 생각으로는, 물권행위의 무인성을 인정하지 않는 입장에 선다면, 물권행위와 채권행위의 구별은 불필요한 것이 아닌가 합니다. 유효한 법률행위와 등기 또는 인도가 있으면 부동산물권 또는 동산물권의 변동이 일어난다고 보면 되고 아무런 문제도 없지 않은가라고 생각합니다. 나의 생각에 의하면, 물권법 교과서의 물권변동에 관한 설명이 간명해지지 않을까 생각합니다. 또한, 예전에 물권법 강의를 하면서 생각한 것인데, 과연 곽윤직 교수의 견해가 물권행위의 독자성을 부인하는 견해인 것인지는 의문이 있습니다. 무인성을 부인한다는 점은 틀림없는 것입니다. 다만 곽 교수는 원칙적으로 채권행위와 물권행위가 합체되어 동시에 이루어지는 것이 물권행위의 독자성을 부인하는 것이고, 다른 시기에 이루어진다는 것이 물권행위의 독자성을 인정하는 것이라고 하는데, 이렇게 본다면 물권행위의 개념 자체는 인정한다는 점에서 곽 교수의 견해는 물권행위의 독자성을 인정하는 견해라고 보아야 하지 않는가 하는 것이 제 생각입니다. 왜냐하면 물권변동은 물권행위에 의하여 일어나는 것으로 생각하기 때문입니다. 물권행위의 개념 자체를 인정한다면 독자성을 인정하는 것이 아닌가, 그렇다면 곽 교수님의 견해는 순수한 의미에서 물권행위의 독자성을 부인하는 것이 아니고, 이른바 독자성을 인정하는 견해와의 차이는 오로지 물권행위의 시기에 관한 것에 불과한 것이 아닌가 생각합니다. 강의를 하기 위하여 독일 교과서를 다 뒤져보았지만 물권행위의 독자성에 대하여 그러한 방식으로 설명하는 예는 없습니다. 그렇지만 글 쓰는 데 게을러서 이러한 의견을 논문으로 발표하지는 못하고 바이얼레의 견해를 소개하는 데 그쳤습니다.

윤진수　　선생님께서 말씀하신 바와 같이 요즘 논문들을 보면 물권행위의 개념과 시기에 대한 논의는 다른 차원의 논의라는 것이 인정되고 있는 것으로 알고 있습니다.

라렌츠의 사회정형적 행위론을 비판하는 내용으로 박사학위논문을 쓰신 것으로 알고 있습니다. 저희는 곽윤직 선생님 책을 보고 라렌츠의 견해가 독일의 통설이라고 알고 있다가 선생님 박사학위논문을 보고 그렇지 않다는 것을 알게 되었고, 우리나라에서도 지금은 오히려 이러한 견해가 다수를 차지하고 있는 것으로 알고 있습니다. 그에 대하여 말씀해주시지요.

이호정　　앞의 이야기와도 연결되는 것이지만 그 당시 우리나라에서는 물권변동 이론에 관한 논의에만 집중하고 있었고 다른 부분에 대하여는 관심이 없다시피 하였습니다. 그러던 차에 독일의 문헌들을 읽으면서 사회정형적 행위론에 관한 논문을 쓰게 된 것입니다. 이러한 이야기를 하는 것은 후진들에게 비교법 연구의 중요성을 강조하고자 하는 것이지요. 우리나라의 법과 이론만 보아도 문제가 부각되는 경우도 있지만, 어떤 문제를 비교법적으로 고찰할 때 문제점을 잘 알 수 있는 경우도 상당히 많습니다. 내 경우에는 독일법을 중심으로 공부하였는데 내 입장을 부연 설명하자면 이렇습니다. 우리 스승의 단계에서는 해방 이후의 학문적 공백을 어떻게 메우는가 하는 것이 가장 중요한 현실적 문제였고, 이러한 역할을 비교적 충실히 수행하였다고 할 수 있습니다. 그런데 우리 세대의 입장에서는 일본 민법뿐만 아니라 우리 민법의 근원이 되는 독일민법이나 로마법도 공부해야 했습니다. 그래서 독일법에 대한 연구를 한 것이지요. 그런데 그때 공부하면서 의외였던 것이 독일책을 보면 법률행위론에 대한 설명이 매우 많은 분량을 차지하고 있었다는 점입니다. 우리가 의용민법을 공부하던 시대에는 와가쯔마 사카에 교수의 교과서를 주로 읽었는데 그 분의 교과서가 매우 탁월한 것이기는 하지만 법률행위부분 특히 일반이론에 관한 설명은 별로 없습니다. 그때는 그저 그런가보다 하고 넘어갔는데, 그 후에 독일책을 공부하다 보니 법률행위부분이 핵심을 이루고 있고 분량도 많고 정치하게 이론이 전개되며 학설도 첨예하게 대립하고 있었습니다. 독일책을 보면 법률행위제도 내지는 그에 대한 이론이 민법의 핵심을 이루고 있어서, 가령 디데릭센 교수의 민법 교과서를 보면 법률행위이론을 제대로 소화하지 못한 법률가는 훌륭한 법률가라고 할 수 없다고 하는 표현도 나오지요. 이러한 것을 보면서 독일에 가면 법률행위이론을 한번 제대로 공부해 보아야 하겠다는 생각을 가지게 되었습니다. 그래서 독일에서는 법률행위에 관한 문헌을 읽는 것에 많은 시간을 투자했지요. 그때 법률행위이론을 연구해 보니까 사실적 계약관계론 또는 그 일부에 해당하는 라렌츠의 사회정형적 행위론, ㅡ 라렌츠 말년에는 이를 폐기하기도 하였지만 ㅡ 그것은 결국은 계약에 의하지 않고도 법률관계가 성립될 수 있는가 하는 문제를 다루고 있는데, 이것이 법률행위이론, 즉 의사표시이론의 발전에서 상당히 흥미 있는 주제이기도 하여 관심을 가지게 되었습니다. 그래서 사회정형적 행위론이나 사실적 계약관계론에 관한 문헌을 거의 다 섭렵하다시피 하여 논문을 썼지요. 그때 그것을 책으로 출판하자는 사람들도 있었는데 별 것 아니다 싶어 응하지 않았습니다만, 지금 보면 그때 그래도 공부를 좀 하고 쓴 논문이구나 하는 생각은 듭니다(웃음). 그 논문은 줄잡아 150개 정도의 독일 저서, 논문을 읽고 정리하여 쓴 것이지요.

이 학설이 처음 대두한 제2차 세계대전 전후에는 대량거래 등의 경우에 일정한 사회정형적 행위가 있는 경우에는 계약 또는 의사표시가 없이도 법률관계가 성립한다는 의견이 상당히 충격적인 것으로 받아들여졌고 상당한 지지자를 확보하였습니다. 이는 전통적인 의사표시이론이 새로이 등장한 사회적 문제를 해결할 수 없다는 인식하에 등장한 것입니다. 처음에는 대단히 설득력을 갖는 것으로 받아들여졌지요. 곽윤직 교수님의 초기교과서를 보면 — 물론 지금은 그러한 견해를 취하지 않지만 — 사실적 계약관계론이 지배적인 견해인 것처럼 소개되고 있는데, 그렇게 받아들여질 수 있었던 시대가 존재했던 것은 틀림없는 사실입니다. 그런데 그 다음 시기에 나오는 논문을 보면 이러한 주장은 전통적 의사표시이론의 체계를 파괴할 수 있는 위험한 이론이라고 하여 이를 비판하면서, 전통적인 의사표시이론의 발전적 적용, 또는 적절한 수정을 통하여 문제를 해결할 수 있다는 견해가 등장합니다. 다시 전통적 견해가 새로운 도전을 흡수하여 계속 발전하는 것입니다. 보수적인 입장인지는 모르나 우리나라에서는 역사적 맥락을 무시하고 지엽적인 것을 가지고 독창적인 이론이라고 잘못 이해하는 예가 종종 있는데, 이는 학문을 하는 데에 있어 건전한 태도가 아니라고 생각합니다. 독일 법률행위이론이 전통을 존중하면서도 새로운 도전에 직면하여 건전하게 대응하는 방식이 저로서는 인상적이었습니다. 이 논문 자체는 독일 문헌을 정리한 것 정도의 가치밖에 없다고 할 수 있을지 모르나, 내 나름대로 독일 민법학자들의 이러한 태도에서 건전성을 발견하고 이를 본받아야 하지 않겠나 생각하여 주제를 결정하게 된 것입니다.

윤진수　　세부적인 주제에 대하여 여쭈어 보고 싶은 것이 많지만 시간도 부족하고 하니 아쉽지만 그에 대한 질문은 생략하기로 하겠습니다. 우리나라 민법학의 전반적 상황에 대한 선생님의 생각을 좀 들려주셨으면 합니다. 특히 후배 학자들의 연구태도 등에 대한 선생님의 의견을 말씀해주시면 감사하겠습니다.

이호정　　다들 잘 하고 있는데 제가 특별히 드릴 말씀이 있는지 잘 모르겠군요(웃음). 아까 말한 바와도 관련이 있을지 모르는데, 이런 말을 하고 싶군요. 막연한 얘기인지는 모르지만, 현재라는 것은 역사적 형성물이고 현재를 이해하려면 어떤 역사적 과정을 밟아서 현재에 이르렀는가 하는 발전과정을 추적해 볼 필요가 있습니다. 그런 점에서 민법 이론사나 법제사적 연구를 소홀히 하지 않아야겠다는 생각이 듭니다. 우리 민법의 계보를 따지고 올라가면 일본을 통해서 독일이나 프랑스, 또는 로마법까지 거슬러 올라갈 수 있고, 또 일부의 규정은 영국법의 영향을 받은 것도 있으므로, 이에 대한 연구를 소홀히 하지 않아야 한다는 점을 강조하고 싶습니다. 현실적인 여건상 사비니나 예링, 또는 로마법 등에 대한 관심을 가지는 것이 어려운 점이 있습니다. 이는 전적으로 학자들의 책임이라고 할 수만은 없겠지요. 여러 여건이 갖추어지는 것이 선결문제이겠습니다만, 그러한 점을 특히 지적하고 싶군요.

또 한 가지를 들자면, 현재는 역사적 발전의 결과물이지만 현재 그 자체의 특수성도 간과할 수 없는 것이지요. 적절한 비유인지는 모르겠으나 진화론에 의하면 사람은 원숭이로부터 진화한 것이라고 하지요. 그렇다고 해서 원숭이에 대해서만 열심히 연구한다고 하여 사람에 대한 연구가 끝나는 것은 아니지요. 인간은 원숭이가 아니니까 인간으로서 연구해야 하는 점이 있는 것이 당연하지요. 마찬가지로 현재가 역사적 형성물이기는 하지만 현재로서의 특수성이 엄연히 존재하는 것인 만큼, 현재로서의 특수성을 이해하여 현실을 적절히 규율할 수 있는 법규범을 어떻게 발전시켜야 할까라는 문제, 즉 현행법의 해석, 적용의 문제도 소홀히 할 수 없는 것이지요. 그런데 현실 문제의 특수성 또는 우리나라에서의 현실의 특수성을 파악하기 위하여는 다른 나라에서의 현실을 비교연구하는 것이 또 필요하다고 생각합니다. 그런 점에서 비교법 연구의 중요성을 아울러 강조하고 싶군요. 내가 반성하고 있는 점은 외국 이론을 이해하고 흡수하는 데 바빠서 우리 현실문제에 대하여 발언하는 데 소홀한 점이 있었던 것 아닌가 하는 면입니다.

외국문헌을 읽어보면 구체적인 문제해결을 위해 도움이 되는 점도 있지만 거시적인 접근에 도움이 되는 점이 많습니다. 법이라는 것이 살아있는 것으로서 기능하려면 구체적으로 일어나고 있는 개별사건을 어떻게 적절히 해결할 수 있는가 하는 점에 관심을 놓지 않아야 할 것 같습니다. 추상적인 일반이론과 구체적 사례해결, 적절한 표현인지는 모르겠습니다만, 거시적 안목과 미시적 정확성 둘 다 관심을 가져야 한다는 것입니다. 후배 교수들이 다들 잘하고 있지만 저의 경우에는 추상적인 문제에 관심을 가지느라 구체적인 것에 다소 소홀하지 않았는가 하는 반성이 있습니다. 영국 계약법을 보면 구체적인 문제를 파악하는 눈을 뜨게 해주는 점이 있습니다. 요사이는 영국 계약법 공부를 좀 하고 있습니다. 기본적으로는 연구인력의 수가 적다는 점이 문제입니다. 어떤 의미에서 보면 할 일이 많다는 점에서 우리 민법학 ― 국제사법도 마찬가지입니다만 ― 은 희망적이지 않은가 합니다(웃음). 발전가능성이 많으니까요.

석광현　교수님께서 방금 지적하셨다시피 연구인력의 부족이 큰 문제인데, 우리나라 법학 분야 가운데에서도 이러한 문제가 가장 현저한 분야가 국제사법이 아닌가 생각합니다. 선생님 이후로는 국제사법과 민법을 같이 하는 학자들도 매우 드문 것이 현실입니다. 이러한 척박한 환경에서 국제사법을 외롭게 지켜 오신 역할을 하셨는데, 선생님의 이러한 노력이 가장 첫 번째로 꽃핀 것이 1981년 국제사법 교과서 출간인 것으로 생각합니다. 선생님께서 국제사법 교과서를 집필하신 동기를 간략히 말씀해주시기 바랍니다. 더불어 그 의의를 스스로 어떻게 평가하시는지 말씀해주시기 바랍니다.

이호정　개인적으로는 케겔 교수의 학은에 보답한다는 점을 빼놓을 수 없겠고⋯. 선생님의 교과서를 읽다 보니 재미를 느끼기도 했습니다. 당시에는 케겔 교수의 책이 독일에서도 국제사법 저서로는 거의 유일하게 본격적인 것이었습니다. 그래서 우리나라에도 소개할 만한 가치가 있을 것 같아 이를 번역하다시피 하여 교과서를 내게 되었습니다. 그때까지 우리나라에서 국제사법 교과서나 이론은 매우 단순해서 사법시험에 유리하다고 알려져 있었습니다. 그 당시 책들은 일본의 에가와라는 학자의 책들을 간략하게 번역한 것에 불과했지요. 물론 그 책 자체로는 매우 잘 만들어진 것이지만 그 후의 발전을 소개하여야 한다는 점도 있고 국제사법이 내용이 풍부한 법영역이라는 점을 소개하고 싶어서 교과서를 쓰게 되었습니다. 또한 1975년 법대로 이적하면서 마침 국제사법 강의를 맡게 되었다는 점도 중요한 동기가 되겠지요. 아마 국제사법 강의를 맡지 않았다면 독일민법 교과서를 참조하여 민법총칙 교과서를 내게 되지 않았을까 생각합니다. 이건 농담이지만 민법총칙 교과서를 냈더라면 경제적으로는 좀 더 낫지 않았을까 생각합니다(웃음).

윤진수　별로 반응이 신통치 않았나요(웃음)?

이호정　그때 찍은 책들은 다 팔렸습니다(웃음). 다만 그 후 개정판을 냈어야 하는데 건강이 좋지 않았던 점도 있고, 또 국제사법 이론이 갑자기 폭포처럼 쏟아져 이를 다 반영하려다 보니 개정판을 내지 못했습니다. 몇 줄 고치는 것으로 개정판을 내는 것은 무의미하다 싶어서, 최신의 이론을 모두 반영하고 독일, 스위스 등의 국제사법 개정까지 반영하려다 보니 아직까지도 개정판을 내지 못하고 있습니다.

　말하자면, 국제사법이 꽤 해볼 만한 분야라는 점을 알리고 싶기도 하고 은사인 케겔 교수의 이론을 한국에 소개하고 싶기도 해서 교과서를 집필하게 된 것입니다.

　이것은 여담인데, 국제사법 교과서를 내고 얼마 되지 않아, 어느 날 알고 지내던 학생 한 명이 찾아와서 사법시험 준비하던 학생들 사이에서 나에 대한 원성이 자자하다는 소식을 전해주더군요. 그전에는 기계적으로 몇 가지 외우면 국제사법 시험을 보는데 전혀 지장이 없었는데 제가 새로운 것을 잔뜩 벌여 놓아 할 것이 너무나 많아졌다는 것이었지요(웃음).

윤진수　이것은 제 개인적인 이야기입니다만, 제가 대학교 2학년 때 사법시험 1차 시험을 볼 때에는 국제사법은 간단한 문제집 한 권으로 1주일도 채 안 되는 기간 동안 공부를 해도 다 맞을 수 있었습니다. 그런데 그리고 나서 4학년 때 교수님 강의에 들어갔더니 무슨 말인지 도통 이해할 수 없었던 기억이 납니다(웃음).

석광현　저도 학생 때 황산덕, 김용한 교수님이 쓰신 책을 보고 국제사법은 다 알았다고 생각했는데, 선생님의 교과서를 보니 전혀 그렇지 않았습니다. 요컨대 선생님 교과서는 학생들에게 국제사법은 어려운 분야라는 것을 일깨운 공이 있지 않나 생각합니다(웃음).

이호정　그때는 연구도 부족하고 해서 외국의 국제사법 이론을 어떻게 소개하느냐를 가지고 많은 고민을 했습니다. 외국 이론이나 법을 직역적으로 서술할 것이냐 의역적으로 그렇게 할 것이냐를 두고 고민을 많이 했습니다. 생각한 끝에 문장구조에 맞추어 직역한 경우 찬찬히 의미를 따져보면 이해할 수 있을 것 같았고, 다른 사람의 이론을 완벽히 이해하지 못한 상태에서 어설프게 의역을 하면 완전히 다른 이야기가 될 수도 있을 것 같아 직역적인 방법을 택했습니다. 그런 관계로 생경한 문장이 많아졌는데 이런 것도 이해를 힘들게 한 요인이 아닌가 생각합니다.

윤진수 제가 국제사법 분야에 대하여는 잘 모릅니다만, 1990년대 후반까지는 선생님 교과서 이외에 별다른 교과서가 없지 않았습니까?

석광현 선생님 교과서 이외에 다른 것이 없다가 1996년에 책이 다소 나왔습니다. 그밖에 우리나라 국제사법에서 중요한 사건이라고 할 수 있는 것으로, 1993년에 선생님 주도하에 국제사법학회를 결성한 것, 또 1997년에 우리나라가 헤이그국제사법회의에 가입하여 회원국이 된 것, 2001년 선생님 주도하에 섭외사법을 개정한 것 등을 들 수 있겠습니다. 이에 대한 말씀을 좀 들려주시기 바랍니다.

이호정 국제사법학회를 만든 동기는 다음과 같습니다. 이전에도 김문환 교수를 비롯하여 몇몇 국제사법에 관심 있는 분들이 국제사법학회를 만들자는 말들을 해 왔습니다. 그런데 내 개인적으로는 우리나라에 학회가 너무 많고, 학회가 순수한 학문적 활동을 별로 하지 못하고 있는 것이 아닌가 하는 생각이 있었습니다. 차라리 연구나 연구발표회를 하면서 함께 기여하는 연구 그룹을 만드는 것이 더 학문성이 있고 효과적인 것이 아닌가 하는 생각이었지요. 잘 나오지도 않는 사람들을 회원으로 하여 겉만 그럴듯한 학회는 만들고 싶지 않았습니다. 그래도 학회가 있어야 연구활동이 활발해진다는 의견이 많았습니다.

그러던 차에 1992년 일본 국제사법 학자들과 개인적으로 교분이 있는 최공웅 변호사를 통하여 일본 유비각 창설자인 에구사氏가 설립한 에구사 기금을 가지고 일본 국제사법학자들이 한국 국제사법학자 몇 명을 초청하여 학회를 하고, 거기에서 나, 손경한 변호사, 김문환 교수가 발표를 했지요. 그리고 발표 후에 동경대학 명예교수이신 국제사법학자 이케하라 선생과 식사를 같이 하는 자리가 마련되었습니다. 그때 그 분께서 한국에 국제사법학회가 결성되어 있는지를 물으시더군요. 국제사법 전공자도 많지 않고 해서 아직 만들지 못하고 있다고 말씀드렸더니, 선생께서 일본에서도 1948년에 9명으로 국제사법학회를 시작했는데 학회를 만드는 것이 국제사법 발전에 기여하는 점이 있고 학자들 교류의 장으로 큰 역할을 할 수 있다, 또한 국제사법학회가 있어야 일본과 교류하는 데에도 편리하지 않겠는가는 말씀을 하시더군요. 이러한 말씀을 듣고 국제사법 발전을 위해 뜻 있는 사람들이 모여 1993년에 학회를 결성하고 제가 초대회장을 맡게 되었습니다. 이것은 어디에서도 자랑할 수 있는 부분인데, 우리 국제사법학회는 쟁쟁한 핵심멤버를 많이 가지고 있습니다. 이분들이 우리 학회의 학문연구활동에 적극적으로 참여하여 큰 기여를 해주고 있습니다. 어디에서라도 열심히 하는 멤버 10여 명 정도만 있으면 훌륭하게 학회를 끌고 갈 수 있으리라고 생각합니다. 우리 학회는 작은 규모라서 몰라주는 사람이 많지만(웃음), 학회의 학문적 활동으로 따지자면 대한민국에서 제1급에 속하는 학회라고 자부하고 있습니다.

윤진수 국제사법학회의 회원은 어느 정도 되는지요.

이호정 회원은 100여 명 정도이고 핵심회원은 10여 명 정도, 격월로 열리는 연구발표회에는 20명에서 30명 정도가 참가합니다. 1년에 한 번 연차학술대회를 개최하는데, 참가회비를 납부하고 참석하여 주신 분들이 작년에는 약 150명 정도였습니다. 큰 규모의 학회와 비교하여도 오히려 앞서는 성과였습니다. 자화자찬이 아니라 발표의 수준이 상당히 높은 편입니다.

윤진수 발표 분위기는 어떤가요? 살벌하지는 않습니까(웃음)?

석광현 발표나 토론은 열심히 하지만 살벌하지는 않습니다(웃음).

이호정 내 생각은 그렇습니다. 법학이라는 것은 실용적인 학문이기 때문에 실무라는 것을 항상 의식하여야 하는 점이 있지요. 이런 내용은 사비니의 책 서문에도 나오는 것입니다. 이론가는 실무를 모르고 실무가는 이론을 모르니 이론과 실무의 괴리가 큰 문제라는 것입니다. 이것을 극복하기 위하여 노력하여야겠지요. 우리 학회는 그런 점에서 자랑할 만하다고 봅니다. 처음부터 문제를 해결하기 위하여 양측에서 협력하는 분위기가 잘 조성되었지요. 또 다른 점으로는 사람이라는 것은 감정이 있는 존재이니까 자신이 연구한 결과가 비판받으면 누구든지 기분이 좋지 않겠지만, 토론에 들어가서는 자신의 주장은 충분히 펼치면서도, 자극적인 언사는 가능한 피하고 나이가 많든 적든 평등한 자격으로 토론에 임하고 개인적인 앙금이 앉지 않도록 하여야 한다는 점을 늘 강조해서, 분위기는 상당히 좋은 편입니다.

석광현　우리나라가 헤이그국제사법회의에 가입한 것은 1997년입니다. 그리고 나서 그 후의 후속작업은 별로 진척되고 있지 않은 것 같습니다. 선생님께서는 이전부터 국제사법회의에 가입할 것을 주장해 오셨는데 그에 관한 말씀을 들려주시기 바랍니다.

이호정　국제사법을 공부하다 보니 헤이그국제사법회의라는 세계적인 기구가 있다는 사실을 알 수 있었습니다. 그것이 그전에는 한국에 거의 알려져 있지 않았지요. 그런데 독일의 책들을 보면 국제사법회의에 대하여 상당히 자세히 논하고 있습니다. 특히 케겔 교수의 책을 보면 초기회의부터 어떠한 내용이 다루어졌고 어떤 조약이 독일에서 발효되었는가에 대하여 상세히 설명하고 있어서 이것이 상당히 중요한 것이구나라고 느꼈고, 국제사법 강의에서도 이를 자세히 다루곤 했지요. 국제사법회의의 구성국을 보니 우리나라보다 훨씬 작은 나라들도 많은 것을 보고 우리나라에서 소홀히 하는 것이 아쉬워 기회 있을 때마다 가입하여야 한다는 것을 강조하였습니다. 그러다가 외무부나 법무부 등에서 국제화, 세계화 시대를 맞아 그 중요성을 인식하게 되어 국제사법회의에 가입하였습니다. 여기에 있는 석광현 교수가 그 중요성을 널리 알리는데 많은 공헌을 하였고 참가하여 많은 활동을 하고 있습니다. 사실 우리나라는 송달에 관한 조약 하나에만 가입하였는데 더 많은 조약에 가입하여 중심적인 회원국으로 활동하여야 할 것입니다. 그기 위해서는 국제사법 조약에 관한 연구가 더 필요할 것 같습니다. 그렇지만 아까 말한 바와 같이 연구인력이 매우 부족한 형편이지요.

윤진수　법무부나 외교통상부 같은 정부부처에서는 이에 대하여 관심을 갖지 않고 있습니까?

석광현　아무래도 국제사법의 중요성을 낮게 평가하는 것이 현실입니다. 그리고 보직을 돌아가며 맡기 때문에 전문가 양성이 쉽지 않습니다. 외교통상부 같은 경우에는 국제공법에는 관심이 많지만 국제사법에는 관심도 적고 잘 알지도 못하는 문제도 있고요.

2001년에 국제사법이 개정된 것 또한 국제사법에서의 큰 사건이라고 할 수 있고 국제사법 발전에 큰 계기가 될 수 있는 것이라 생각합니다. 선생님께서 위원장을 맡으셔서 큰 업적을 남기셨는데 개정작업을 하시면서 느낀 점을 말씀해 주시기 바랍니다.

이호정　독일 국제사법 책들을 읽다 보니 우리 국제사법 규정 가운데 위헌적인 것이 한두 가지가 아니었습니다. 특히 친족상속분야가 가장 현저했지요. 독일에서 국제사법 공부를 하면서 큰 충격을 받았습니다. 우리 섭외사법은 계보를 보면 일본의 법례를 옮긴 것이고 이것은 그 당시 유럽 대륙에서 일반규칙으로 확립되어 있는 규칙을 성문화한 것이었으므로 제정 당시에는 문제가 없는 것이었지요. 그런데 세월이 지나면서 문제가 대두하였고, 가령 남편의 본국법을 따르도록 되어 있는 규정이 부부평등의 원칙에 반한다는 점이 문제가 되어 독일헌법재판소에서 위헌판결을 받게 되었습니다. 그러므로 우리 섭외사법도 제16조에서 제18조의 조항 모두 누가 위헌소송을 제기하면 꼼짝없이 위헌판결을 받게 될 것이었지요. 그래서 우리도 빨리 현대 국제사법의 흐름에 따라 문제가 있는 규정들을 바꾸어야겠다는 점을 항상 강조하였습니다. 그리하여 교과서나 강의에서도 독일이론이나 국제회의의 제안 내용, 외국 입법례 등을 상세히 소개하였습니다. 과거 국제사법에서는 Vaterrecht(父法), Mannesrecht(夫法)가 우선한다는 것이 기본원칙으로 되어 있었는데, 이는 혼인법에서의 부부평등 원칙이나 최근 친자법의 중심 이념인 best interest of child에 반하는 것입니다. 그래서 친족법 분야에서는 당장 고쳐야 할 것이 많았습니다. 또 계약법을 비롯한 다른 국제사법 분야에서도 새로운 저촉규칙들이 발전하여 수정할 것이 상당히 있었지요. 그래서 국제사법을 하는 사람들은 이를 계속 주장했고, 국제사법학회를 설립할 때에도 국제사법 개정에 필요한 연구를 한다는 것이 내세운 목표 가운데 하나였습니다. 그리하여 개정작업에 착수하게 되었습니다. 내 생각에는 위헌결정되어 법의 공백이 생길 것을 우려하여 개정한 것 같습니다(웃음). 법무부가 국제화되어 법 개정의 필요성을 느꼈다는 점도 빼놓을 수 없겠습니다. 그리하여 법이 개정되어 작년 7월부터 시행되고 있습니다. 개정에 참여한 사람의 입장에서 생각지도 않았던 문제가 나타나 충격을 주면 어쩌나 하는 걱정도 됩니다(웃음).

윤진수　제가 민법개정위원으로 민법개정에 참여해 보니 법을 비판하는 것은 쉬워도 실제로 만드는 것은 정말 어려운 작업이더군요. 여러 가지 경우를 다 상정하여야 하는 점도 힘들고, 그렇게 하여 만든 후에는 생각지도 않았던 문제가 나타나기도 하고……. 입법을 한다는 것은 참으로 힘겨운 작업이라 생각합니다. 선생님이나 석광현 교수도 어려움이 많았을 것으로 생각합니다.

이호정　물론 어려움이 많았습니다. 그래도 조금 도움이 되었던 것이 국제계약법 분야의 경우에는 국제계약의 준거법에 관한 로마협약에 의하여 상당 부분 통일되어 있었다는 점입니다. 이를 참작했기 때문에 계약법 분야는 위험이 좀 덜하다고 할 수 있을 것 같습니다. 그리고 국제물권법 부분은 크게 바뀐 것이 없고, 국제법정채권법 분야에서도 독일의 개정법을 참고하였습니다. 단, 불법행위법의 경우에 독일에서는 행위지법의 적용을 원칙으로 하고 결과 발생지의 법은 피해자가 원하는 경우에만 적용하는 것을 원칙으로 하도록 하고 있습니다. 이것은 원래 법관의 부담을 덜기 위한 것이었지요. 그런데 이것이 뜻하지 않게 법관의 부담을 오히려 가중시키는 결과를 가지고 왔습니다. 요전에 독일의 쾨스터 – 발첸 교수가 방한했을 때에도 확인한 바입니다. 이런 것이 입법의 어려운 점이지요. 그래서 우리의 경우에는 오히려 전통적 판례에 따라 결과발생지의 법도 적용하도록 하였는데 이는 독일에서의 현실적 경험을 어느 정도 반영한 것입니다.

　　최선을 다하느라고 했는데 요전에 소비자계약법에 관하여 어떤 교수가 발표하는 것을 보니 문제점이 좀 있더군요(웃음). 연구를 통하여 보완해야 할 부분이 적지 않다고 생각됩니다.

석광현　국제사법이라는 것은 사실 준거법 지정의 문제에서 끝나는 것이 아니고 준거법으로 지정된 외국법을 적용함으로써 끝나는 것이라고 할 수 있겠습니다. 그런데 우리나라에서는 외국법에 대한 비교법적 연구가 매우 부족한 상태에 있으므로 외국법의 내용을 조사하고 이해하는 것이 어렵다고 할 수 있습니다. 이와 관련하여 선생님께서 예전부터 제안하신 것이, 예컨대 독일의 막스 플랑크 연구소와 같이 외국사법 및 국제사법 연구소 같은 것을 두어야 한다는 점입니다. 저도 그러한 것이 상당히 필요하다고 생각하는데 그에 대한 말씀을 좀 해주시기 바랍니다.

이호정　　우리나라가 국제화됨에 따라 외국법을 준거법으로 적용하게 되는 예가 매우 많아지고 있습니다. 국제사법은 준거법을 지정하는 것에 그치는 것으로 알고 있지만, 실제 재판에서는 준거법을 지정하여 이를 적용해야 비로소 문제가 해결되는 것입니다. 케겔 교수의 책에서도 외국법의 내용을 모르는 상태에서 국제사법을 공부하는 것은 빈 공간을 방황하는 것이라고 하고 있지요.

　국제사법에 대해 관심을 갖기 이전, 젊었을 때부터 외국법 문헌센터가 대한민국에 적어도 한 곳 이상은 필요하다는 생각을 하고 많은 사람에게 이러한 주장을 펼쳐왔습니다만, 다들 필요성은 공감하면서도 쉽지 않은 일이기 때문에 아직 실현되지는 않고 있습니다. 외국법에 관한 모든 문헌을 다 구비할 수는 없겠지만 적어도 법학잡지와 최신법률정보는 검색할 수 있는 연구센터가 필요합니다. 이전에 일본의 동경대학에 갔더니 동경대학 법학부에 법률문헌센터라는 것이 있더군요. 거기에는 외국 잡지와 법전이 거의 완비되어 있다시피 했습니다. 이제 인터넷을 통하여 전 세계가 네트워크로 연결되어 있으니 더 쉬운 작업일 수도 있습니다. 법률문헌을 쉽게 입수할 수 있는 연구소와 이를 연구할 인력이 절실히 필요하다고 할 수 있습니다.

윤진수　　이제는 때가 무르익은 것이 아닌가 생각합니다. 외교통상부나 법무부를 설득해서 만들 수 있지도 않을까 합니다만.

이호정　　법원에 두거나 법제처, 법무부에 둘 수도 있겠지요. 법과대학에 둘 수도 있겠고. 개인적으로는 연구기관인 법과대학에 두는 것이 어떨까 합니다. 다만 이를 개방하여 외부의 법관, 검사, 변호사, 타 대학 교수와 연구자들도 이용할 수 있도록 해야겠지요.

석광현　　제가 최근에 본 대법원 판결 내용 가운데 이런 것이 있었습니다. 국제차관계약에서 준거법이 영국법으로 되어 있는데 변호사가 영국법을 입증하지 않았던 모양입니다. 제2심인 부산고등법원에서 영국법에 대한 입증이 없지만 영국법과 그

해석이 우리법의 그것과 큰 차이가 나는 것이 아니기 때문에 법의 일반원리에 따라 재판한다고 하였고 대법원이 이를 인정한 것입니다. 이것을 보고 크게 놀란 일이 있었습니다. 물론 개별 문제에 대하여 결론이 같을 수는 있을 것이고 이 판결도 그러한 취지라고 생각되지만, 이런 식의 논리전개는 큰 문제가 아닌가 생각됩니다.

윤진수　　제가 1980년대에 가정법원에 근무할 때에 있었던 일입니다. 에쿠아도르인이 관련된 섭외 이혼사건이 있었습니다. 제 주심사건은 아니었습니다만, 주심판사가 에쿠아도르법을 알 수 없으므로 그에 관한 유사한 법으로 재판한다고 하여 그런 식으로 판결하면 안 되지 않을까 생각하였습니다. 물론 중남미의 법이 비슷하여 결론적으로는 큰 차이가 없을 수도 있겠으나 그런 식으로 판결문을 작성하면 문제가 아닌가 생각한 일이 있습니다.

이호정　　그것은 대사관에만 문의하면 법률정보는 얻을 수 있는 것인데……. 물론 그 규정을 어떠한 방식으로 해석하는가는 알 수 없을 수도 있고, 이러한 경우에는 우리 입장에서도 해석할 수는 있겠습니다만.

윤진수　　지금까지 너무 딱딱한 공부얘기만 한 것 같습니다(웃음). 제가 알기로는 선생님께서 사진 찍는 것에 취미가 있으시고 동호인 모임도 열심히 하신다고 들었는데 그에 대한 말씀을 부탁드립니다. 요즘도 열심히 하시는지요.

이호정　　사람은 한 가지 이상 취미를 가져야 한다는 것이 저의 생각입니다. 취미를 가져야 하는 이유는 사람마다 다르겠지만 제 생각은 그렇습니다. 우리나라에서는 개인주의가 잘못 이해되어 이기주의와 혼동되는 면이 있는 것 같은데, 나 스스로는 진정한 의미에서의 개인주의자라고 생각합니다. 개인주의의 입장에서 보면, 한 사람이 자기의 책임하에 자기의 시간을 홀로 보내야 하는 경우가 많은데, 사람이 자기의 직업에만 모든 시간을 투입할 수 없고 긴장을 푸는 것도 필요하기 때문에 취미는 반드시 필요하다고 생각해요. 그림 그리는 것이나 음악 연주하는 것은 재주가 없어서 못하니까 사진을 취미로 삼자고 생각하여 해 보았는데, 세계적인 사진가가 따로 있는 것을 보면 그것도 아무나 하는 것은 아닌가 봅니다(웃음). 그러다가 결국 좋은 사진은 못 찍고 이것저것 카메라만 잔뜩 사놓게 되었지요. 나는 사진 클럽이라기보다는 사진기클럽에 속해있는 것 같습니다(웃음).

개인주의에 대한 말이 나왔으니 말인데, 예전의 일본교과서를 보면 법률행위의 기본이론에 대한 설명이 매우 소홀했어요. 그러므로 우리나라의 대표적인 교과서를 보아도 그에 대한 설명이 부족하지요. 일본이나 우리나라에서는 개인주의가 정착되어 있지 않은 반면, 유럽에서는 개인주의적인 원리가 법의 근저를 이루고 있기 때문에, 개인의 가치를 존중하고 개인의 의사나 사상을 존중하며, 그리하여 법률행위나 의사표시가 민법에서 중요한 위치를 차지하는 것입니다. 이래서 독일의 의사표시이론이나 영국의 계약법 이론이 발전하게 된 것이라고 생각합니다. 의사표시와 법률행위이론이 좀 소홀하게 취급되었던 것은 우리나라에서 진정한 개인주의가 충분히 정착되지 못하였던 것과 관계가 있지 않나 생각해 보기도 합니다. 물론 지금은 일본에서도 의사표시이론이 크게 발전하였고 훌륭한 계약법 책들도 많이 나오고 있습니다만, 과거 일본에서 의사표시이론을 소홀히 하였던 것은 이러한 점과 관련이 있는 것이 아닌가 합니다. 얼마 전에 영국 케임브리지 대학을 방문하였을 때에 그곳의 김기창 박사에게 유럽과 한국의 가장 중요한 차이 가운데 하나가 한국에서는 계약 사상이 약하다는 점이라는 말을 한 적이 있습니다. 말하자면, 우리나라에는 계약법은 있지만 계약사상은 약하다는 것입니다. 합의에 의하여 문제를 처리한다는 생각이 아직 널리 자리잡고 있지 못한 형편입니다. 결국 민법 제103조나 제104조의 테두리 내에서는 개인의 의사를 존중하여야 하고 그 테두리를 넓게 잡아야 한다는 것이 내 생각입니다. 문제를 당사자들의 합의와 타협에 의하여 해결하도록 하여야 합니다. 우리나라에서 개인의 자율성을 중요한 가치로 인정한다면 개인들이 자유롭게 활동하도록 하는 것이 필요하지 않은가 생각합니다. 21세기에는 개인주의가 더욱 활발히 도래할 것이라는 점을 고려한다면 더욱 그러하겠지요.

석광현　　영국법은 개인의 합의가 있는 경우 가능하면 이를 존중하고, 법원이 신의성실, 공서 등의 근거를 내세워서 개입을 잘 하지 않기 때문에 아주 예외적인 경우를 제외하면 계약이 존중된다고 합니다. 이를 영국 계약법의 엄격성이라고 하는데 이것이 국제계약에서 영국법이 선호되는 이유라고 합니다. 우리는 신의성실 등을 내세워서 법원이 개입하는 경우가 적지 않은데 아쉬운 부분입니다.

윤진수 선생님께서는 법사학, 법철학뿐만 아니라 철학이나 역사학 등의 제반 학문에 대하여도 관심이 많은 것으로 알고 있습니다. 법학을 공부하는 사람이 아니더라도 후학들에게 한 말씀 부탁드립니다.

이호정 관심은 많은데 이것이 긍정적인 면도 있고 부정적인 면도 있는 것 같습니다. 사람이 지적 호기심이 있으면 관심이 다양해지지요. 나는 천재에 속하는 사람이 아니기 때문에 여기저기 관심이 분산되어 한 가지에 집중하지 못한 점이 있습니다. 그 대신 여기저기 관심이 많으니 재미는 있지요. 적절한 표현인지는 모르겠으나, 지적인 방탕이라고 할 수 있겠지요(웃음). 그럼에도 불구하고 철학이나 역사는 뿌리에서는 법학과 연결되는 것이기 때문에 법학을 제대로 공부하려면 이러한 부분에 대하여도 관심을 놓지 말아야 할 것입니다.

앞으로 공부하는 젊은 학생들은 아까 말했듯이 법을 통하여 법을 넘어서는 사람이 되기를 바랍니다. 막스 베버 같이 법학을 공부해서 大사회과학자가 되는 것이 법학도에게는 가장 바람직한 길이 아닌가 생각합니다. 막스 베버는 원래 대학에서 법학을 공부했고 교수자격을 취득하여 대학에서 상법을 가르치기도 하였습니다. 그후 법학을 넘어서 대사회과학자가 되었지요.

내 경우에는 책을 잔뜩 사 놓고 읽으면서 잡독을 많이 해서 일생 재미있게 지냈습니다. 내가 이렇게 즐겁게 독서하며 지낼 수 있었던 것은 서울대학교 법과대학에 몸담고 있었기 때문이 아닌가 합니다. 건강이 좋지 못한 때에도 여러분들이 많이 도와주었지요. 그래서 항상 서울대학교 법과대학에 감사하는 마음입니다. 1954년에 서울대학교에 입학하여 그 울타리에서 학생, 시간강사, 전임교수로 지낸 덕분에 즐겁게 지낼 수 있었습니다. 그래서 항상 서울대학교에 감사하고 있고 후회 없는 일생이었다고 생각합니다.

역사, 철학 등 이것저것 많이 읽기는 했는데 정독을 못한 감이 있어요. 앞으로는 정독을 해볼까 합니다. 프란시스 베이컨은 『STUDIES』라는 수필에서 맛만 보아도 되는 책(to be tasted), 읽고 받아들이기만 하면 되는 책(to be swallowed), 씹고 소화해야 하는 책(to be chewed and digested)이 있다고 하였습니다. 칸트나 아리스토텔레스, 헤겔 같은 사람의 책이 세 번째 부류에 속하는 것이지요. 내용이 어렵기도 하고, 상당한 노력을 요하는 것인데 노력이 부족했던 점도 있고, 핑계 같지만 강의 등의 부담 때문에 하지 못한 점도 있습니다. 하지만 학자가 연구를 충실히 하지 못한 것에는 어떤 면책사유도 없는 것이지요. 앞으로 다 볼 수는 없겠지만 그중 몇 권은 철저히 씹어서 소화될 수 있도록 할 생각입니다. 그 외에 법학에서는 비교계약법, 특히 영미 계약법과 대륙 계약법, 유럽의 계약법 통일 등에 대하여 연구해 볼 생각입니다.

윤진수   정년을 맞으신 후에는 독서만 하실 계획입니까?(웃음) 다른 취미생활에 대한 말씀도 부탁드립니다.

이호정   사진 찍는 것 이외에 바이올린도 약간 했습니다. 그런데 내가 게을러서 그런 것인지는 모르지만 바이올린이라는 것이 엄청나게 어려운 악기더라구요. 매일 노력해야 하는 것이어서 교본도 사다 놓고 부지런히 한다고 했는데 취미로 하기에는 어려운 악기가 아닌가 합니다.

그 후에 바이올린에 관한 일본책을 보니 바이올린은 취미로 하는 악기는 아니라는 말이 나오더군요(웃음). 다른 악기는 10년 정도 하면 어느 정도 다른 사람 앞에서 연주할 만한데 바이올린은 재주가 없으면 20년, 30년을 해도 안 된다고 합니다. 그래서 악기를 잘못 선택하였구나 하고 생각하였습니다. 그래도 바이올린을 하면서 느낀 점 한 가지는, 하는 것이 그래도 안 하는 것보다는 낫다는 것입니다. 처음에는 암만해도 될 것 같지 않았는데 그래도 하다 보니 조금씩은 발전이 있었습니다. 물론 천재적인 사람은 발전 속도가 아주 빠르고 보통 사람은 그렇지 못하겠지만 말입니다. 이런 것은 학문을 하는 데에도 적용되는 진리라 생각합니다.

케겔 교수의 경우에는 어렸을 때에 바이올린을 하다가 정년퇴임 이후에는 피아노를 배우기 시작하셨지요. 젊은 사람뿐만 아니라 나이 든 사람에게도 취미는 필요합니다.

윤진수·석광현   교수님 장시간 좋은 말씀 들려 주셔서 감사합니다.

이호정   감사합니다.

[서울대학교 법학 제43권 제1호(2002. 3)]

최기원 교수 정년기념 대담

최기원(崔基元) 교수님

생 몰: 1936~2020
재 직: 1966~2002
전 공: 상법

대담자 : 목영준(부장판사)
박상근(강원대학교 교수)
일 시 : 2002년 2월 25일

법학이론과 실무는 밀접하게 교류해야

목영준·박상근　선생님께서 2002년 2월 말로 36년간의 서울대학교 교수직을 마감하시게 되었습니다. 저희 제자들로서는 선생님께서 퇴임하시는 것이 아쉽기 그지없습니다만, 오랜 기간 학자로서 또한 교육자로서 큰 업적을 남기시고 명예로운 정년을 맞이하신 것을 축하드립니다. 우선 정년을 맞이하신 감회를 말씀해 주십시오.

최기원　우선 정년을 맞이하면서 갖는 느낌은 무거운 짐을 지고 높은 산의 정상에 힘겹게 올라가 짐을 풀고 내려오는 홀가분한 기분입니다. 요즘은 주거환경의 개선과 의학의 발전으로 인간의 수명이 상당히 연장되고 있으므로 65세는 고령에 속하지 않는다고 기염을 토하는 사람도 많지만, 대과 없이 정년을 맞이하는 것이 그렇게 용이한 일은 아니라고 생각합니다. 이와 같이 무사히 정년을 맞이하게 된 것은 국내외의 스승의 지도와 선배들과 동료 교수들의 성원, 그리고 훌륭한 강의라고 할 수 없음에도 불구하고 수많은 제자들이 그동안 본인의 강의에 열성으로 참여해준 덕택이고, 그래서 무거운 짐을 지고도 높은 산에 오를 수 있었다고 생각합니다. 이 자리를 빌려 이 모든 분들에게 진심으로 심심한 사의를 표합니다.

박상근　　선생님께서는 1959년에 서울대학교 상과대학을 졸업하시고, 군복무를 마치신 후에 1961년에 독일로 유학을 가서서 법학을 공부하셨습니다. 그리고 독일 유학 4년 만인 만 28세에 법학박사학위를 취득하셨습니다. 유학을 시작하시면서 전공을 바꾸신 동기, 유학시절의 어려움과 보람 및 그처럼 짧은 기간에 학위를 취득하신 과정 등에 관하여 말씀하여 주십시오.

최기원　　1955년에 고등학교를 졸업할 때에는 병역의무와 관계없이 유학을 갈 수 있었고 국내 대학들이 어느 분야를 막론하고 부실하였기 때문인지는 몰라도 고등학교 동기생들의 절반 정도가 미국으로 유학을 떠났습니다. 독일로 유학을 가는 경우는 한 사람 정도에 불과했습니다. 그 후 점차 유학요건이 강화되어 병역의무를 마치고 유학시험을 통과하지 않고는 유학을 갈 수 없게 되었습니다. 당시는 1년 군복무를 한 사람이 유학시험에 합격하면 귀휴제대라고 하여 유학을 떠날 수가 있었고 나는 이러한 과정을 거쳐 유학을 떠났습니다. 당시 모두 미국으로 유학하는 것이 유행이었으나 평소 본인은 음악을 남달리 좋아하였던 터라 유명한 음악가를 수없이 배출한 독일에 많은 관심을 갖고 있었던 것이 독일로 유학을 가기로 한 계기가 되었다고 할 수 있습니다. 상과대학을 나왔는데 독일에 가서 상법을 전공하게 된 것은 전공을 바꾼 것이라고도 할 수 있겠으나, 그렇게 생각하기보다 상과대학의 교육은 상법의 연구를 위한 선수과목의 이수과정이었다고 생각할 수 있습니다. 오늘날 로스쿨제도의 도입이 거론되고 있는데 미국의 J.D(Juris Doctor)과정의 과반수를 훨씬 넘는 학생들이 대학에서 경제학이나 경영학을 전공한 사람들이라는 점을 봐도 알 수 있듯 상법의 연구를 위해 상과대학의 교육과정이 많은 도움이 되었다고 생각합니다.

당시 다른 학생들에 비하면 좋은 조건에서 유학생활을 한 셈이라고 봅니다. 유학을 떠나기 직전에 결혼을 하고 처와 함께 유학을 떠났는데 독일에 가보니 부부 유학생은 우리 밖에 없었어요. 그리하여 주말이면 한국음식을 그리워하는 유학생들이 찾아오곤 하였습니다. 그때는 유학을 가면 공부를 마치고 귀국하기 전에는 모국에 다니러 간다는 것은 거의 불가능한 것으로 상상도 할 수 없었고 전화를 갖고 있는 유학생도 거의 없었을 뿐만 아니라 한국으로 전화를 한다는 것도 거의 생각할 수가 없었습니다. 나의 기억으로는 학위취득을 위한 구술고사를 마치고 학위취득이 확정되었을 때 우편국에 가서 부모님과 가족들에게 전화한 것이 유학을 떠난 후 처음 전화를 한 것입니다.

당시 우리나라에는 독일에 대한 정보가 일본의 문헌을 통해서 다소 접근이 가능하기는 하였어도 그것은 훨씬 이전의 유명한 교수들에 대한 간단한 정보 정도였고 그 당시 독일에서 어떠한 교수가 있는가 하는 것은 거의 알 수 없었다고 하여도 과언이 아니었습니다. 독일 뮌스터 대학에서 독일어 연수과정을 마치고 본(Bonn)대학에 입학하면서 교수들에 대한 예비지식이 전혀 없어 대학의 강의안내서(Vorlesungsverzeichnis)에서 상법전공교수를 찾아내어 그 중에 한 교수를 찾아가 지도를 받기로 하였습니다. 그러나 그 교수에 대한 예비지식은 강의안내서에 적혀 있는 간단한 것에 불과하였습니다. 지도를 받기 위해 찾아간 교수는 민법, 상법, 노동법을 전공하시는 쿠르트 발러슈테트(Kurt Ballerstedt) 교수였습니다. 그 후에 이 분에 대해서 상세하게 듣게 되었는데 이 분은 본 대학의 법학교수 중에서도 가장 엄격하고 철저한 교수라는 것을 알게 되었습니다. 흔히 외국에 가서 지도교수를 정할 때에는 비교적 부드럽고 다소 연세도 지긋하고 친절한 분을 찾아서 가는 것이 일반적인데 이러한 예비지식이 없이 들어가서 만난 분이 가장 엄격하고 무서운 교수라는 것을 알게 되었을 때 과연 공부를 제대로 마칠 수 있을까 하는 두려움이 없지 않았습니다(웃음). 이 분은 당시 동 대학의 형법의 대가였던 한스 벨첼(Hans Welzel) 교수와 함께 뮌헨 대학으로부터 초빙을 받았으나 이를 거절하고 본 대학에 남기로 하였다고 하여 학생들이 횃불행진을 하고 환영을 하였다는 이야기도 들었습니다.

당시 한국에서 4년제 대학을 마치고 갔으나 학위과정의 학생으로 자격을 인정받으려면 4학기 동안의 소정의 강의를 수강하여야 하고 민법, 형법, 공법 분야의 연습강의의 학점(Übungschein), 세미나학점(Seminarschein)을 취득하여야 된다고 통지를 받았습니다. 강의는 들으면 되고 세미나학점은 준비를 하여 발표하면 되는 것이었으나 연습강의의 학점을 취득한다는 것이 걱정이 되었습니다. 그리고 연습강의의 학점은 외국인의 경우 한 학기에 한 과목의 학점을 따기도 어렵다고들 하였습니다. 처음 민법연습학점을 따는 데 힘이 들었으나 연습학점을 취득하기 위한 요령을 체득하게 되었습니다. 그리하여 다음 학기에는 형법과 공법 등 2개 과목의 연습학점을 따기로 무리한 시도를 하게 되었습니다. 그런데 독일의 공법체계가 아주 복잡하여 상당히 힘겨운 것이었습니다. 그리하여 준비했던 과제물을 휴지통에 던지고 학교에 나가 다른 학생들은 어떻게 그 과제물을 작성하였는지 알아보게 되었는데 내가 휴지통에 던진 과제물의 방향과 크게 다르지 않다는 것을 알게 되어 급히 귀가하여 휴지통에서 획득하게 되었습니다. 앞서 박 교수가 어떻게 그처럼 짧은 기간에 학위를 취득했냐고 물었는데 그때 2개의 연습학점을 취득함으로써 학위취득기간이 1년은 단축되었던 것으로 생각이 됩니다. 그리고 대학의 복도에서 우연히 만나더라도 항상 격려와 공부진행 정도를 물어보시던 엄격한 지도교수의 친절하고 따뜻한 지도가 학위취득의 원동력이 되었다고 할 수 있습니다. 처음에 전혀 예비지식이 없이 찾아갔을 때는 그야말로 학문의 호랑이 굴에 들어간 듯이 섬뜩하기도 하였지만 그것이 오히려 연구를 적정한 기간에 마칠 수 있게 한 원동력이 되었다고 생각합니다.

박상근　　선생님께서는 1966년에 서울대학교 상과대학의 전임강사가 되셨습니다. 교수가 되신 동기는 무엇입니까? 교수가 되시면서 지키기로 정한 원칙 같은 것이 있으셨는지요?

최기원　　당시 거의 모든 사람들이 미국으로 유학을 떠났는데도 나만이 독일유학을 가기로 한 때로부터 나의 앞날의 방향이 예정되었다고 할 것입니다. 독일에서는 교수직이 그 어떠한 관직보다도 가장 존경받는 직이고 훌륭한 직업으로서 사회적으로 높이 평가받는 직위라고 할 수 있습니다. 2차 대전 이후 독일의 경제기적을 이룩하는 데 기여한 에어하르트(Erhard)는 당시 우리나라로 말하면 그 직위가 부총리임에도 그는 교수 에어하르트로 불려지고 있었다는 사실에서도 그 나라에서의 교수의 지위는 짐작이 된다고 할 수 있습니다. 우리나라에서는 독일과는 정반대로 교수보다는 관직이 우선하고 교수도 보직을 중시하는 풍토에서 나약한 직으로 대접

받는 수준이었는데도 독일 유학을 한 사람들이 대부분 교수직을 선호하는 것은 독일의 영향을 받은 결과라고 할 수가 있습니다.

박 교수는 교수가 되면서 지키기로 한 원칙이 있었냐고 하였는데 특별히 정한 원칙은 없었으나 사회적으로 존경받는 독일 교수와 같이 되어야겠다는 각오로 교수직을 수행해 왔다고 할 수 있습니다.

목영준　　선생님께서는 1975년에 서울대 종합화계획에 따라 상과대학의 상법교수에서 법과대학의 상법교수가 되셨고, 그 당시 법과대학 2학년이던 제가 교수님의 지도반원으로서 교수님을 처음 뵌 때이기도 합니다. 제 생각으로는 당시 상과대학과 법과대학의 분위기 간에 상당한 차이가 있었다고 보는데, 이와 같이 대학을 옮기신 것이 선생님의 법학자로서의 또한 교수로서의 역정에 어떤 영향을 주었다고 생각하십니까?

최기원　　1966년부터 1975년까지 9년간 상과대학의 상법담당 전임교수로 상법을 강의하였고 1975년 3월에 서울대학이 관악산으로 이전하면서 교수들이 전공별로 통합이 되면서 자동적으로 서울대학교 법과대학의 교수가 되었습니다. 상과대학은 모교였고 나의 전공은 상과대학에서는 핵심분야가 아니었기 때문에 교수생활이 크게 부담이 되지 않았습니다. 그 때문에 젊은 나이에 상과대학에서 학생과장이니 경영대학원의 교무과장이니 또 경영연구소의 소장이니 하는 보직을 두루 거치면서 전공 연구에 소홀할 수밖에 없었습니다. 그러한 점에서 서울대학교 종합화계획에 따라 법과대학의 교수로 옮기게 된 것은 학문적으로 전화위복의 계기가 되었다고 할 것입니다. 그때 상과대학에 그대로 머물러 있었다면 화려한 보직교수로서는 성공할 수 있었겠으나 학자로서는 그야말로 정년을 맞으면서 공허한 느낌을 면치 못하였을 것입니다.

법과대학에 와서는 전국의 수재 중에서도 엄선되어 법학을 전공하고 사법고시를 준비하는 학생들을 대상으로 강의를 한다는 것이 걱정이 되기도 하였습니다. 법과대학은 나의 모교가 아니어서 부실한 강의로는 학생들에게 선배라는 위엄으로 밀고갈 수도 없는 어려운 상황이었습니다. 독일에서 엄격한 교수님의 은혜로 학위를 취득할 수 있었던 것과 같이 이번에는 진지하고 전국의 수재인 학생들을 만나게 된 것입니다. 이번에 대과 없이 정년을 맞이하게 된 것은 법과대학을 거쳐 간 무수한 제자들의 은혜가 아닐 수 없습니다. 법과대학의 학생들은 대학의 후배는 아니었지만 고교평준화가 되기 이전이어서 당시 재학생 중에 4분의 1 이상이 나의 고교동문이었습니다. 이때 법과대학에 와서 제일 처음 만난 동문이 당시 지도학생이었던 목영준 부장이었습니다.

목영준　선생님께서는 1976년에 상법총칙·상행위·회사법에 관한 교과서인 『상법강의(상)』을 출간하신 이래, 회사법과 어음·수표법에 관한 다수의 교과서를 집필하셨고, 독일 쾰른(Köln)대학에서 2년간 보험·해상법을 연구하시고 귀국하신 후인 1993년에 보험법 및 해상법 교과서를 집필하심으로써 상법 전 분야를 별도의 책으로 완간하셨으며, 그 후에도 계속 개정작업을 하고 계십니다. 선생님께서는 연구활동 중에서 특히 교과서 집필이 중요하다고 강조하셨는데, 그 이유는 무엇인지요?

최기원　법과대학에 오면서 강의준비를 겸하여 교과서의 집필이 시작되었다고 할 수 있는데, 이때만 해도 감히 상사법 전 분야를 망라하여 각론서를 발간한다는 것은 상상하지 못하였습니다. 교수로서의 강의와 교재의 집필에만 열중하였을 뿐 다른 활동은 미비하였다고 하여도 과언이 아닙니다. 만약에 대외적인 활동이나 보직을 위하여 상당한 시간을 허비하였다면 자연히 강의에 충실할 수 없었을 것이고 현재까지 집필한 저서의 3분의 1도 빛을 보지 못하였을 것입니다.

교재의 집필을 통하여 서울대학교의 학생만을 위한 교수에서 한국의 상법교수로서의 지위에 오를 수 있었다고 생각합니다. 즉 서울대학교에 진학하지 못한 전국의 학생들을 교재를 통하여 인연을 맺게 되었다는 것은 보람있는 일이 아닐 수 없습니다. 그리고 각종 각론서의 발간으로 대법원을 비롯한 전국의 법원 판결에 영향을 미치고 변호사를 비롯한 법조인들의 활동에 다소라도 기여한 점을 생각하면 그 동안의 힘들었던 기억을 모두 잊게 됩니다. 일전에 동료 교수의 회갑연에서 최근에 대법관직의 임기만료로 변호사 활동을 시작하신 분이 나에게 "요즘 선생님의 교재를 사다가 열심히 보고 있습니다" 하면서 반갑게 인사를 한 바 있습니다. 처음에는 변변치 못한 저서들이기에 상당히 부끄러움을 감출 수 없었으나 그날 귀갓길에 큰 보람을 느끼지 않을 수 없었습니다. 저서활동을 통해서 비단 전국의 수재와 법관들뿐만 아니라 어려운 환경에서 공부를 하는 학생들에게도 많은 도움을 주었다고 생각합니다. 즉 상법 교재를 통해서 전국의 경영학 전공 학생이나 전문대, 통신대의 학생들과도 인연을 맺을 수 있었던 것은 또한 커다란 보람이라고 생각합니다.

박상근　선생님께서는 일본 상법학의 소개에 머물러 있던 우리 상법학계에 독일 상법학의 이론과 방법론을 도입함으로써 한국 상법학의 수준을 한 단계 끌어올리는 데 선구자적 역할을 하셨습니다. 우리나라 상법학의 현재 모습을 어떻게 보시는지, 그리고 앞으로 어떤 방향으로 나아가야 할지에 관하여 생각하시는 바를 말씀해 주십시오.

최기원　우리에게 일본 상법은 중요한 의미를 갖는 것을 부정할 수 없습니다. 우리 상법이 1962년에 제정되어 1963년부터 시행되었으나 그 내용에 있어서는 1950년의 일본 개정상법의 테두리를 벗어나지 못한 것이었습니다. 물론 1945년의 해방과 1950년의 6·25 동란을 겪고 난 당시로는 그 이상의 이상적인, 일본법과 차별화된 명실상부한 우리 고유의 상법을 제정한다는 것은 기대할 수 없었던 것은 사실입니다. 그러나 이후 20년이 경과하여 상법이 1984년에 개정이 되었지만 지난 기간 동안 일본 상법과의 차별화를 위한 진지한 연구가 없었던 것이 오늘날까지 일본 상법의 영향에서 벗어나지 못하게 된 원인이 되었다고 생각합니다. 지난해에 도입된 지주회사의 설립을 용이하게 하기 위한 주식교환과 주식이전 제도는 1999년의 일본 상법이 법정한 것을 거의 그대로 옮겨 놓은 것으로 다시 상법제정 이전의 의용 상법으로 돌아간 것이 아닌가 하는 우려를 갖게 합니다. 우리나라의 경제가 놀랄 만큼 발전된 것은 사실이지만 일본 경제와는 질과 양에 있어서 동일 또는 유사하다고 할 수 없다면 일본의 제도가 우리에게도 그대로 맞는다고 하는 것은 모순이고 따라서 제도를 도입할 때는 신중하여야 된다고 봅니다.

　법률개정과정에서는 누구의 의견이든 건설적이고 설득력 있는 주장이면 이를 신중하게 검토하고 받아들이는 자세가 필요한 것입니다. 자신들의 주장만이 옳고 타인의 주장은 마치 여당이 야당의 주장에 대하듯 외면하고 무조건 반대하는 자세는 지양되어야 합니다. 몇 가지 예를 들어보면 본인이 1974년에 주식의 양도 제한이 가능하도록 상법을 개정하여야 한다는 주장을 한 바 있는데(「한국법학원월보」제27호), 이는 21년 후인 1995년 개정에 의해 비로소 받아들여졌습니다. 보다 일찍 개정이 이루어졌다면 재벌들의 중소기업에 대한 무차별적인 문어발식 침투는 막을 수 있었을 것입니다. 일본의 경우는 2차 대전 이후 1950년에 미국의 강력한 재벌해체정책의 일환으로 주식양도제한규정을 삭제하고 주식의 양도를 완전 자유화하였던 것이고 여기에는 또한 미국 자본의 일본진출을 용이하게 하려는 의도도 있었던 것입니다. 1962년 무렵 우리나라에는 재벌이라고 할 수 있는 기업이 없었다고 할 수 있는데 일본의 재벌해체를 위한 제도를 그대로 답습해서 우리나라에서는 반대로 재벌형성을 조장한 결과가 된 것입니다.

그리고 1984년의 대대적인 상법개정에 앞서 당시 독일에 체류하면서 「법률신문」에의 기고를 통해서(1982. 7. 26. 제1524호) 주식의 액면가를 5천 원으로 하는 개정안에 대하여 "우리의 경제실정으로 볼 때 주식의 대중화를 통한 자금조달이 그 어느 때보다도 절실하다는 점을 감안할 때 1주의 금액을 갑자기 크게 인상한다는 것은 자본시장의 한계를 스스로 설정하는 결과가 될 뿐만 아니라 주식이 특수층의 투자수단으로 오인되어 국민총화를 해할 우려도 없지 않다"라고 한 바 있는데 이러한 주장이 외면당하고 원안대로 1주의 액면가를 5천 원으로 확정했었습니다. 그러나 이후 16년이 지난 1998년에 1주의 액면가를 50분의 1인 100원으로 개정하는 원칙 없는 연극이 벌어지고 말았습니다.

2001년의 상법개정에 의하여 주식회사의 설립을 위한 발기인원수(3인 이상)의 최저한에 관한 규정이 개정되어 1인에 의한 회사설립이 가능하게 되었습니다. 1995년 1인회사의 설립을 상세한 이유와 근거를 들어 강력하게 주장한 바 있으나(『상법개정시안[사안]』, 1994. 11. 12) 받아들여지지 않았는데 이후 7년이 경과한 다음에야 1인회사의 설립이 가능하게 된 것입니다. 이러한 예는 일부에 불과합니다. 건설적인 의견이 소 잃고 외양간 고치는 식으로 뒤늦게 수용됨으로써 복지부동으로 경제발전을 저해한 경제적 손실은 누가 보상하여야 될 것인지 안타까운 일이 아닐 수 없습니다. 아직도 1주의 액면가는 100원 이상으로 50분의 1로 인하하였음에도 최저자본금 5천만 원은 요지부동입니다. 그리하여 1천만 원의 창업비만 있어도 창업이 가능한 사업을 위하여 주식회사 형태로 창업을 하려면 4천만 원의 고리채를 얻어야 하고 수백만 원의 등기비용 등을 지출하여야 하는 모순이 시정되지 않고 있습니다. 다행히

「벤처기업육성에 관한 특별조치법」제10조의2(1998. 12. 30. 개정)에 의하면 벤처기업은 최저자본금을 2천만 원 이상으로도 설립이 가능하게 되었습니다. 기타 종류의 업종의 창업을 위하여는 상법도 이에 맞추어 개정되어야 함에도 이를 방치하고 있는 것은 특정한 사업에 대한 기업형태 선택의 자유를 부당하게 침해하는 것이 아닐 수 없습니다. 앞으로는 법률개정안의 작성과 국회에서의 심의과정도 획기적으로 개선되어야 할 것입니다.

박 교수는 내가 독일 상법의 이론을 도입하여 한국 상법학의 수준을 끌어올렸다고 하셨는데 5권의 각론서를 집필하면서 독일의 문헌과 판례를 참조하여 가급적 그 내용을 새롭게 하고자 노력하였습니다. 그러나 만족스러운 것으로 생각하지 않고 아직도 많은 분야에서 독일법에 대한 연구가 필요하다고 생각합니다. 그 때문에 앞으로도 독일 상법학의 연구는 계속되어야 할 것입니다. 아직 우리나라의 독일 상법학의 연구수준은 초보적인 수준에 머물러 있다고 봅니다. 앞으로 보다 더 깊은 연구는 박 교수와 같이 독일에서 상법학을 연구하고 돌아온 젊은 학자들에 의하여 이루어져야 한다고 할 것입니다.

목영준　　선생님께서는 저희들에게 법학이론과 실무와의 밀접성을 강조하여 주셨고, 선생님 스스로도 많은 판례평석을 하셨으며, 상법분야 판례평석의 집대성이라고 할 수 있는 『상사판례연구』를 5권까지 발간하도록 주관하셨습니다. 또한 2000년에 학자와 실무가들이 참여하는 "상사법무연구회"를 창립하시어 정기적으로 상사판례연구발표회를 개최하고 있고, 앞으로도 연구회 활동을 계속하시려는 것으로 알고 있습니다. 법학에서 이론과 실무의 관련성과 상호보완적 성격에 관하여 말씀하여 주십시오.

최기원　　법학 중에서도 상법분야는 그야말로 산학협동이 절실하게 요청되는 분야라고 할 수 있습니다. 특히 물적회사에 관한 법규는 강행법규의 성격에 의하여 기업경영을 지배한다고 할 수 있으며 판례도 기업실무에 강력한 영향력을 미친다고 할 수 있습니다. 판례는 법규의 결함을 합리적으로 보완해 줌으로써 굳이 법개정의 필요성을 느끼지 못하게 하여 판례가 실질적인 입법의 기능을 하기도 하는 것입니다. 어음법, 수표법은 국제조약에 기한 법규로서 법규에 결함이 있더라도 유보

조항이 없는 한 법률의 개정에 의한 보완이 불가능한 분야이므로 판례는 중요한 의미가 있고 또한 판례는 장래의 판결을 예측할 수 있게 하여 법규의 결함을 보완해 준다고 할 수 있습니다. 그러나 판례가 입법취지를 외면하고 경직된 문리해석만을 되풀이함으로써 부당한 행위를 합법화시키는 실정을 시정하기 위하여 법개정에 의하여 판례를 변경시키는 경우도 있습니다. 그 예가 주권발행전의 주식양도에 관한 규정(상법 제335조)이라고 할 수 있습니다. 일본의 판례도 과거 맹목적으로 어떠한 경우에도 주권발행 전의 주식양도는 효력이 없다는 입장을 우리의 경우와 마찬가지로 되풀이하였으나 1972년에 최고재판소의 대법정 판결로 주권발행 전의 주식양도는 회사에 대하여 효력이 없다고 하기 위해서는 "회사는 성립 후 또는 신주의 납입기일 후 지체 없이 주권을 발행하여야 한다"는 것이 전제가 되어야 한다고 하면서 회사가 주권의 발행을 부당하게 지체하여 신의칙에 비추어 보더라도 주식양도의 효력을 부정하는 것이 타당하지 않은 상황에 이른 때에는 주주는 의사표시만으로 유효하게 주식을 양도할 수 있고 회사도 그 효력을 부정할 수 없다고 하여 법개정이 없이 문제해결을 가능하게 하였습니다. 즉 이러한 판례는 법개정의 필요성을 상실시키는 것이라고 할 수가 있습니다. 그러나 우리의 경우에는 법원의 무리한 판결에 대하여 무리한 법개정으로 맞대응함으로써 문제를 해결했다고 할 수 있습니다. 그러나 무리한 법개정으로 주식양도의 효력에 관한 문제는 해결되었다고 할 수 있겠으나 다른 부작용이 우려됩니다. 즉 회사성립 후 또는 신주의 납입기일 후 6월이 경과하였음에도 회사가 주권을 발행하지 않은 때에는 주권 없이 한 주식양도는 유효하다고 함으로써 주권은 6월 내에만 발행하면 된다든가 어차피 6월이 경과하면 회사에 대하여도 효력이 있는 주식양도가 가능하게 되므로 구태여 상당한 비용을 들여 주권을 발행할 필요가 없다는 인식을 조장할 우려도 있는 것입니다. 그러므로 가장 바람직한 것은 판례에 의하여 법개정의 필요성이 없게 되는 것이라고 할 것입니다.

1970년대까지만 하여도 법원에 판사들에 의한 판례연구모임이 있었던 것으로 보이나 학계의 판례 연구는 활발하지 못하였던 것이 사실입니다. 물론 당시의 상사판례는 희소했던 것이 이유이기도 합니다. 1977년에 후암 곽윤직 교수님의 주도로 민사판례연구회가 창립되면서 법원의 판사와 학계의 교수들이 함께 판례를 연구하게 됨으로써 이때부터 적어도 사법분야에서 이론과 실무의 협동의 계기가 마련되었다고 할 수 있습니다. 1970년대 후반부터는 상사법 분야의 판례가 급격히 양산되기 시작하여 오늘날은 상사법 판례가 회사법, 보험법 분야에서 급증하고 있습니다. 바로 5년 전에 김건식 교수와 목영준 부장, 김용덕 부장 등이 나의 집에 찾아와 본인의 회갑을 기념하여 논문집을 마련하겠다는 뜻을 전달하였는데 간곡하게 사양한 바 있습니다. 그 대신에 나의 회갑을 기념한다기보다 우리 정부가 수립된 후 50년간의 상사판례 중 중요한 것을 엄선하여 상사판례평석집을 마련하는 것이 더 의미가 있다는 쪽으로 의견의 일치를 보아 당시 편집위원 김성태 교수, 김건식 교수, 목영준 부장, 김용덕 부장, 권순일 부장 등이 중심이 되어 『상사판례연구』1, 2, 3권의 발간을 보게 된 것입니다.

목 부장판사는 『상사판례연구』 다섯 권을 모두 내가 주관하였다고 했는데 1, 2, 3권에는 그동안 발표한 나의 판례평석이 포함되어 있으나 이는 편집위원 다섯 분의 정성과 노력으로 이루어진 것입니다. 이후 4, 5권은 대학원 강의를 진행하면서 모아 온 원고들과 일부 청탁에 의하여 집필된 원고들을 모아서 발간된 것입니다. 현재 『상사판례연구』는 6권을 준비 중인 것으로 알고 있습니다. 30여 년 전만 해도 평행선으로 질주하던 이론과 실무가 이제는 공동의 장을 마련하여 법률문화의 장을 도모하고 있어 자랑스럽게 생각합니다.

박상근　선생님께서는 오랜 교수생활을 통하여 항상 자상하시고 사려깊게 수많은 학생들을 가르치시고 훌륭한 제자들을 많이 길러내셨습니다. 선생님께서 기억하시기에 이전의 학생들과 지금의 학생들은 어떤 변화가 있습니까? 학생들에게 남기고 싶으신 말씀도 함께 해 주십시오.

최기원　이전에 목 부장판사가 고시공부를 할 때만 해도 서울대학교 법과대학의 학생들이 고시학원에 다닌다는 말은 별로 듣지 못하였습니다. 그런데 수년 전부터 사법시험 선발인원이 급격히 늘어나면서 대학의 정규수업이 외면당하고 고시학원 강의의 수강생이 늘어나고 있는 것은 심각한 문제가 아닐 수 없습니다. 그러나 학교의 수업에 충실하고 학교 도서관에서 자기 나름대로의 계획을 세워 공부하는 사람이 사법시험에 있어서도 보다 우수한 성적으로 합격할 수 있다는 것을 잊어서는 안 될 것입니다. 학원에 가는 심정은 마치 모든 일에 불안하고 자신이 없어 점술인을 찾아다니는 것과 같다고 봅니다. 즉 학원에서의 교육은 비정상적인 교육이 아닐수 없고 앞으로 시험제도가 개선되면 별로 도움을 받지 못하게 될 지도 모릅니다. 특히 서울대학교 학생이면 야망과 자부심을 갖고 정도를 가야 한다고 생각합니다.

법대 교수들의 학생들에 대한 사랑은 지극합니다. 그러나 최근에 수년 전부터 법과대학에서는 사은회가 없어졌다고 합니다. 학생들은 모든 면에서 모범이 되어야한다고 생각합니다. 스승에 대한 최소한도의 예의도 갖추지 못하면서 법조인이 된다고 한다거나 사회의 지도층이 되려고 한다는 것은 재삼 반성해야 될 문제라고 생각합니다. 내년부터라도 조촐하고 다정한 사은회가 법과대학에서 부활되었다는 소식이 있기를 바라는 바입니다.

목영준　　선생님께서는 학창시절에 성악과 첼로 연주를 하시는 등 음악에 관심이많으셨고, 고서화 등 미술 분야에도 깊은 조예가 있다고 알고 있습니다. 선생님의취미활동에 관하여 말씀하여 주십시오.

최기원　　어려서부터 노래를 좋아하여 1948년경, 그 당시는 TV는 물론 없었고 녹음방송도 이루어지지 않고 라디오 방송이 생방송으로 이루어지던 때였는데, 당시국민학교 5학년이었는데 저녁 어린이 시간에 수차 독창을 한 바 있고, 경기고등학교에서는 합창반의 반장으로 월요일 조회 때에는 애국가 제창을 지휘하기도 하였습니다. 대학에 가서도 합창단을 조직하여 음악회를 개최하였습니다. 성악은 고등학교 때부터 대학교수에게 개인지도를 받았고 첼로는 대학에 들어가 배우기 시작하였는데 당시 첼로 연주자가 희귀했던 때라 배운 지 얼마 안 되어서 시립교향악단의 전신인 해군정훈음악대 오케스트라의 첼로 연주자로 1956년에 동남아연주여행에 참여했고 1957년에는 새로 창립된 방송교향악단의 첼로 연주자로 동남아연주여행을 한 바 있습니다. 그리고 1960년 4·19 직후에 독창회를 갖기도 하였습니다. 앞서도 말한 바와 같이 독일로 유학을 간 것은 음악을 좋아한 것이 원인이 되었다고 할 수 있습니다. 유학을 떠나서 상법이라고 하는 어려운 연구를 하게 되면서 음악과는 결별하였습니다. 고서화 등에 대하여 조예가 있다고 하셨지만 고서화는 그저 좋아하는 수준에 불과합니다.

박상근   이제 36년 동안 몸 담으셨던 학교의 틀을 벗어나서 자유로운 시간을 가지시게 되셨습니다. 앞으로의 활동에 대한 계획을 말씀하여 주십시오.

최기원   대학과정 4년을 포함하면 서울대학교에 40년간 몸을 담고 있다가 떠나게 되는 것입니다. 앞으로 당분간 휴식기간을 거친 다음, 이제 강의 등의 부담을 덜게 되었으므로 지난 기간 중에 발간한 교재들과 논문들을 재정리, 검토하는 시간을 갖고자 합니다.

목영준·박상근   이렇게 오랜 시간 많은 질문에 자상하게 답변해주셔서 대단히 감사합니다. 선생님을 가까이에서 뵐 수 있었던 것은 저희 제자와 후학들의 큰 행운이었습니다. 선생님께서 몸소 보여주신 학문하는 태도와 교수의 품격, 그리고 법률가의 자세는 저희들에게 언제나 큰 본보기였습니다. 앞으로도 오랫동안 많은 가르침을 주실 것으로 믿습니다. 모쪼록 건강하시고, 계획하시는 연구에 많은 성과가 있으시기를 기원합니다.

[서울대학교 법학 제43권 제1호(2002. 3)]

백충현 교수 정년기념 대담

백충현(白忠鉉) 교수님

생　몰: 1939~2007
재　직: 1968~2004
전　공: 국제법

대담자 : 정인섭(서울대학교 교수)
이근관(서울대학교 교수)
일　시 : 2004년 8월 3일

"국제법문제의 해결에는 역사학과의 학제적 연구가 필수"

정인섭　　선생님께서는 이번 8월 말일자로서 약 36년간의 서울대학교 교수생활을 마치시며 정년을 맞이하게 되었습니다. 「서울대학교 법학」지에서는 이를 기념하여 선생님으로부터 지난 36년간의 학문세계와 대학교수 생활에 대한 회고담을 들어보는 자리를 마련하였습니다. 우선 먼저 36년간 서울대학 교수로서 봉사하신 지난 세월에 대해서 소감이랄까 감회에 대해서 말씀해 주십시오.

백충현　　이런 자리를 마련하여 평소 얘기하고 생각했던 일들을 정리하는 시간을 갖게 해 주셔서 감사합니다. 국제법 전임이 되고 나서부터 지금까지 적잖은 세월이 지났습니다. 정교수께서 통상적으로 사용하는 '정년퇴임' 대신 '정년맞이'라는 좋은 표현을 써주신 데 대해 진심으로 감사드립니다. 그 이유는 뒤에 얘기를 나누는 과정에서 좀 더 자세히 언급하도록 하겠습니다. 정년을 맞이하는 감회라는 것은 어차피 계속 얘기하면서 나올테니 그때그때 말씀드리도록 하고, 우선 그동안 함께 나누고 싶었던 이야기를 자유롭게 하도록 하지요.

정인섭   아무래도 우선은 좀 옛날로 거슬러 올라가야 될 것 같습니다. 선생님께서는 1950년대 한국사회가 어려울 때 대학에 입학하셨고, 그 당시에는 사실 학문의 길을 걷는다는 것이 그야말로 역경의 길을 걷는 것이라고 평가될 만큼 어려웠던 시절이었는데 법과대학을 마치시고 그 다음 평생을 국제법학자로서의 삶을 이끌어 나가야겠다 결심하시게 된 계기랄까 그런 것으로는 무엇이 있었나요?

백충현   저는 국제법이라는 학문을 전공하는 사람들의 생각에 공통점이 있다고 생각합니다. 그것은 역사인식이라고 할 수 있는데, 특히 저는 우리나라의 역사인식과 관련하여 젊은 시절에 피히테(Fichte)로부터 깊은 인상을 받았습니다. 그는 독일이 나폴레옹의 침공을 받는 역사과정 속에서 『독일 국민에게 고함』이라는 책을 저술했었죠. 그때 민족의 독립을 굉장히 강조했어요. 그 두 번째 주장은 문화를 재건해야 된다는 것이었습니다. 침략을 받는 상황 속에서 이 두 가지가 나라의 핵심이고 기본이라는 얘기를 했던 것을 제가 참 인상 깊게 받아들였습니다.

　우리나라의 역사인식 문제로 화제를 돌려보면, 요즈음의 고구려 역사문제와도 관련이 있습니다만, 먼저 우리나라는 중국으로부터 긴 역사를 통하여 때론 긍정적이고 때론 부정적인 영향을 받은 역사를 가지고 있습니다. 주변 국가로부터의 부정적 영향이 극에 달하였던 하나의 현상이 일본으로부터의 침략기였습니다. 그리고 해방 후에 우리가 독립은 되었지만 남북분단이라는 특이한 상황에서 앞에서 말씀드린 문화재건 문제가 되었든 민족의 독립문제가 되었든 아주 특이한 어려움에 처하게 되었는데, 이런 상황에서 우리가 국제 사회에서 그것을 지키는 길이 무엇인가를 저는 고민하였고 이런 의식의 실천이 학문에 있어서는 국제법이라고 생각했던 것입니다.

이근관   선생님 학창시절 말씀이 나와서 질문을 드리고 싶은 것이 있습니다. 선생님께서 1957년부터 1961년까지의 학부생 시절에 특별히 감명 깊게 들으신 강의라든지 인상 깊게 읽으셨던 책이 있으면 말씀해 주시기 바랍니다.

백충현　우선 국제법과 관계되고 또한 우리 서울대학교의 얘기니까, 서울대학교의 국제법 제1대 교수님이라 할 수 있는 기당 이한기 선생님과 2대라고 할 수 있는 석암 배재식 선생님 두 분에게서 아주 많은 감명을 받았습니다. 제가 두 분의 제자로서 따지자면 3대에 해당하는데, 제가 대학교육과정에서 국제법에 관심을 갖고 또 전공까지 하게 된 계기를 이 두 분 선생님께서 마련해 주셨다고 말할 수 있겠습니다.

　다른 학문 분야의 경우 거의 대부분 당시에 있어서는 일제시대에 독일을 통해서 받은 지식을 소개해주는 수준에 그쳤습니다. 그럼에도 불구하고 이한기 선생님께서는 1950년대 후반에 본인이 서양의 국제법지식을 기초로 하면서도 한국의 국제법관이 투영된 국제법교과서를 저술하셨고, 또 이론이라는 형태로서만이 아니라 사례연구(case study)라든지 또는 문답식 강의방식(Socratic method) 등의 방식을 통해 전수하셨습니다. 그런 것이 가장 기억에 남는 일이었다고 할 수 있겠습니다.

정인섭　그런 경험들이 국제법을 전공하시게 된 데도 많은 밑바탕이 되었던 것입니까?

백충현　그렇습니다. 또 하나는 그 당시 대학에서 국제법학회 활동을 하고 국제법에 관심이 있다는 사실에는 하나의 전제조건이 붙어 있었습니다. 그것은 외국어가 어느 정도 되어야 한다는 것이었습니다. 그것이 영어일 수도 있고 불어일수도 있고 독일어일 수도 있습니다. 외국어의 기초가 되어 있는 사람들이 모인다는 것을 저는 이렇게 생각했습니다. 학술 또는 학문을 통하여 우리가 궁극적으로 도달하고자 하는 지점은 어디인가? 학술활동은 결국 역사적으로 실재했던 사상이라든지 지식이라든지 그 기반이 되는 문화에 직접 도달하는 작업입니다. 이렇게 볼 때 우리가 번역서만 보고서 그 문화에 접근한다는 것은 불가능합니다. 번역서만 보면서 학문연구를 하면, 경우에 따라서는 아주 왜곡된 형태의 문화에 접근할 수도 있고 자기 스스로의 잘못된 인식을 고착시킬 위험도 있습니다. 그런데 그 당시에 다른 법분야에 있어서는 많은 경우 일본을 통해서 온 프랑스나 독일 또는 일본 스스로의 세계관이 반영된 법학사상이 범람하고 있었기 때문에 이러한 풍토에 대한 자연스러운 저항감이 있었던 것도 사실입니다. 서양문화에 대한 연구를 통해 우리 것을 찾는다고 했을 때, 일본 등의 우회로를 통해서가 아니라 직접 가야 한다는 생각을 가진 사람들이 국제법에 관심을 가지고 학회를 같이 했습니다. 그러다 보니 영어나 다른 언어에 어느 정도 상대적으로 동료보다 우수한 학생들이 모였고 국내서적보다는 외국서적을 보다보니 세상을 파악하는 눈도 넓어졌습니다. 사실은 국제법 전공서적을 보는 것보다 소설이라든지 기타 인문사회 계통의 책들을 많이 접하였습니다. 제가 학교 다닐 때 관심 있게 봤던 책은 상당히 많습니다. 대학시절에는 지적 관심이 왕성한 때여서 그때그때마다 다양한 학문적 관심이 유발되었는데 한 때는 심리학이 굉장한 관심의 대상이었습니다. 칼 메닝거(Karl Menninger)라든지 그 외에도 저명한 사람들이 있습니다만, 우리는 그런 책도 다 보려고 노력을 했습니다. 또 소설 같은 것도 얘기를 하면 그때 실존주의 철학이 풍미하던 시절이지 않습니까? 기억에 남는 한 가지만 얘기를 할게요. 남들은 사실 『구토』라든지 이런 책은 읽기 싫어했습니다. 그런데 우리가 그런 책을 보면서 굉장히 감명을 받은 것은 세상을 사는 방법에 관하여 진지한 고민을 할 수 있었다는 것입니다. 예를 들면 우리가 태어날 때부터 많은 능력과 훌륭한 여건을 구비하고 태어나면 참 좋겠지만, 선천적으로 그런 것이 부족할 때는 어떻게 하는가? 그때는 우리가 방법을 배워야 된다. 이런 것도 역시 풍부한 책읽기가 우리에게 제시해 준 것입니다. 우리가 영어권에서 태어나지 않았고 라틴어를 모르고 서양의 사상을 모르고 했을 때 그땐 이를 보완하는 방법으로 해결해야 합니다. 그 중 하나가 당시 국제법연구가 전제로 하고 있었던 외국어능력에 기초한 폭넓은 독서와 사색이었는데 이런 노력을 통하여 폭넓은 시야를 얻을 수 있었다고 생각합니다.

이근관　　지금 말씀하신 내용 중에서 국제법학회에 관한 언급이 계셨습니다. 국제법학회는 지금까지 오랜 전통을 이어오면서 우리 법과대학 내에서 여러 가지 뜻 깊은 활동을 많이 해오고 있습니다. 선생님께서 학부생이셨던 1957년에서 1961년까지 국제법학회가 그 당시에 전개했던 활동에 관하여 말씀해 주시고 당시 국제법학회에서 주로 어떤 자료를 활용하여 학회활동을 펼치셨는지 소개해 주시기 바랍니다.

백충현　학술적인 활동이라는 것은 그 기초가 자료입니다. 그런데 그 당시에는 자료가 거의 없었어요. 그래서 그 자료를 제공해주는 역할을 교수님들이 하셔야 했는데 교수님들 스스로가 우리가 읽을 수 있는 자료를 만들어 주실 수 있는 그런 형편은 아니었습니다. 제가 대학 다닐 때는 나중에 대사를 지내신 이기주 선배님께서 자료를 가지고 와서 소개, 번역을 해주셔서 우리가 공부하는 학회로 되었다는 것을 지적할 수 있습니다.

　그래서 나중에 내가 이제 조교가 되고 전임이 되었을 때는 자료를 학생들에게 제공해주기 위해서, 그 당시 표현을 쓰자면 스텐실 있지요, 그걸로 단어를 찍어서 복사를 하는데 형편이 여의치 않으면 교회에 가서도 복사를 했습니다. 이런 노력을 통해 학생들에게 자료를 제공하였는데, 국제사법재판소 판례라든지 그 수준에서의 자료였습니다. 그리고 국제사법재판소판례 중에서도 당시 우리와 밀접한 관련을 맺고 있던 해양법 분야의 코르푸 해협(Corfu Channel) 사건 등에 관한 자료를 포함시켰습니다.

정인섭　그 당시 주로 가까이 활동을 하셨던 분으로는 어떤 분들이 계셨습니까?

백충현　우리 동기를 중심으로 하면 대개 외교부로 간 분들이 많고 그 다음에 학계로 온 분들은 아주 소수입니다. 제 동기 중에서는 외교부에 있다가 이미 세상을 뜬 배병순 등을 들 수 있고, 학계에 남은 사람으로서는 노명준 교수, 그리고 또 외국대학에 가있는 분들도 있습니다. 노명준 교수는 국제법을 전공해서 외국어대학에서 정년을 맞으셨습니다. 그런 분들을 중심으로 해서 선후배들, 권병현 대사라든지 조금 내려가면 김석우 대사라든지 외교부에 근무했던 사람들이 굉장히 많았습니다.

정인섭　그 이후에 국제법 교수로서의 한 길을 걸어오신 셈인데, 전반적으로 선생님이 국제법이라는 폭넓은 학문을 하시면서도 평생의 주제로 생각해 온 분야라고 할까요, 그런 것들은 무엇이었습니까?

백충현　누구나 다 비슷한 생각을 거치게 되는데 보통 조금 넓은 데서 출발을 했다가 차츰 좁혀 가는 것 같습니다. 저도 국제법 교수를 해야 되겠다는 생각을 했을 때에 어떤 국제법 접근방법을 택할 것인가를 두고 고민했고, 인류를 위한 아주 이론적인 국제법학자가 되어야겠다는 생각을 가졌습니다. 그렇게 생각한 데는 저의 개인적인 선입관이 있었습니다. 우리가 아는 국제법은 제국주의, 식민주의 침략을 했던 서구 중심의 국제법이 아닌가, 우리는 그것이 지고의 가치이자 당연한 규범이라고 생각하지 않았는가 하는 반성에서 기존의 서구 중심적 국제법의 틀을 깨는 국제법을 할 생각이었습니다. 마치 어린애들이 크면 대통령 되겠다고 하는 것과 비슷한 생각이었습니다.

너무나도 고맙게도 아주 짧은 시간이 지나고 나서 생각이 바뀌었습니다. 간단히 말씀드리면 서울대학교 법과대학에서 국제법을 듣는 학생들을 위한, 그리고 국제법을 전공하는 후학들을 위한 국제법을 가르치고 연구하는 교수가 되겠다고 좁히게 되었습니다. 그러고 나니 제가 할 일이 아주 분명해지고 그 다음에 연구주제도 명확하게 나타났습니다. 우선 역사와 관련된 국제법적 문제에 깊은 관심을 가질 수밖에 없게 되었습니다. 구체적인 연구주제를 놓고 보면 지금 우리가 다 같이 관심을 갖고 있는 영토문제가 중요한 것이었고, 그 다음에 해외로 유출된 문화재를 반환하는 문제 그리고 또 재일동포를 포함하는 인권의 문제 이렇게 얘기할 수 있겠습니다. 그러나 이런 문제를 이론적으로만 접근하는 것에 대하여 저는 생각을 달리하고 있습니다. 법학을 보통 실용학문이라고 하고, 따라서 이론이라고 하는 것도 결국은 실천을 위한 이론이 아닌가 하는 생각입니다. 이런 생각에서 자연스럽게 분쟁의 평화적 해결이라는 주제에 관하여도 관심을 가지게 되었습니다.

정인섭　　그렇게 말씀하시면 영토문제 같은 경우는 기당 이한기 선생님의 영향을 받았고, 다음 재일동포 등의 문제는 석암 배재식 선생님께서 관심을 가지셨던 분야이므로 어떻게 보면 학문적으로 2대에 걸친 관심사였다고 할 수 있겠네요. 그러면서도 선생님께서는 범죄인 인도제도를 주제로 하여 박사학위논문을 쓰셨는데 그것은 또 어떤 특별한 계기가 있으셨나요?

백충현　　우리가 잘 아는 대로 박 대통령에 대해서는 시해미수로 그쳤지만 그 과정에서 육영수 여사가 시해된 사건이 있지 않습니까? 그 사건이 터지고 나서 여러 가지 국제법적인 문제가 대두되었는데 그것을 논의하는 과정에서 범죄인 인도문제에 대해서 관심을 갖게 된 것이 직접적인 계기라고 볼 수 있습니다. 범죄인 인도제도를 학위논문까지 연장해서 연구하면서, 대개 다른 분야도 마찬가지지만 특히 이 범죄인 인도제도가 마치 인권을 위한 것처럼 보이면서도 사실은 국가목적을 위한 제도가 아닌가 하는 생각이 들었습니다. 그래서 범죄인인도에 관한 학위논문을 작성하면서 저의 인권관이 좀 바뀌었어요.

어느 사회에나 강자, 약자가 존재하기 마련인데 강자는 스스로의 힘이 있기 때문에 결국 인권은 약자를 배려하는 것이 아닌가 하는 생각을 하게 되었습니다. 사실 국내법, 국제법에 인권에 관한 규정들이 많습니다. 헌법에서는 마그나 카르타까지 올라가고, 각종 인권규약도 그렇고 우리 헌법을 보더라도 많은 규정들이 마련되어 있습니다. 왜 나라마다 똑같은 규정을 두고도 각각 다르게 적용될 수밖에 없는가 하는 의문이 제기될 수밖에 없는데, 바로 입법부, 사법부, 행정부가 입법을 하고 집행까지 하는 과정에 있어서 어떤 생각을 가지느냐가 중요해집니다. 즉, 강자의 위치에 있거나 가해자의 위치에 갈 수 있는 국가가 입법을 안 하거나, 그 다음에 행정부나 사법부가 기준에 미달하는 재판을 했다면 피해자는 사실상 구제가 안 되고 맙니다. 그런 의미에서 약자의 인권이라는 것을 법률 조문에서 찬란하게 표현한 것은 큰 의미가 없으며, 인권침해를 예방해야 할 위치에 있거나 아니면 피해자를 구제할 위치에 있는 자의 의무가 되지 않으면 실천할 수 없는 문제가 아닌가 하는 생각을 했습니다. 범죄인 인도로 다시 돌아가서 얘기하자면, 범죄인 인도의 대상이 된 사람의 인권이 존중되는 범죄인 인도제도로 국제법이 발달해야 하지 않을까, 저는 거기까지 가지 못하긴 했습니다만, 그러한 생각을 많이 가지게 되었습니다.

이근관　　마침 인권에 관한 문제가 나와서 얘기가 자연스럽게 다음 부분으로 넘어갈 수 있게 되었습니다. 선생님께서는 인권에 관해서 이론적, 학문적으로 깊은 천착을 하셨을 뿐만 아니라, 그것을 실천하시기 위해서 여러 방면에서 많은 노력을 하신 것으로 알고 있습니다. 가장 대표적인 예가 1990년대에 UN인권위원회 아프가니스탄 인권특별보고관으로서의 활동일 것입니다. 우선 그 부분에 관한 개략적인 말씀을 듣고 또 질문을 드리도록 하겠습니다.

백충현　　대개 세상일은 아주 작은 계기가 공식적이고 큰 일로 발전하는 경우가 많이 있지 않습니까? 우리 세대에 국제법을 전공한 사람은 아주 소수였습니다. 그렇기 때문에 우리에게는 그러한 자질과 훈련과 능력이 쌓이기도 전에 국제적인 학술 또는 외교회의 등에 관여할 수밖에 없는 계기가 많이 생겼습니다. 제가 UN 인권보고관에 선임된 것도 그러한 예의 하나라고 생각합니다. 우리나라에서 UN 인권위원회에서 주관하는 워크숍을 서울에서 개최한 적이 있습니다. 그때 제가 기조연설자(Keynote Speaker)로서 참가하였습니다. 그런 것이 UN기관에 알려졌을 수도 있겠지요. 두 번째로는 국제사회에서 어떤 자리에 선임되거나 추천되거나 할 때는 국제사회에 좀 알려져 있어야 될 것 아니겠습니까? 우리 사회가 이런 문제에 굉장히 인색한 것이 사실인데, 이런 사정이 변해서 많은 젊은 국제법 연구자들이 빨리 그런 기회를 가지길 바랍니다. 우리나라 국제법 연구자 중에서 국제사회에 알려진 사람이 매우 적었다는 사정 역시 하나의 계기가 된 것 같습니다.

　아프가니스탄 인권문제 특별보고관을 선임하는 문제는 UN인권위원회의 소관사항인데, 인권위원회 이사국이 53개국입니다. 절차상으로는 거기서 선임하게 되어 있지요. 사실은 거기에서 위원장이나 기타 위원들이 추천해서 좋다고 하면 끝납니다. 왜 이 말씀을 드리는가 하면, 우리가 국제사회에 가서 많은 기여를 하기 위해서는 일단 그 자리에 가야 기여할 거 아닙니까? 이런 과정에는 우리가 생각하는 것과는 다른 변수가 많기 때문에 하나 더 말씀드리지요. 아프가니스탄 인권보고관 선임에 있어 어떤 요소가 배려되었는가 하는 문제와 관련하여, 우선 아프가니스탄 인권문제에 관하여 그 당시 제일 큰 이해관계국이 소련, 즉 러시아와 파키스탄을 지원했던 미국이라는 사실이 있습니다. 거기에 또 UN에서 어떤 중요한 위치의 자리를 A나라가 맡았다가 또 다시 A나라가 이어받는 법은 없거든요. 그래서 한번 라틴아메리카가 되었으면 유럽에서 하거나 이렇게 돌아가는데 제 전임자가 오스트리아 사람이었어요. 그러니까 라틴아메리카에서 해야겠다고 해서 브라질에서 나섰어요. 그리고 그 다음에 다른 데가 있고 해서 최종후보자가 다섯 명인데 그 중에 하나가 접니다. 나중에 들은 얘기지만 미국하고 러시아는 이해관계 당사국이기 때문에 적합지 않다, 그리고 나서 인권문제라는 것은 국제법 문제 아니냐, 그러니까 국제법 전공자가 하는 것이 타당하다. 그 다음에 두 번째로는 한국이라고 하는 나라는 저력도 있고 UN에는 늦게 들어 왔지만 잠재력도 있고 기여도 해야 하는데 상대적으로 그런 기회가 적으니까 한국이 참 좋겠다. 이런 것이 배려되었다고 합니다. 그래서 인권위원회에 관여하게 되었습니다.

거기다 제가 그것을 수락하게 된 개인적인 동기도 있습니다. 제 세대 사람들은 모두 공감하겠지만 제가 기억하는 과거 한국사회는 사회현상으로 얘기를 하면 가히 석기시대 비슷한 것이었습니다. 제대로 먹지도 못하고 잘 곳도 마땅치 않은 환경에서 자랐잖아요? 지금은 우리가 21세기에서도 참 선진적인 대열에 있지 않습니까? 이것이 어떻게 해서 가능했느냐 하는 것은, 사실 국제사회로부터의 도움입니다. 여기에 계신 두 교수님과 다른 동료 교수님들께서도 외국의 유수한 대학에서 유학도 하고 연구도 하셨는데 그때 국제사회에서 많은 지원을 받았단 말이에요. 우리는 그것을 보답해야 한다고 생각합니다. 그래서 바로 제가 그러한 은혜를 받은 선진국에다 보답은 못하더라도 과거의 우리하고 비슷한 처지에 있는 아프가니스탄 여기에 보답한다는 생각이 개인적으로 저의 머릿속을 가장 크게 차지하였습니다.

이근관 아프가니스탄 인권보고관으로 활동하던 시절의 말씀이 나와서 한두 가지 여쭈어 보겠습니다. 선생님께서 보고관으로 활동하실 때, 현지 방문도 하시고 주변국가인 파키스탄, 이란 등지도 방문하시면서 위험한 고비를 많이 넘기신 걸로 알고 있습니다. 활동하시면서 특히 감명 깊은 일화가 있으시면 소개해주시기 바랍니다. 한 가지 더 여쭙고 싶은 것은 아프가니스탄 문제는 아직까지도 미해결상태로서 전 세계사회에 주목을 받고 있습니다. 특히 선생님께서 보고관으로 활동하시던 1990년대에 아프가니스탄 사태가 악화 일로에 있었던 것으로 기억합니다. 선생님께서는 이 문제와 관련해서 인권과 지역 안보의 관점에서 1997년 일본 국제법학회에서 논문을 발표하신 것으로 알고 있는데, 아프가니스탄의 인권과 또한 아프가니스탄의 장래에 관한 전망을 제시해 주시기 바랍니다.

백충현 제일 뒤에 말씀하신 일본 국제법학회에서의 논문발표에 대하여 먼저 얘기하지요. 일본이 국제법학회를 만든 것이 역사가 깁니다. 1997년이 학회창립 100주년 기념이었고 질이나 모든 면에서 가히 세계적인 수준의 국제학술행사를 했지요. 고맙게도 그때 기조연설자 중의 한 사람으로 초청받아 가게 되었습니다. 원래 요청받은 것은 지역안보와 국제법, 일본의 역할 이런 것이었습니다. 제가 이 주제는 국제정치적인 측면도 굉장히 강하고 이러한 측면에 대해선 내가 적임자가 아니다, 그러나 인권이 지역안보의 중요한 요인(factor) 중의 하나이므로 이 양자를 연관시켜 얘기해도 좋겠냐고 주최 측에 물었더니 그건 더 좋겠다는 반응이 와서 제가 수락했던 겁니다.

이 문제에 대해서 제가 가졌던 생각은 이렇습니다. 평화적인 국제관계가 유지될 때도 있지만 그러나 그것이 악화될 때도 있고 그 극단적 형태가 전쟁이지요. 또 전쟁에서 다시 평화로 돌아오는 과정에서 자기네 국민의 인권에 대한 침해가 해결되지 않고 남아있는 경우에 또는 자기 국민이 계속적으로 차별받고 있을 때, 우호관계가 회복될 수 없는 것이지요. 우리와 일본과의 관계를 생각해 보면 쉽게 이해가 갈 것입니다. 자기 국민이 그러한 박해를 받아 외교관계가 악화되고 그것이 극단화되면 전쟁을 하게 되는 것입니다. 그래서 제가 국제안보, 지역안보에 있어 인권이 기본적인 팩터(factor)다 이런 주제로 몇 가지 구체적인 예를 들면서 얘기를 했어요.

아프가니스탄 문제로 다시 돌아가서 몇 가지 기억에 남는 얘기를 하겠습니다. 인권에는 다양한 요인들이 작용하고 있는데, 우선은 역사적인 배경이 있고 역사적인 배경에 기초해 각 기득권을 가지고 있는 세력들이 양보하지 않고 종교적인 요인, 인종적인 요인, 지역적인 요인 또 그 세력들하고 중앙정부 또는 외부국가와의 연계 이런 것들이 다 작용하는 거지요. 그때 제일 큰 인권문제는 크게 나누면 두 가지입니다. 하나는 바로 언제 없어졌는지 모르게 살해당하거나 기타 전쟁 내란 상태에서 생기는 인권침해 상황이고, 둘째는 난민 등이 처한 극단적으로 궁핍한 상황인데 어떤 의미에서는 인도법의 문제가 될 수 있겠지요. 정말 생명에 관한 문제니까 어떻게 식량이나 의료품 등을 지원하느냐가 큰 고민거리였습니다. 내전 하에서의 인권침해의 방지와 난민 등에 대한 인도적 지원, 이 두 가지를 합쳐 놓은 것이 특별보고관의 임무였습니다. 이와 관련하여 먼저 지적할 수 있는 것 우선 이슬람이라는 종교 나름대로의 특수한 논리였습니다. 탈레반이 득세하면서 여자는 밖에도 못 나가고 치료도 못 받고 교육은 물론 못 받게 되었고, 이래서 인권 중에서 여성의 인권 그리고 아동의 인권이 가장 크게 문제가 되었던 것을 지적할 수 있습니다. 관련해서 한 가지 이야기하면 난민이 이란이라든지 주로 파키스탄 쪽에 많이 가 있는데, 난민촌 정도가 아니라 하나의 난민지역입니다. 왜냐하면 페샤와르에는 무려 360만의 난민이 몰려왔으니까요. 한번 생각해보세요. 거기에 와있는 사람들이 먹을 것이 없는 건 물론이고 궤짝 위에서 분만을 합니다. 이런 것을 도외시하면서 어떻게 인권문제를 논의할 수가 있겠습니까?

두 번째로 제 개인적으로 관심을 가졌던 것을 두 가지만 이야기하겠습니다. 하나는 문화재입니다. 제가 아프가니스탄 특별보고관에 임명되었다는 사실을 알고서 아프가니스탄이 어디 있는 나라인가, 백과사전을 찾기 시작했어요. 그런데 국민학교 시절에 우리나라가 불교국가인데 불교가 아프가니스탄을 거쳐서 이렇게 왔다, 우리나라 스님들이 그쪽에도 갔었다고 배운 기억이 번뜩 났어요. 아! 역시 불교국가구나 이렇게 생각했는데 보니까 불교국가가 아니고 이슬람국가였단 말이죠. 불교라는 것은 그 종교적인 측면만을 볼 것이 아니라 사실은 그 시대의 사상이고 문화죠. 누구나 아는 대로 아프가니스탄은 대표적인 불교문화인 간다라 문화의 발상지이자 그 보고(寶庫)거든요. 사실 보고라고 제가 표현한 것은 잘못입니다. 간다라 문화는 아프가니스탄에 더 이상 남아 있지 않습니다. 이게 바로 전쟁의 참상의 하나라고 볼 수가 있는데 그래서 더욱 인권보고관 시절에 문화재에 관심을 가졌습니다. 많은 것이 있습니다만 가장 국제적인 관심을 끈 것을 이야기하자면 그것은 바미얀에 있는 석불입니다. 1,700년 내지 2,000년 됐다고 얘기하는데 그 높이는 55m 내지 57m쯤 됩니다. 2,000년 가까이 됐으면 오래됐다는 의미에서 또 높다는 의미에서 最古, 最高라고 일컬어지는데 그 옆에 33m짜리도 있습니다. 그 불상을 현지 지휘관 중의 하나가 파괴하겠다고 하는 겁니다. 제가 현지에 갔었는데 아마도 공식적으로 현지를 방문했던 마지막 외부 사람이 아닌가 생각됩니다. 이 불상을 파괴한다고 했을 때, 밑에다가 탄약고를 만들어 놓고 그 55m 머리 위에다가 대공 미사일을 놓고 있었어요. 지휘관에게 얘기하기 전에 제가 UN 인권고등판무관(UN High Commissioner for Human Rights)과 UN 사무총장한테 이 문제를 국제사회에 호소하자고 제안했습니다. 그래서 제 이름을 합쳐서 바미얀 석불을 보존하자고 국제사회에 어필했습니다. 그때까지만 해도 인권위원회에서 많은 사람들이 무슨 특별보고관이 생명이 오고가는데 문화재 보호를 인권이라고 얘기를 하냐고 해서 구설수에 오르기도 했습니다. 결론만 얘기하자면 지금의 인권위원회에서 이것을 자기네 자랑거리로 생각하게 되었습니다.

외교협상은 물론 외교관들이 잘 하겠지만 협상의 기본은 상대방을 편하게 해줘야 한다는 것입니다. 바미얀 석불을 보호하기 위하여 현지 탈레반 지휘관과 협상할 때 상대방에게 명분을 주기 위해 제가 몇 가지 질문을 했어요. 첫 번째로 당신네 나라에 불교 신도가 몇 명이나 있느냐 하니까, 한 명도 없대요. 그래서 제가 되묻기를 그렇다면 이게 왜 우상이냐, 이것은 너희 나라 조상이 2,000년 전에 만든 어느 나라도 이룩할 수 없는 찬란한 문화 창조물이다, 따라서 이 창조물을 현재 및 미래의 아프가니스탄 사람들의 문화적인 자부심이 되고 민족의 정체성 형성에도 도움이 되니 보존해야 된다고 설득했습니다. 이런 설득이 먹혀 들어갔는지 국제적인 압력이 주효했는지는 모르지만 결국 보존됐습니다. 나중에 결국은 탈레반이 궁지에 몰렸을 때 파괴하고 말았는데 아직도 마음 아픈 대목입니다.

그리고 마지막 미션에 관련된 얘기를 하나 더 하지요. 내란이 그런 것인데, 한때 탈레반들이 북쪽지역 대부분을 장악한 적이 있습니다. 마자리 샤리프까지 올라가서 적대세력을 무장해제시키려다 역으로 잡혔는데 2천 내지 3천 명을 산 채로 깊이가 30m에서 100m 되는 우물에 80명, 100명씩 넣고 덮어버렸어요. 이 사건의 조사가 저의 마지막 미션이 된 셈인데, 제가 그걸 거기에서 봤다고만 해선 안 되니까 현지 서방대사관의 무관(military attaché)과 법의학 전문가(forensic expert)와 같이 동행하여 조사 작업을 했습니다. 나중에 전범처리문제가 있고 해서 아직 UN에서 공개를 못하고 있어요. 그 두 가지가 가장 기억에 남는 임무였다고 생각합니다.

정인섭　아프가니스탄 사태와 관련하여 바미얀 석불 등 문화재에 대한 남다른 관심도 표명하셨습니다만, 아까 또 처음에 선생님의 평생의 연구주제 중에 문화재에 대한 관심을 말씀하셨지요. 그래서 아직까지도 마무리되지 않은 사건이지만 외규장각 문화재 반환문제에 대해서도 일찍이 국제법적인 시각에서 문제제기를 하는데 가장 큰 기여를 하셨고, 또 여러 가지 반출문화재의 반환 등에 관한 문제에 관해서 논문이나 발표를 많이 하신 것으로 알고 있습니다. 1965년 한일협정의 일부로 문화재 반환 협정도 포함되어 있었습니다만 사실 국제법학계나 사회적으로 문화재 반환 문제가 커다란 주목을 받기 이전부터 선생님께서는 어떠한 계기로 이 문제에 남다른 관심을 갖게 되었나요? 또 한 말씀 더 부탁을 드린다면 아직 미결의 문제인 외규장각 도서 반환문제라든가 좀 더 넓게는 반출문화재의 원출처국으로의 반환 문제에 대해서 국제사회는 어떤 입장을 취해야 할 것인가에 대해서 한 말씀 해주시지요.

백충현　　먼저 어떤 계기에 의해서 이런 관심을 가지게 됐느냐는 질문인데, 관심을 가지게 된 데는 저로서도 정당성이 있어야 되겠지요. 많은 국제법 주제 중에서 문화재 반환을 선택하게 된 데는 우리 역사가 중요한 계기가 되었습니다. 우리가 아주 남다른 역사를 가진 나라 아닙니까? 나라의 독립이라든지 문화의 재건이라는 중요한 문제와 관련하여 두 가지 측면이 있습니다. 첫 번째는 역사적으로 우리가 피해자 입장에 있는 나라라는 것이고, 두 번째는 그런 피해자적인 위치에 있는 나라인 우리가 택할 수 있는 방법의 문제지요. 대개 양쪽에 정당성이 있을 때는 힘을 가진 나라가 언제든지 도미넌트(dominant)한 입장에 있잖아요? 피해자인 나라일수록, 관련 증거가 가해자인 나라에 가 있습니다. 우리의 경우를 보더라도 관련 자료가 일본에 가 있고 우리한테는 없습니다. 위안부 문제도 그렇고 문화재도 그렇습니다. 대표적인 예로서 룩소르 신전 앞에 있는 오벨리스크 있잖아요? 신전 입구 오른쪽에 있던 것이 없어졌는데, 파리의 콩코르드 광장에 와 있거든요. 그 밑에는 파라오가 기증했다고 되어 있습니다. 그런데 그건 약탈해 간 것입니다. 이런 것을 보면서 과연 문화재라는 것이 한 민족의, 한 나라에 있어 그것이 창조된 시대의 문화적 가치의 정수라고 할 수 있는데 우리나라는 왜 그렇게 됐는가 하는 생각이 들었습니다. 특히 일본하고의 관계에 있어서 관심을 갖게 된 것은 대개 식민지배라고 하는 것은 높은 수준의 문화가 낮은 수준의 문화를 지배하고 점령하는 과정인데, 세계역사에서 유일하게 낮은 문화가 높은 문화를 지배한 것은 한일관계밖에 없다는 사실 때문이었습니다. 그것을 일본이 모르는 것이 아니기 때문에 일본이 우리한테 제일 먼저 한 것이 문화말살 정책이었지요. 그래서 언어를 사용하지 못하게 했고 우리 문화 중 민족의 구심점이 될 수 있는 것을 말살하는 정책을 자행했던 것이지요. 경복궁을 부수고 조선총독부 건물을 짓는다든지 경희궁터에다가 일본학교를 만든 것 등을 예로 들 수 있지 않습니까? 이렇게 볼 때 일본의 식민통치로 인한 피해 중에서도 문화적인 측면에서의 피해가 제일 큰 것이라고 생각했고, 그래서 문화재에 관심을 가지게 되었습니다.

　　정 교수께서 지적하셨지만 1965년에는 매우 정치화된 상황 속에서 한일협정을 체결했기 때문에, 이름은 국교정상화였지만 실질적인 의미에서 양국 관계가 정상화되었다고 보기는 어렵지요. 정상화의 전제는 비정상인데 진정한 정상화를 위해선 식민지배 책임을 제대로 물었어야 하는데 그것이 철저하게 안됐어요. 일본에서는 독립했으니까 축하한다, 이제 잘 지내자 이런 식으로 갔던 것은 우리에게도 책임이 있지만 현실적으로 식민지배 책임을 철저하게 추궁할 수 있던 입장에 있지 못했던 것도 사실입니다. 그래서 문화재 문제 역시 국교정상화회담에서 불완전하게 처리되었습니다. 일본 측의 입장은, 우리가 이 문화재를 다 가지고 있다면 지금 주겠는데, 우리가 민주국가고 자본주의국가인데 민간인이 가지고 있는 것을 어떻게 주냐는 것이었습니다. 내심으로는 당시 일본 측이 맘대로 조선의 문화재를 구입해서 가져올 수 있었는데 그것이 어떻게 불법인가 하는 인식이 깔려있습니다. 그래서 그때 일본의 황실이 보유하고 있던 자료들 중 일부만 주고 그 외에는 안줬습니다.

외규장각 도서를 언급하기 전에 세상에 덜 알려진 사례 하나에 대해 얘기하겠습니다. 영친왕비 이방자 여사의 결혼식 복식을 비롯한 물건들인데 지금은 유물이 된 셈이죠. 1980년대 중반부터 그 당시에 박물관장을 지낸 최순우 관장님께 우리나라 문화재보호법상의 국보라는 용어가 어디서 나왔는가, 보물이라는 용어는 어디서 나왔는가, 과연 일제시대에도 이런 용어가 있었느냐 등의 질문을 하기도 하고 또 문화재 전공하는 분을 여러분 모시고 말씀을 들은 적이 있어요. 그걸 계기로 해서 일본 우에노에 있는 국립미술관에 이방자 여사의 물건이 결혼할 때의 복식부터 소장되어 있는 것을 알게 되었고 이것을 어떻게 반환받았으면 좋겠는가에 관하여 논의하였습니다. 이 문제에 대하여 제가 두 가지 제안했습니다. 우리 정부가 나서지 말고 박물관장이 일본 측 박물관장에게 요청할 것을 제안하면서 제가 편지를 써 드렸습니다. 편지 내용은 반환요청의 취지만을 담아 아주 간단하게 썼습니다. 그랬더니 예측했던 대로 못 주겠다고 답이 왔습니다. 그 이유는 반환요청 대상물건이 국가재산이라는 것이었습니다. 그래서 제가 바로 다시 편지를 써드렸어요. 편지에 두 가지를 썼지요. 하나는 1965년 한일협정에 국가의 재산이면 돌려줄텐데 민간 소유의 문화재는 국가도 마음대로 할 수 없다, 그러니까 일본정부가 민간소유 문화재가 어디에 소재하느냐를 파악하고 또한 이것이 국가의 재산이 되면 그때 돌려주겠다는 취지의 합의각서가 있거든요. 문제의 물건이 국가재산이라면 한국에 돌려줘야 될 거 아닙니까? 만약에 국가재산이 아니라면 이방자 여사 소유 아니냐? 그러니까 이방자 여사께 돌려달라. 이렇게 두 가지를 써서 보냈어요.

국가가 나서지 말라고 했던 것은 뒤에 말씀드릴 외규장각 문제와 관련이 되는데, 상대방을 어렵게 해 가지고는 일이 성사되지 않습니다. 조용히 해 달라는 뜻에서 그렇게 주문했던 것입니다. 우리 정부가 일본과 조용한 협의를 행하여 3년이 지난 1990년대 초엽에 우리나라에 돌아왔습니다. 지금 덕수궁에 와 있죠. 협상 시 상대방에게 명분이나 타협의 근거를 주어야 한다는 것은 대학시절에 제섭(Philip E. Jessup) 교수의 가르침으로부터 배운 것입니다. 우리가 항상 이야기를 하는 것입니다만 외교가 되었든 또는 법이 되었든 모든 분쟁 해결의 기초는 법이잖아요. 누가 권리자고 누가 의무자이냐 하는 문제이고, 그 기초는 또 역사적인 사실입니다. 그래서 외교하고 법 사이에 이분법이란 존재할 수 없다. 제섭 교수가 바로 그런 얘기를 하고 있거든요. 전 그걸 굉장히 중요한 지적이라고 생각했습니다. 그래서 협상에 있어서는 상대방을 편하게 해주는 법적 논리를 주어야 한다는 인식을 얻었습니다. 그리고 앞에서 국제법을 하게 된 계기가 무엇이냐는 질문이 있었는데 그와 관련하여 이한기 선생님, 배재식 선생님으로부터 배운 것 중의 하나를 말씀드리지요. 우리가 세계에서 지금 강국이라는 얘기를 하잖아요? 저는 강국이라고 생각지 않습니다. 특히 학문적으로는 우리가 역사도 일천하고 아직도 정리되지 않은 것이 많습니다. 그렇다면 우리가 가질 수 있는 유일한 무기가 무엇인가 하면 바로 이론입니다. 그래서 저는 다른 학자들도 중요하지만 국제관계에 있어서는 국제법학자들이 가장 중요한 위치에 있다는 생각을 가지고 있습니다. 상대방을 편하게 해주는 이론과 명분을 우리가 제공해줘야 한다. 이방자 여사 유물 반환은 그런 지혜를 활용해서 성공한 사례입니다.

다음으로 외규장각 도서 문제에 대하여 얘기해 보겠습니다. 시기로는 제가 교무처장 할 때인데, 우리 국사학과 이태진(李泰鎭) 교수님께서 답사를 하고 오셔서 외규장각 도서에 관해 말씀하셨습니다. 프랑스 해군이 1866년 병인양요 때 많은 책을 불사르고 320여 권의 책을 가지고 갔다는 기록들이 있고, 사실관계는 박병선(朴炳善) 씨가 프랑스에서 조사했다고 말입니다. 그 말씀을 듣고 이 문제는 외규장각 관계이고 규장각이 서울대학교 소속이기 때문에 우리가 반환을 요청해야 될 거 아니냐고 제안하고 실제로 요청을 했습니다. 그때에 작성했던 편지 내용을 기억나는 대로 얘기하자면, 역시 상대방을 불편하게 해서는 안 되겠다는 기본 전제 위에서 상대방이 마음속으로는 불편하지만 따라올 수밖에 없도록 하기 위해 두 가지 방안을 생각해 냈습니다. 첫 번째로는 편지에다 이렇게 썼습니다. 프랑스는 역사적으로 가장 정의를 존중하는 나라다. 그리고 문화를 숭상하는 나라다. 그 점을 우리는 존경한다. 그런데 역사적으로 1866년에 병인양요 때 이런 일이 있었고 명백한 증거로서 로즈 제

독이 기록까지 해 두었으니, 외규장각 도서를 반환해 달라고 했습니다. 물론 프랑스는 반환을 거절했죠. 왜 안하는가 하면, 과거에 약탈한 문화재를 반환하기 시작하면 프랑스 루브르 박물관이나 대영 박물관이 비게 된다는 겁니다. 하지만, 제 생각은 다릅니다. 그 당시 정당하게 시장에서 사간 물건이 지금은 문화재가 된 것이 많지요. 라이덴이나 함부르크에 있는 우리 문화재들은 그때 시장에서 사간 겁니다. 300년, 400년 지나면서 문화재가 된 것이지요. 두 번째로서는 문화재에 미적 가치가 있더라도 피카소의 그림처럼 정당하게 팔고 살 수 있는 게 있습니다. 그 다음에 평상시에는 도둑들이 장물로서 가지고 있다가 팔고 사는 게 있어요. 이 문제에 관해서는 잘 아시는 대로 유네스코 협약도 있지만 이 협약이 과거의 시점까지 소급효를 갖는 것은 아니지요.

이런 사례와 구별되는 것으로서 전시국제법의 발전과 더불어 오랜 역사를 지닌 것이 하나 있는데, 그것이 바로 전시약탈문화재의 반환이지요. 1866년은 조선과 프랑스의 무력투쟁 상황이거든요. 따라서 전시국제법이 적용되어야 하고 약탈해간 문화재는 기록도 남아 있습니다만 프랑스의 국가재산으로 편입되었습니다. 그래서 전시약탈문화재로서 외규장각 도서의 반환을 우리가 요청하게 된 겁니다. 그럼 현실적으로는 왜 가능하다고 봤느냐? 그때 공교롭게도 떼제베(TGV), 신간센(新幹線), 이체(ICE) 세 가지가 경쟁을 하고 있었습니다. 그것을 위해서 미테랑 대통령이 여기까지 왔지요. 그때 전 조용하게 반환문제를 다루어 달라고 했는데 당시 김영삼 대통령이 줄거냐 안 줄거냐 하면서 공개적으로 거론하는 바람에 일이 좀 복잡하게 됐지요. 아직도 우리가 해결할 문제인데, 제 생각은 이렇습니다. 만약의 경우에 이것이 해결하는 데 어려움이 있다 할지라도 프랑스는 항상 수세죠. 두 번째로서 이 시대를 사는 지성인으로서 해야 할 일이 실천이라고 보고 있어요. 학문 특히, 국제법을 한다는 사람들이 외규장각 도서에 관한 내용을 알면서 거기에 대한 대비도 안 하고 요청도 안 하고 있다는 것은 역사에 대한 모독이라고 봅니다. 그런 의미에서 아무리 난관이 있고 시간이 걸린다 하더라도 요청하고 반환받아야 되겠다, 그런 기초를 제공해주는 것은 국제법이고 그 기초를 가능하게 만든 것은 역사다, 그런 의미에서 역사학과 국제법의 학제간 연구를 수행하는 것이 필요하다고 생각하는 겁니다.

이근관　　아까 초두에 선생님의 평생연구의 중심적 주제 중의 하나가 영토문제라고 언급하셨습니다. 그 점은 교수님께서 작성하신 석사학위 논문 주제가 망끼에와 에끄르오 사건(The Minquiers and Ecrehos case)이라는 사실에서도 잘 드러나는 것 같습니다. 선생님께서는 영토문제 전반 특히 우리나라가 직면하고 있는 영토문제에 대해서 많은 연구를 행하시고 독도뿐만 아니라 간도 문제에 관해서도 귀중한 자료를 많이 수집 발굴하신 걸로 알고 있습니다. 또한 현재 독도 문제에 관해서 책자 하나를 준비를 하고 계시는 걸로 알고 있는데, 영토문제에 관한 지금까지의 작업을 개괄해주시고, 국제법상 가장 어려운 주제라고 할 수 있는 영토문제의 바람직한 해결을 위한 자세, 특히 학제적 접근 방법에 대해서도 말씀을 부탁드리겠습니다.

백충현　이 문제에 대해서는 정인섭 교수, 이근관 교수 그 외에 여러분들께서 학문적인 업적을 많이 쌓았거나 또는 현재 연구를 진행 중인데, 제가 초기에 이 문제에 관여 내지는 관심을 갖게 된 계기를 말씀드리겠습니다. 하나는 제가 학계에 들어오게 된 것과 관계가 되는데, 대학원에서 석사과정을 마치고 난 다음에 연구실에 별로 안 나갔더니 기당 이한기 선생님께서 한번은 좀 만나시자며 전화를 주셨어요. 만나 뵈러 나갔더니 선생님께서 이런저런 얘기를 하시다가 우리가 안고 있는 문제, 특히 국가가 안고 있는 기본적인 주제인 영토문제에 대해서 독도 문제하고 간도 문제를 예로 들으시면서, 내가 영토문제를 연구하려는데 누가 연구비를 좀 지원해줬는데 자네가 날 좀 도와줘야겠다, 이런 말씀을 해주셨어요. 그 당시에 우리 사회로 봐서는 아무리 훌륭하신 이한기 선생님이래도 연구비를 주는 데는 한 군데도 없었어요. 그게 의아했고 또 하나는 이 분이 십만 원짜리 수표를 두 장을 주셨어요. 이 분이 평소에 현금도 큰 돈, 작은 돈 꼼꼼히 구별해서 주머니에 넣고 다니는 분이고 수표는 아주 생소한 분인데 수표를 주셨단 말이에요. 그래서 이것도 이상하고. 사실 저는 개인적으로 대학원을 끝내고 난 후 여러 가지 여건으로 해서 외국에 주로 관계되는 회사에 취직할 생각이 있었어요. 그래서 여권을 만들고 있었거든요. 선생님이 자네 나와서 이것을 하게, 이래서 제가 여권 만드는 것을 포기하고 조교도 아닌, 자칭 무급 조교로 연구실에 나온 겁니다. 그것이 이 주제에 대한 관심의 시발점이었다고 볼 수 있고, 두 번째로서는 제가 국제법 교수로서 학계에 남게 된 계기가 됐다고 이야기할 수 있겠습니다.

　그리고 또 한 가지, 기당 선생님께서 여러 가지 논문 작성하시고 연구하시는 과정에서 지도를 받고 자료를 준비하면서 느낀 것은 우리가 1차 자료라고 하는 원본자료 (source material)의 중요성입니다. 예를 들어 독도를 일본이 편입한 데 관한 자료는 우리에게는 없지요. 일본에 있고, 일본이 감추면 우리는 볼 수가 없습니다. 이런 상황에서 독도 문제를 연구해야 되는데 그 당시 기당 선생님께서도 1차 자료를 볼 수 없었기 때문에 일본 사람이 써놓은 책이나 논문을 주로 보셨지요. 저는 2차 자료라고 하는 것은 그 자체가 많은 자료 중에서 저자가 선별하여 자기 해석을 담은 거고 그중에서 어느 부분을 발췌해서 의미를 부여한 것이기 때문에 1차 자료로부터 아무리 많은 인용을 했다 할지라도 원본자료라고 생각을 안 합니다. 그래서 영토문제에 관한 원본자료를 찾는 작업에 착수해야겠다는 결심을 하게 되었습니다.

정인섭　　그때부터 시작한 영토문제에 관한 선생님의 연구가 어떤 의미에서 선생님의 평생 가장 커다란 연구주제로서 지금까지 마음 속에 담고 계시게 된 것 같습니다. 이번에 정년맞이를 하는 해가 되었습니다마는 앞으로 또 그것에 관한 개인적인 연구계획을 갖고 계시지 않을까 생각하는데요.

백충현　　이 문제에 대해서는 제가 구체적인 인물을 거론하지 않을 수가 없습니다. 우리의 모든 원본자료의 대부분이 일본에 있을 수밖에 없다는 것을 말씀드렸는데, 참 고맙게도 동경 한국연구원을 만드신 최서면(崔書勉) 원장님께서 그 자료를 수없이 수집해두셨어요. 1981년 12월이라고 기억되는데, 그 자료를 한국에 가져와야 본격적인 연구에 착수할 수 있을 것 같다는 생각을 하게 되었습니다. 그 생각을 어디서 했냐하면 당시 외교부에 진출해 있던 서울법대 출신 분들과 함께 우리 집에서 개최하고 있던 국제법연구회를 통해서였습니다. 이 분들과 얘기를 하다가 이거 큰일났다 자료를 가져와야겠다고 해서, 최 원장님은 제가 한 번 밖에 뵌 적이 없는 분이지만 연말에 찾아뵈었지요. 결론만 간단히 이야기하면 그 자료를 다 가지고 왔습니다. 그렇게 선별해서 뽑아놓은 자료가 방대한 양인데 그걸 하나하나 다 합치면 약 삼만 건에 가까웠고 그 중에는 일본도 가지고 있지 못한 자료도 포함되어 있었어요. 정리한 상태에서는 만여 건쯤 됩니다. 그 중에 지도도 소중한 것이 많고요. 이들 자료가 우리나라에 옴으로 해서 영토문제 연구의 중요한 계기가 마련됐고, 추가적으로 원본자료의 발굴과 수집을 하게 됐다고 말씀드릴 수 있습니다.

그러나 현실을 한번 놓고 보세요. 여러 가지 이유에서 한국과 일본에서는 독도 문제에 관해 전 국민이 관심을 가지는 이벤트성 계기가 있지요. 이런 일이 있을 때 어떤 근거에서 독도가 우리 것인가에 대한 답변이 외교부 대변인이 하는 얘기 수준 그대로입니다. 역사적으로나 국제법적으로 요즘은 지리적으로까지 우리나라 것이다. 역사적으로 지리적으로 왜 우리 것인가 하고 질문하면, 독도는 우리 땅이라는 노래도 있지 않습니까, 이걸로 끝나거든요. 지금 우리가 국제소송까지도 대비할 수 있는 수준의 학술적인 연구를 수행하는 것. 이것이 영원한 과제입니다. 우리 주변에 있는 국제법 학자들이 다 열심히 하고 있으니까 잘 되겠지요. 그러한 원본 자료를 찾아오는 작업을 지금까지 매년 한 번도 거르지 않고 했으니까 23~4년의 연륜이 쌓이게 됐지요. 그 중에 많은 부분이 일본에 관련된 것이고, 고지도 등은 유럽 등지에도 관련된 것도 적잖습니다. 일본에 관해서 한 가지 말씀드리지요. 옛날에 극비문서로 분류되어 있는 것이 있는데, 예를 들면 영토편입 등이 불법한 것이 아니라는 인식이 있었다면 극비문서가 될 이유가 없지요. 다음으로 독도편입이 일본에서 국내문제로서 주로 영토에 관한 것이었다면 외무성이 관여할 이유가 없지요. 여기서 주의를 할 게 하나 있습니다. 아까 말씀드린 것처럼 원본자료, 1차 자료의 중요성을 실증하는 예를 말씀드리지요. 아주 중요한 사료 중의 하나가 은주시청합기(隱州視聽合記)라는 게 있어요. 이 자료는 일본학자들이 자기에게 유리하게 많이 인용하는 것인데 원본자료가 소장된 곳이 하나는 기념관이고 하나는 시마네 현립도서관입니다. 그런데 문제는 이 자료를 감춰놨다는 것입니다. 여기에 몇 가지 모순이 있습니다. 이미 학계에 이 자료가 두 권 나와 있는데 그것은 쓸모없는 것이고, 당시에 마츠다이라 번주집에서 가지고 있던 제일 중요한 원본이 소장되어 있는데 열쇠로 잠궈 놓고 공개를 안 하고 있습니다. 이 자료를 도서제목엔 넣어 놓긴 했지만 엉터리만 공개하고 중요한 원본은 감춰놨던 것이지요. 그 원본을 우리가 이번에 확보하게 되었습니다. 거기에는 바로 독도는 일본 것이 아니라는 명확한 지도와 구절이 담겨있습니다. 우리가 영토문제를 대비하는 데 있어서는 그러한 원본자료가 중요하고 원본자료는 바로 일본에 가 있습니다. 일본 외교사료관이 자료관 중에 가장 중요한 곳이고 그 다음에 공문서관이고 방위청 도서관인데, 외교사료관은 외무성이 설립된 이후부터의 자료밖에 없고 공문서관은 너무나 방대해서 지방에 관련된 것은 현지, 예를 들어 독도 문제에 관한 것은 시마네현에 있습니다. 시마네현은 또 그 밑에 오끼섬에 관한 것은 없어요.

이런 사정을 감안해서 지난 번 일본 방문 시 시마네현, 돗토리현, 오끼섬, 오개촌(五箇村) 등지에 갔는데 이런 데서 구한 자료는 외무성이나 공문서관에서 볼 수 없는 자료들입니다. 이런 노력들이 바로 우리들이 해야 할 과제라고 생각하며 그런 의미에서는 제게도 정년 이후에 계속 해야 할 중요한 역할이 있다고 이야기할 수 있겠습니다.

이근관　　지금 선생님의 말씀을 들으니 국제법 연구의 길이 얼마나 험난한 것인지 새삼 깨닫게 됩니다. 방금 말씀하신 내용과 관련해서 선생님께서 한국병합의 불법성 문제에 관해서 몇 년 전부터 집중적인 연구를 해 오셨던 걸로 알고 있습니다. 이 과정에서 한일관계에 관한 1차 사료의 발굴 및 수집에 많은 노력을 기울이시고 있는 것으로 알고 있는데 이 문제에 대해서도 말씀해주십시오.

백충현　　이 문제에 대해서 관심을 안 가지신 분이 없으시고 여기에 계신 두 교수께서도 많은 업적을 남기고 계시니까 이에 관련된 생각을 말씀드리겠습니다. 제가 1985~6년 동경대학에 한 1년간 간 적이 있습니다. 그때 책을 보다가 조선이라는 챕터(chapter)를 봤더니 이준 열사사건에 대한 기록이 나와요. 1904년, 1905년에 이러이러한 조약이 체결됨으로 해서 외교권은 일본을 대리로 해야 하는데, 고종황제가 자기 특사(거기에는 '밀사'라고 되어 있습니다)를 헤이그에 보냈고 이 문제를 계기로 양위시켰다는 것이 그 자료에 나옵니다. 이등박문(伊藤博文)이 헤이그 특사파견을 문제삼으면서 여러 가지 요구를 하는데, 첫 번째 것이 대리를 통하지 않고 외교권을 행사했으니 사과하라, 두 번째는 사과하는 것을 행동으로 보이기 위해서 고종이 퇴위하라는 얘기죠. 세 번째 조건이 뭐냐 하면 1905년 을사조약을 추인하라는 것이었습니다. 사학자들은 이미 다 알고 있던 것이지요. 우리처럼 국제법을 하는 사람에게 번뜩 들어오는 게 있었지요. 첫 번째로서는 비준이 안 됐고, 두 번째로는 2년이 지났지만 아직도 비준이 필요하다는 사실이었지요.

　그래서 일본외교사료관으로 달려갔지요. 일본외교사료관에는 한일관계에 관한 조약원문이 1907년 것까지 밖에 없습니다. 그 이후 것은 왜 없는지 자기들도 설명을 못하고 있어요. 담당자의 얘기로는 화재 때 없어졌다 그러는데, 전 안 믿습니다. 방에 뒀으면 다 없어졌지 1907년까지만 남아 있고 1908년부터 1910년까지는 다 탔다,

그건 설명이 안 되는 것이지요. 두 번째 추측은 폐기했다는 것인데, 조선총독부도 나중에 자기네 나라 국가 책임 문제가 발생할 것을 대비해서 문서를 불사르고 했잖아요? 이 경우에도 1907년 이후 부분만 없어진 것이 이상합니다. 세 번째는 분류하면서 잘못되어 엉뚱한 곳에 들어가지 않았는가 하는 것인데, 지금 분류가 다 끝났는데도 안 나오는 것을 보면 그것도 수상하고 원인을 모르겠어요. 하여튼 분명한 것은 1907년까지는 있다는 사실입니다. 그 원본을 우리나라 것을 보면 되지 않는가? 고종황제가 참 훌륭한 분이었어요. 황제께서 1909년인지 10년에 우리가 보관하고 있던 문서를 전부 빼돌려서 천주교 신부를 통해 감춰놓았었거든요. 그랬는데 그것이 탄로가 나서 일본사람이 가져갔다가 다시는 한국에 안 돌아왔어요. 그게 외교사료관으로도 안 갔다는 겁니다. 우리는 원본이 없는 나라가 되어 버렸죠.

　일본 외교사료관에 1907년까지니까 1905년 것은 있는 거죠. 그 원본을 그때 칼라로 복사를 했지요. 과연 이것이 비준이 필요한 조약이냐 하는 문제가 있기 때문에 이를 확인하고 비교하기 위해서 원본을 찾아 사진 찍는 작업을 한 거지요. 그래서 사진을 찍어 놓고 1876년 수호조규를 보니까 "수호조규", 이렇게 되어 있고요, 그 다음에 조약 체결한 다음에 우리 고종황제는 "대조선국주상(大朝鮮國主上)" 이렇게 되어 있고 일본은 "천황"이라고 찍혀 있어요. 그런데 1905년 조약에는 비준서가 여기에는 없어요. 그 다음에 원문을 봤더니 조약에 명칭이 없어요. 명칭이 없는 조약이 어디 있습니까? 그리고 조약을 초안(draft)을 가지고 논의할 때는 한국버전이 있고 일본버전이 있어야 될 것 아닙니까? 일본버전은 자기네가 만든 것이에요. 제목도 없는 것을 비준도 없이 체결한 겁니다. 한일관계사에서 우리가 보통 이것을 강박에 의한 조약이기 때문에 무효라는 얘기를 하고 있는데, 저는 절차상으로도 하자라는 주장을 하게 된 것입니다. 이렇게 보면 절차에 하자가 있는 이 조약을 근거로 해서 이루어진 모든 조치는 결국은 다 무효일 수밖에 없지 않느냐? 그걸 근거로 해서 나중에 국교정상화라고 표현하는 청구권의 근거가 나오지 않느냐? 이것은 두고두고 국제법 학계에서 챙겨야할 과제라고 생각합니다.

정인섭　　한일간의 과거사 문제나, 영토문제, 문화재 문제 모두 주제가 한편으로는 역사학과 관계가 깊은 분야이고, 그러다 보니 선생님께서는 사학을 전공하시는 여러 선생님들과 남다른 친분을 가지면서 국제법 연구에 있어서 사학적인 지식을 많이 활용하는 학제적 연구를 많이 하신 걸로 알고 있습니다. 이러한 연구방법에 대하여 후학들한테 하시고 싶은 말씀은 없는지요?

백충현　동경에 있으면서 아 이게 비준이 안됐구나, 그런데 어떻게 해서 이것이 전개가 되었을까 생각하다 보니 기록이 있을 것 같았습니다. 지금은 국회의원이 되었지만 그 당시 동경대학에서 유학하고 돌아와서 한국사를 공부하시는 분이 계셔서 무얼 보면 되느냐고 물었더니 승정원일기를 찾아줬어요. 그래서 봤더니 승정원일기에는 따로 보관하고 있던 옥새 내지는 국새를 고종황제가 사가(私家)로 빼돌린 것으로 되어 있어요. 그래서 일본 사람들이 그것을 못찾았어요. 그것이 하나고, 두 번째로는 외교부 아닙니까? 거기에 총들고 가서 서랍을 열고 도장을 뺏어서 찍었다고 되어 있습니다. 승정원일기에 그러한 기록들이 나옵니다. 그런데 저한테 문제가 된 것은 승정원일기라고 했는데 일기가 사료가 되는가? 왕조실록에 기록이 있으면 그 기초가 되는 사초(史草)는 어디 있는가? 이런 문제를 잘 몰랐기 때문에 사학자한테 자꾸 물어보게 되었습니다. 독도에 관한 일본 자료는 이렇게 경영했다고 기록하고 있는데, 우리 측 기록에는 실록 아니면 비변사등록에 안무사(按撫使) 등을 보낸 것으로 되어 있습니다. 그러면 비변사등록이라는게 뭐냐? 영토 문제에 있어 정부활동을 기록하는 증거로서 매우 중요한 것이지요. 그런데 당시만 해도 전 비변사등록이 어떤 것인지 잘 몰랐습니다. 그래서 사학자한테 계속 묻기 시작했지요.

　영광스럽게 생각하는 재미있는 일화를 하나 소개하겠습니다. 일본에 의한 한국병합의 불법성에 관하여 7개국 학자가 참여하는 국제학술행사가 미국 하버드대학에서 개최된 적이 있었습니다. 논문발표를 위해 갔는데 제가 왔다고 하니까 우리 법대 졸업생들이 열대여섯 명 정도 모여 저녁을 함께 하는 자리가 마련되었습니다. 그때 이태진 교수님이 같이 참석하셨습니다. 법대졸업생들이 "교수님, 국제법 얘기를 하는데 왜 자꾸 역사 이야기가 밑에 깔려서 나오느냐"고 물어봐서 "우리말에 서당개 삼 년이면 풍월을 읊는다는 이야기가 있지 않느냐, 모르니까 사학자한테 자주 물어보고 배우다 보니까 이제는 무슨 자료를 봐야 되고 자료를 보면 그게 무슨 이야기라는 정도는 알게 되었다"는 이야기를 했습니다. 그러자 이태진 교수가 "개에는 종류가 참 많습니다. 독일에는 도베르만, 셰퍼드가 있고, 우리는 진돗개가 있는데, 세계적인 희귀종으로 우리나라에만 있는 게 서당개입니다"라는 이야기를 했어요. 그때 세계적인 희귀종 서당개라는 영광스런 별명을 하나 얻게 되었습니다. 서당개를 두 자로 줄일 수 있으면 제가 호로 썼으면 좋겠습니다.

이근관　선생님께서 방금 말씀하신 학제적 연구 부분에 대해서는 동경대학에 계시다가 지금 와세다 대학으로 옮기신 히라노(平野) 교수께서, 선생님과 이태진 교수님, 두 분의 협력에 찬탄을 표하시는 것을 제가 본 적이 있습니다. 두 분의 협력은 저희 후학들에게도 훌륭한 모범이 되고 있습니다.

백충현　우리가 다 같이 그런 생각을 공유하고 있기 때문에 오래 전에 독도 문제, 외규장각 문제 등을 국제법학회에서 논의할 때도 역사학회하고 같이 한 기억이 있습니다. 이와 같은 학제간 교류가 서로에게 많은 자극과 단서를 제공합니다. 지금까지 우리는 학제적이라는 말을 남발했습니다. 많은 경우에 사실은 학제적 연구를 한 것이 아니고 분담 연구를 했어요. 진정한 의미의 학제적 연구, 국제법과 역사학이 상호 간에 녹아드는 연구 분위기를 접할 수 있었던 것은 저로서도 영광이지요.

정인섭　시간도 꽤 되었습니다만 이제 화제를 좀 바꿔볼까 하는데요. 선생님께서는 일찍이 사재를 털어서 서울국제법연구원을 개설하는 등 후학양성에 사실 누구보다도 남다른 열의를 보이셨다고 생각이 듭니다. 먼저 우선 서울국제법연구원이라는 것을 어떻게 구상하셨고 또 그 개설하게 된 이야기를 좀 해주시기 바랍니다.

백충현　보통 모든 일의 계기는 개인적인 경험이나 상황 속에서 출발이 됩니다. 서울국제법연구원을 시작하기 전에는 아까 말씀드린 권병현 대사, 김석우, 정태익 등 외무부에 있던 분을 중심으로 해서 우리 집에서 한 달에 한 번씩 연구모임을 가졌어요. 그때 우리 사회에 통행금지가 있어서 모여서 밥 먹고 뭐 이렇게 하다 보면 돌아가야 하는 시간이 되곤 했습니다. 그때만 해도 자료가 부족했는데 해양법초안이 나왔다거나 다른 관련자료가 생기면 외무부에서 가져다 주었습니다. 이런 상황이었기 때문에 우리 모임에는 두 가지 의미가 있었습니다. 하나는 외롭게 국제법 관심사를 공부하고 있던 사람들끼리, 실무가가 되었든 학계에 있는 사람이 되었든 큰 격려가 되었다는 것입니다.

두 번째로는 제가 기당 선생님께 가서 책을 빌려와서 복사기도 없던 시절이라 밤새워서 베낀 적도 많습니다. 이런 시절을 경험해 봤기 때문에 상대적으로 많은 자료를 가지고 있던 제가 과거 저와 똑같은 상황에 있는 대학원생이나 후학을 위해 제가 소장하고 있던 자료를 제공해야겠다는 생각을 했습니다. 법학에 있어서 하버드대학을 많이 얘기하니까 하버드를 예로 들어 말씀드리겠습니다. 하버드대학에 컴퓨터, 복사기도 없고 우리는 복사기 정도 가지고 있다고 해도 우리가 못 따라 갑니다. 그런데 그쪽에서는 컴퓨터 쓰고 있을 때 우리가 타자 찍고 그러니 되겠느냐? 이런 생각을 했고 그래서 제가 가지고 있는 자료를 우리 대학원생도 하루 빨리 보게 해야겠다는 생각에서 서울국제법연구원으로 가지고 왔어요.

우리가 자주 말하는 선비사상, 즉 옛날에는 학자가 배고프고 이래야 된다고 했지만 저는 그렇게 안 봅니다. 우리가 자료를 손으로 베끼면 열흘 걸려야 될 것을 복사기를 가지고서 하루에 해결된다고 하면 그걸 택해야지요. 복사기로 하는 것보다 요즘 스캐너 있잖아요? 그걸로 해서 30분에 끝난다면 그걸 택해야 한다고 생각합니다. 우리가 가질 수 있는 것은 시간밖에 없지 않습니까? 아주 사적인 이야기를 하겠습니다. 당시 우리 사회의 생활여건이 좋지 않았는데 다행스럽게도 제 집사람이 같이 학교에도 있었고, 그 후에 개인적으로 여력이 생겼기 때문에 그쪽으로부터 전적인 지원을 받아서 서울국제법연구원 일을 할 수 있었습니다. 저로서는 가장 큰 보람으로 생각합니다.

그리고 한 가지만 더 보탠다면 인간의 습성에 관한 것입니다. 습성이 뭐냐 하면, 예를 들어 한국 사람 중에 영어 잘하는 사람이 있으면 그보다 못하는 사람은 영어를 안 해요. 그와 마찬가지로 두 교수님도 다 경험하셨지만, 우리가 연구회를 하면서 처음에는 위클리 세미나 했잖아요? 매주 하면서 서로 밖에서 얻은 자료를 가져다가 복사를 하고 말이죠. 두 번째로서는 그러니까 연구회가 자료센터로서의 기능을 했습니다. 다른 데서 들을 수 없는 이야기들을 교수님들이나 외교관들의 입을 통해서 들을 수도 있었습니다. 세 번째로서는 국제법은 어쨌든 법학에 있어서는 마이너 필드(minor field)라고 볼 수 있겠지요. 사람들이 서로 모여서 지식을 교환하는 과정에서 제가 제일 의미를 뒀던 것 한 가지만 말씀드리겠습니다. 동양에서는 언제가 가장 살기 좋았던 시절이었는가라는 질문에 자꾸 옛날로 올라가서 요순시대에 이릅니다. 어떤 분의 말씀을 우리의 귀감으로 삼아야 되느냐? 또 올라가서 공자로 갑니다. 그러한 버릇 때문에 건축을 할 때도 한국적인 건축 그러면서 자꾸 동양적이고 한국적인 것을 내세웁니다. 이것은 제가 비하하려고 하는 얘기는 아닙니다. 국회의사당 만들 때도 경회루를 모방하고, 그 다음에 예술의 전당 오페라 하우스 만들 때 거기다 갓을 올려놓고. 정말 우리 조상들도 그랬다면 고려청자가 나온 다음에 조선백자가 안 나왔을 것 아닙니까? 고려청자만 만들지. 그런데 우리는 고려청자의 비밀을 재현했다고 하면서 그것이 마치 대단한 창조인 것처럼 떠드는데, 전 이건 곤란하다고 생각했습니다. 우리 시대의 국제법사상은 무엇이냐? 우리 시대의 학문은 뭐고 지식은 뭐냐? 그게 있어야 될 것 아닙니까? 우리 시대의 도자기가 있어야 하고 건물이 있어야 한다는 것처럼, 저는 이 시대의 국제법학파가 있어야 한다고 생각합니다. 아무도 안 하니까 서울 국제법연구원의 사람들이 1주일 내지는 2주일에 한 번씩 모여서 연구하고, 정교수님도 그렇고 최태현 교수님 등 여러분들이 노력을 해주고 계시지만 우리가 한국적 관점(Korean Perspective)을 항상 생각하면서 「서울국제법연구」라는 저널도 내고 있지요. 또 공부하는 분들이 모여 가지고 국제적인 판례책도 내고 앞으로는 또 외국사람들이 읽을 수 있도록 영문으로 된 책자도 만들어야 할 것 아닙니까? 저는 이것이 우리들만이 가질 수 있는 자산이라고 봅니다. 저는 행운이라는 말은 안 씁니다. 왜냐하면 다른 사람들은 못하는데 우리가 할 수 있으므로 이것은 특권이다. 전 이렇게 생각을 하면서 의미를 부여한 것이지요.

정인섭   사실 서울국제법연구원은 그것이 만들어지기까지에는 사모님의 이해도 남달랐다고 알고 있습니다. 그래서 저희 후학들은 사모님께도 깊은 감사를 느끼고 있습니다. 그리고 선생님께서는 학자들이 가장 아끼는 것이 바로 책인데, 개인 장서들을 전부 후학들한테 개방하여 마음대로 보라고 한 사실에 대하여 배운 바가 많습니다. 책이란 개방을 하다 보면 없어지는 것도 종종 있는 것이 현실이라는 점을 부인할 수 없음에도 불구하고 책을 제자들에게 개방을 해 주셨지요. 서울국제법연구원을 설립할 당시 아마 선생님의 장서는 개인장서로는 세계적인 수준이 아니었을까 생각하고 있습니다. 그러한 책들을 개방한 것이 저희들이 국제법을 공부하는 데 큰 힘이 되었다는 사실은 우리 국제법학계 역사의 한 장으로 기록되어져야 할 것으로 생각합니다. 하여간 법학의 다른 학문분야보다도 한발 앞서서 국제법 공부하는 사람들이 좋은 여건을 갖고 공부를 할 수 있었고, 그러한 환경을 선생님께서 만들어주신 점에 대하여 깊이 감사하고 있습니다.

백충현　그렇게 얘기를 해주시니까 제가 오히려 감사한데, 제가 생각했던 것은 두 가지였습니다. 하나는 우리가 세상을 살면서 자식에게 물려줄 수 없는 것이 있습니다. 첫 번째 것은 지식입니다. 부모가 훌륭하니까 너도 교수 되라, 그건 안 되는 것이지요. 두 번째는 권력입니다. 권력을 자식에게 물려주려다가 안 된 역사적인 사례를 우리가 너무나 많이 알잖아요. 우리는 역사로부터 교훈을 얻어야 합니다. 그러나 교훈을 얻지 못하는 사람이 많지요. 또 교훈을 받았으면 행동을 해야 합니다. 실천을 해야 됩니다. 그런 생각을 가지면서 살아온 것 중의 일부지, 뭐 특별한 것은 없습니다.

　그렇다면 제가 기대했던 건 뭐냐? 학문이라는 것은 마치 스포츠하고 비슷해서, 영어로 표현해서 "Winner takes all"입니다. 2등이 필요 없는 거지요. 다 연구를 하고 있는데 어디에서 이거라고 발표가 되었으면 아무 소용없게 되거든요. 그것처럼 이 시대를 이끌어 가는 학자는 최상위에 가야 됩니다. 이런 사실을 생각해 볼 때 제가 가지고 있는 책을, 제가 가지고 있는 지식을 또 생활방식을 누구에게 전수해 주겠어요? 그래서 우리가 다 같이 한 것이지만, 보기에 따라서는 허름한 아파트 하나지만 그곳에 재단법인을 만들었잖아요? 자식에게 물려줄 게 아니기 때문에, 국제법을 공부하는 우리 후학들이 대대로 가지고 가야할 것이기 때문에, 만약 상속이라는 표현을 하면 국제법학회에 그것을 상속한 것이지요. 그것에 특별한 의미를 부여할 것은 없지만, 같이 모여서 국제법을 공부하는 사람들이 앞으로도 계속해서 저와 마찬가지의 생각을 가지고 갈 것이라는 기대는 있습니다.

이근관　교수님께서는 학자로서 많은 활동을 하시고 업적을 쌓으셨을 뿐만 아니라 정년에 이르는 마지막 학기까지 대학원장직을 맡으시는 등 서울대학교에서 교육행정 측면에서도 많은 기여를 하셨습니다. 주로 어떤 일을 해오셨고 또 해오시면서 특별히 보람 있었던 일은 어떤 것이었는지 말씀해주십시오.

백충현　이건 교수 전체에 관련되는 문제이기 때문에 역시 두 가지로 나누어 설명드리겠습니다. 제가 생각하는 교수상, 또한 제일 마지막에 교수님들에게 하고 싶은 얘기들을 붙여서 얘기하겠습니다. 일반적으로 우리가 교수가 되면 제일 먼저 생기는 일이 자기가 생각했던 전공 분야에서 멀어지면서 점점 일반적으로 되잖아요? 그런데 저는 이런 현상이 정상적인 것이라고 봅니다. 왜냐하면 우리가 학자가 아니기 때문에. 학자는 교수가 되는 기초입니다. 교수가 돼서 교육자가 됐으면 국제법의 모든 분야를 계속해서 가르쳐야 되잖아요? 그러다 보면 제너럴리스트(generalist)가 될 수밖에 없습니다.

보직 이야기를 하지요. 제가 학교에서 보직을 하지 않고, 예를 들어서 독도 문제만을 가지고 학자로서 연구를 했으면 훨씬 많은 연구를 했을 겁니다. 그러나 동료나 후학들이 같은 일을 할 수 있고 또 그 효과가 열이라면 택해야 되는 것이 보직이에요. 그렇지 않아요? 그러니까 저는 보직도 굉장히 중요하다고 봅니다. 단계적으로 얘기하자면 학자에게 학자적인 자질이 제일 중요하고 그 사람이 교수가 되고 보직을 맡게 되는데, 보직을 맡는 것이 잘만 하면 학계 전체 교육과 연구 전체의 생산성을 배가시키는 길이라고 보거든요. 그런 의미에서 하는 얘기지만 그럼 왜 당신만 남보다 더 많이 보직을 했느냐? 구태여 표현하자면 운이라고밖에 할 수 없습니다. 왜냐하면 인간의 속성이 우스운데, 무슨 일을 하든지 위원회를 구성한다고 할 때에는 경험 깊은 사람을 믿어요. 그러니까 처음부터 눈에 안 띄어야지 눈에 한번 띄면 다음에 또 그 사람을 생각해요. 그것의 연속이었다, 그렇게밖에 더 이상 설명할 수가 없어요. 사실은 두 가지를 다 같이 할 수 있을 때 비교가 되는데 우린 항상 하나밖에 선택을 못하기 때문에 좋다 나쁘다를 저는 비교할 수가 없어요.

정인섭 대학의 보직이라는 것이 지금 말씀하신 것처럼 꼭 필요한 일이고 누군가는 해야 되고 또 정말 능력있는 사람이 맡게 되면 다른 여타 교수들이 사회적으로 큰 기여를 할 수 있도록 만들 수 있기 때문에 매우 중요한 일이지요. 그런데 우리나라에서는 보직을 전담하는 교수가 별도로 있는 것도 아니고, 또 학자와 교수의 직이 완전히 분리가 안 된 상황에서 어떻게 말하면 한국의 교수들은 이중적인 역할을 요구받고 있다고 생각합니다. 선생님께서는 중요한 보직을 여러 차례 맡으시면서 한편 학자로서의 연구용 시간의 조정 같은 점은 어떻게 해결하여 오셨는지요?

백충현 물론 시행착오도 많았습니다. 우리 사회가 복잡했듯이 학교는 더 복잡했거든요. 그래서 이런 경험도 있습니다. 우리가 보직을 맡게 되면 강의시간 감면이 되잖아요? 그러고도 바쁘니까 대학원 강의를 하곤 하는데, 대학원 강의를 했을 때는 도와주는 사람도 있고 해서 제가 게을렀어요. 제가 많은 경우에 있어서는 학부과정의 국제법 강의를 맡았어요. 열심히 강의를 할 수가 있었지요. 되풀이되는 강의를 한다 해서 쉽다고 얘기할지 모르지만 밖에서 생각하는 것과는 다르잖아요? 한 시간 전까지도 새로운 것을 찾아보고 가서 해야 하기 때문에 첫째는 게으를 수 없고, 그런 면에서 한 시간 덜 자면 되는 것이라고 생각하면 되는 것이죠.

보직 얘기가 나와서 그렇지만, 아까 운이란 얘기는 무슨 의미냐 하면 학내외적으로 여러 가지 역할을 하게 된 데는 지금하고 조금 다른 사정이 있습니다. 그때는 우리 세대에는 국제법이 됐든 다른 일이 됐든 경험자가 거의 없었어요. 그러니까 자꾸 기회가 온 겁니다. 기회가 더 새로운 영역을 터줬다라고도 생각할 수 있는데 학내에서도 그렇죠. 법대 내에서도 보직은 피하지 못하죠. 요새는 교수님들이 많이 계시니까 안 그러는데 옛날에는 법대 내에서 제가 법학연구소 관련, 소위 부학장이라고 얘기하는 그런 보직들, 법학도서관 등 다했거든요. 그것을 했다고 해서 본부 보직이 면제되거나 본부 보직을 했다고 법대 보직이 면제되지 않았잖아요? 제가 학생처 일도 했지요, 대학신문도 했지요, 교무처장도 했어요. 그 다음에 학장을 안했느냐? 학장도 했지요. 게다가 서울대학교 평의원회 의장까지도 했거든요. 그런데 지금 대학원 원장까지 하고 있으니까 정말 교수생활을 보직과 병행했다고 볼 수 있지요.

사실 밖에서도 일이 많았습니다. 국제법 관계에서 제일 중요한 게 외교부죠. 외교부인데 외교부에 정책자문위원회 전 그건 크게 의미를 두지 않습니다. 최초로 국제법 자문위원회를 만들어서 의장 역할도 맡긴 했습니다만. 그리고 우리 분야가 통일부하고 관계가 많잖아요? 그래서 오랫동안 인도지원 자문위원회 위원장도 하고, 정책평가위원도 하고 여러 가지가 있었습니다. 교육부에서도 교육부 정책자문위원장을 비롯해 여러 가지 일을 했습니다. 정부하고 관계에 있어서 우리가 일을 할 때에 두 가지 때문에 합니다. 적극적으로 의미가 있어서 제가 해야겠다고 하는 경우가 있죠. 가장 좋은 경우입니다. 경우에 따라서는 이건 정말 중요한 것인데, 세상이 너무 일도 많고 해서 정말 제가 안 하면 어떻게 될지 모르겠다는 우려 때문에 할 때가 있어요. 그런 것이 복합되어서 한 것 같습니다. 또 사법부 계통은 다른 연으로 해서 아직도 제가 하고 있는데 사법연수원 운영위원회도 위원 내지는 위원장이 되어도 별로 일을 못한 것 같습니다. 제 영향력이 행사된 경우도 있고 하여튼 복잡하게 세상을 산 것 같습니다.

이근관　요즘 우리 사회에서 서울대 폐지론을 공공연히 거론한 사람들도 있고 또 과거 한때는 서울법대 망국론을 말한 사람들도 있었습니다. 이런 말이 나오게 된 배경은 무엇이라고 생각하시며, 또 그와 같은 주장에 대한 선생님의 생각은 어떠신 지요?

백충현　지금 사회적인 풍조라고밖에 설명이 안 됩니다. 제가 민주주의다 뭐다 하면서 평등이다 평준화다 이런 얘기 자체가 의미가 없다고는 생각하지 않습니다. 우리가 소위 평등이라든지 평준화라든지 표현되는 것에는 전제가 있습니다. 그것 은 바로 가치가 지켜진다는 것입니다. 그런데 가치를 깨면서 평등하다는 것은 있을 수 없어요. 교육을 포기하면서 평등해야 되겠다, 그건 평준화가 아닙니다. 평등한 방법이 뭐냐? 그랬더니 대학에서 자기가 필요한 인재를 뽑지 않고 그냥 다 같이 들 어올 수 있게끔 해야 되겠다. 이런 식의 생각에는 결코 동의하지 않습니다. 그러면 교육의 본질적 가치를 깨는 평등 또는 평준화의 논리가 왜 가능하냐? 정치가 교 육하기 때문입니다. 대통령은 교육 얘기하면 안 됩니다. 대통령이 교육대통령 되겠 다고 하면서 뭐가 문제냐? 사교육비가 문제다. 그럼 사교육비를 척결하라. 사교육 이 왜 생기냐? 입시가 문제다. 그러니까 입시제도를 바꿔라. 사람 뽑는 데 누가 우 수한지 어떻게 아느냐 이런 식으로 말하니까, 수능시험을 학생들 60%가 맞힐 수 있는 걸로 출제하자. 이렇게 된 겁니다.

　평등하게 하는 데에 있어서 서울대학의 위상은 이런 것입니다. 어느 사회를 막론 하고 모든 사람이 그 사회의 발전에 기여하고 역할을 하는 건 아닙니다. 그런 세력이 그 시대마다 있습니다. 미국에서도 하버드하고 아이비리그 얘기하고 있고, 영국에 선 옥스퍼드, 캠브리지 얘기를 하고 있잖아요? 그런데 왜 우리만 그것을 포기하느냐 말이죠? 이것은 지금 교육을 정치적으로 논의하기 때문에 오는 거라고 생각합니다. 가치를 버리고 평등만을 내세우고 대통령이 교육을 얘기하기 때문에, 교육부 부총 리가 됐지만은 정치를 하는 겁니다. 정치를 안 하는 장관이 오면 내보냅니다. 이 사 람들이 행정을 하지 않고 정치를 하고 있어요. 교육정치를 하다보니까 총장도 살아

남아야 될 것 아닙니까? 지금 총장들이 정치하고 있지 교육을 안 하거든요. 이게 바로 문제입니다.

그럼 누가 교육을 지켜야 될 거냐? 평의원회 의장할 때 서울대학 발전에 기여를 한다고 해서 블루리본 뭐라고 하는 팀이 왔었지요. 저를 보고 의장이니까 이야기하라고 해서 여러 가지 중에 한 가지를 말했어요. 우리 대학은 모든 나라의 대학이 그렇듯이 명문대학으로서의 사회적인 역할과 기대가 있다. 학문적으로도 우리는 우수한 학생을 받아서 우수한 교수가 좋은 조건 속에서 국제경쟁력을 갖춘 학생을 길러내고 학술적으로는 최첨단의 연구를 수행할 책무가 있다. 이것을 포기하고서는 서울대학은 존재할 수가 없다. 제가 그렇게 이야기했어요. 이것은 양보할 수 없는 것이다. 따라서 교수를 뽑을 때 그냥 우수한 사람을 뽑으면 되지, 몇 퍼센트는 타교출신으로 하라든지 여성을 몇 퍼센트 뽑으라든지 학생을 뽑는 데 몇 퍼센트는 지방 출신으로 하라든지 하는 것은 안 된다. 그런 얘기도 했습니다. 그런 생각에는 변함이 없어요. 미국에서 적극적 평등실현조치(affirmative action)를 실시하는데, 사회 내에 부조리한 현상이 구조화되어 있을 때에는 그것이 해소될 때까지 당분간 이런 조치를 취하는 것은 저도 인정합니다. 그렇지만 이것이 원칙이라고는 생각하지 않습니다.

서울대학의 역할과 관련하여 법과대학 교수님들께 제가 이야기하고 싶은 것은 법과대학의 교과과목이 자꾸 사법시험 과목 기준으로 가고 있지 않느냐는 점입니다. 그렇게 됐을 때 서울대학교 법과대학 교수들이 해야 하고 할 수 있는 일, 즉 이론서나 연구저서의 저술에 앞서 교과서를 쓰게 되지요. 그러다가 잘못하면 학문적으로 일찍이 정년퇴임, 진짜 퇴임하고 말 위험성이 있습니다. 제가 우리 법대 교수님들에게 거는 기대는 다릅니다. 정년 후에 쓰는 책이 영원히 남는 책이 되고 그 책이 외국어로 번역이 되어서 정말 시대 흐름에 따라서도 죽지 않는 책이 되는 것을 저는 기대하는 것입니다.

정인섭 정년 후에 쓰는 책이 영원히 기억에 남는 책이 되었으면 한다는 말씀을 하셨는데 선생님께서는 정년을 맞이하시게 되어 이후에는 어느 정도 자유로운 생활을 하시게 되실 텐데 개인적으로 특별한 활동계획은 갖고 계신지요?

백충현 보통 우리가 "정년퇴임"이란 말을 하고 또 "정년퇴임기념 고별강연" 등의 표현을 쓰지 않습니까? 그런데 제가 당사자가 되고 나서 생각을 해보니 적절한 표현같지 않아요. 말장난 비슷하지만 국어의 어법에서 목적격 조사는 생략할 수 있습니다. 주격은 생략 못 하지요. 예를 들면 구석차기라는 표현을 쓰는데, 구석을 차는 것이지 구석에서 차는 건 아닙니다. 그러나 우리는 그렇게 쓰고 있습니다. 원래 어법대로 하면 정년퇴임이라는 것은 정년을 퇴임하는 겁니다. 복직하는 것이지요. 안 그래요? 정년을 맞는다고 표현하는 것이 적합하다고 저는 생각합니다.

두 번째로 정년맞이가 적합하다고 생각하는 이유는, 원래 전공 주제를 가졌던 학자가 교수생활 중에 개론 교수가 되어 정년을 맞게 되는 상황에서 그동안 축적된 기반을 가지고 다른 사람은 못하지만 서울대학교 법과대학 교수이고 국제법 교수이기 때문에 할 수 있는 일을 하게 되는 것입니다. 그러니까 정년을 맞는 것이지요. 저는 그것을 고맙게 생각합니다. 이번에 이런 생각을 하나 하게 되었습니다. 서울대학에서 정년을 맞게 되면 소위 명예교수가 됩니다. 정년이라고 하는 것은 대학이라는 체제 속에서 교육과 연구를 행하다가 이제 그 역할과 임무를 내려놓으라는 얘기거든요. 그러한 의미에서 저는 명예교수가 된 다음에 모교나 밖에서 강의를 안 할 생각입니다. 더 훌륭한 교수님도 많이 계시니까. 강의를 안 한다고 해서 명예교수를 안 한다는 얘기는 아니죠. 저한테 명예교수라는 타이틀은 올 겁니다. 다른 분들께도 다 오니까. 구태여 표현하자면 명예교수는 아니고 명예 자체다. 이렇게 얘기를 할 수밖에 없을 것 같아요. 국제법 교수에게 부과되는 여러 가지 학문적, 사회적 부담이나 기대로부터 저는 면제받기 때문에 오히려 더 자유롭게 심도 있는 학문활동을 할 수 있다고 생각합니다. 그것이 제가 맞는 정년이라고 생각합니다.

정인섭　　교수생활을 정리하는 자리가 정년이기도 합니다만 선생님께서는 평생을 국제법 교수로 사셨기 때문에 관련되는 질문을 좀 드리겠습니다. 우선 우리 학계랄까 법학계에서 국제법학이 과연 제 구실과 역할을 하고 있는가? 한국사회에서 국제법을 담당하고 있는 학자들은 어떠한 자세로서 어떠한 일들을 주로 해야 되겠는가 하는 점에 관한 선생님의 견해를 듣고 싶습니다. 국제법 학계 전반 또는 국제법을 공부하는 모든 후학들에 대하여 말씀하신다는 기분으로 이야기 해주시기 바랍니다.

백충현　보통 우리가 세상을 볼 때 잘못하는 것 중의 하나가 첫 번째는 많은 변수가 있는데도 그 중에 자기가 원하는 주제 세 개만 골라서 거기서 원인을 찾고마는 것입니다. 두 번째는 아주 이상적인 얘기를 많이 하다가 보면 역시 실천이 불가능해지고 공상으로 끝나는 경우가 많습니다. 전 그것은 옳다고 생각지 않습니다. 우리가 왜 생각을 많이 하고 계획을 세우는가? 그것은 실천 즉, 현실을 이상에 접근시키기 위한 과정이에요. 실천이 불가능한 일에 매달려 계속 작업을 하고 준비만 하다보면 아무것도 못하고 인생이 끝납니다. 그런 의미에서 보면 실용주의라는 표현을 써도 좋습니다. '실천지향적'(action−oriented) 사고방식이라고 해도 좋습니다.

국제법의 위상에 대하여 봅시다. 사실관계만 진단하자면 우리의 법학교육이 밖으로 표방하기는 프로페셔널 스쿨(professional school)이라고 합니다. 그런데 의과대학이나 치과대학에 비하여 프로페셔널 수준은 다르지 않느냐? 의과, 치과대학에서는 의사가 될 수 있는 교육을 다 시켜줘요. 의사시험은 정해진 대로 교육을 했느냐를 테스트만 해 주는 거예요. 그리고 다 똑같이 의사가 됩니다. 그러나 법학은 지금 그렇지 않잖아요? 판사도 되고 대법원장도 되고. 이것을 지금 같은 교육으로 하고 있어요. 이것은 교육제도의 잘못입니다. 요즘에 논의하고 있는 소위 법학대학원, 미국식 로스쿨이라는 표현도 쓰고 있는데 이 제도가 위험하면서도 나름대로 일리가 있는 부분이 있습니다. 좁은 의미의 법조인 양성이라는 측면에 서 본다면, 로스쿨로 가는 것에 저도 찬성입니다. 그러나 법을 필요로 하는 것은 법조인만이 아니죠. 회사에 갔을 때 법학지식이 필요한 사람이 있고 공무원들도 다 필요하고 유사법조인도 많으니까, 그런 수준의 법학지식 수요를 공급해 주는 일반적인 법학교육기관이 있어야 한다고 생각합니다. 제도적으로는 이 제도가 백지에서 출발하면 딱 좋은데 우리나라에 이미 91개 법과대학과 법학과가 있잖아요? 교육목표가 다 다른데도 불구하고 똑같은 커리큘럼을 가지고 가르치고 있잖아요? 이게 바뀌어야 된다고 생각해요. 임무분담이 돼야 한다는 말이죠. 그렇게 되는 데는 어려움이 있겠지요.

우리 서울대학교 법과대학이 좀 더 생각할 것은 프로페셔널 스쿨이 된다면 아마 제도적으로 어려움이 많을 겁니다. 의과대학 나온 사람이 인턴, 레지던트로 연수를 받잖아요? 의무계에서 그걸 맡아야 된다고 보는 거지요. 법률가의 경우 미국에서는 변호사협회(American Bar Association)나 로펌(law firm)에서 그걸 맡아주지요. 그럼 우리의 경우 사법연수원을 없애야 할 것 아닙니까? 교육하고 시험제도하고 연수제도하고, 그 다음에 법무계하고 연계가 되는 교육이 되어야 되는 것이 법학대학원이지요. 일반학교로서는 다른 직역으로 가는 수준의 교육만 하면 되는 것이고, 말을 바꾸면 고도의 전문적인 법학분야는 거기서 가르칠 필요가 없지요. 두 번째로서는 학술분야는 전혀 다른 것이기 때문에 일반학위 과정으로서 각 전공분야에 제도적으로 필요하다고 저는 보고 있습니다.

이근관　　지금 우리 사회가 당면하고 있는 국제법 관련 문제가 많기도 하고, 또 한국사회가 그야말로 국제화되고 세계화되어 세계화가 일종의 국가적인 모토로 등장하고 있는 현실입니다. 그럼에도 불구하고 우리 주변을 보게 되면 우리 사회에서 국제법의 역할과 기능의 중요성에 대한 인식은 아직까지 높다고 보기 어려운 것 같습니다. 이런 문제와 관련해서 우리 사회에서 국제법에 대한 인식 수준을 제고할 수 있는 방안은 무엇이라고 생각하시는지요?

백충현　　첫 번째로서는 아까 질문하신 데 대해서 제가 조금 다른 각도에서 답을 드린 것 같은데, 모든 것은 대비를 하고 개선 내지 발전계획을 세우고 실천하는 것이 중요하지요. 모든 국제법 문제에 있어 출발점은 사실관계지요. 아무리 온당치 않다 할지라도 사실이 그렇다면 거기서 출발해야 하거든요. 우리 사회에 있어 국제법 위상이 그렇다는 말입니다. 국제법에 관심을 갖는 것은 사건이 터졌을 때, 예를 들면 아웅산 사건이라든가 대통령 시해 사건이 터졌거나 무르만스크에 칼기(KAL)가 떨어졌다거나 테러가 터졌거나, 이럴 때만 이야기하고는 잊어버리지요. 사회적인 차원의 문제지요. 두 번째로서는 대개 법과대학의 교육이 사법시험을 전제로 해서 공부하는 학생들을 대상으로 하기 때문에 국제법이 사법시험과목이 아닌 것이 아주 실질적인 이유입니다. 국제법을 사법시험 과목으로 지정한다면 국제법 위상의 개선에 즉각적인 효력이 있겠지만, 그건 국제법 교수만이 결정할 수 있는 문제는 아니지요.

　　그러면 국제법 교수조차도 침묵을 지켜야 되는가? 제가 일반론을 얘기하겠습니다. 아까 위안부 문제, 독도 문제, 외규장각 문제 등을 언급했습니다만, 외규장각 문제가 제기되었을 때 일반적인 태도는 "그걸 돌려주겠어?" 하는 것이었습니다. 위안부문제만 하더라도 "지금 그 얘길 해서 무슨 도움이 되겠어?"라고 묻는 것이 일반적

반응이었습니다. 그러나 우리가 이 시대에 살면서 무엇이 정의고 무엇이 부정의인가를 얘기해줘야 되지요. 피해자이고 권리자인 우리가 얘기 안 하는 것을 누가 얘기하고 누가 보상해주겠어요? 우리의 책무입니다. 저는 이런 문제제기를 하는 것이 한편으로 괴롭지만 달리 보면 남들이 갖지 못하는, 국제법학자만이 누리는 특권이라고 생각해요. 그런 의미에서 국제법이 중요하다는 얘기를 누가합니까? 국제법 교수가 하지. 그것이 하나고. 두 번째로서는 누구나 국제화를 얘기하지만 그 다음 단계에서 국제법 교육에 관해서는 얘기를 안 하거든요. 국제화시대를 맞이하여 국제법이 매우 중요하게 되었습니다. 왜냐하면 인권문제도 국내법상 헌법 다 가지고 있는데, 자국중심적인 편협한 인권개념 가지고는 국제사회에서 안 먹혀들지요. 옛날에는 국제거래를 할 때 국내 회사법의 연장으로 생각했지만 이제는 이런 접근방법으로는 안 되잖아요? 국제거래에서 거래가 필요하고 투자가 필요하고 모든 문제가, 지적 소유권만 해도 국제적으로 보호받지 못하면 소용없잖아요? 이런 시대가 도래했고 그에 따라 국제법도 아주 세분화되었지요. 단계적으로 시대적으로 변한 걸 보면, 첫째로 해양법이 하나의 영역이 되었고, 우주법도 굉장한 수준에 올라 있습니다. 항공법은 말할 것도 없고요. 그 다음에 국제형사법이라고 얘기를 하는 것도 앞서 인권의 연장이라고 했지만, 난민문제부터 관계되지 않은 게 하나도 없잖아요? 지금 국제법과 국내법을 구별하려고 드는 것 자체가 큰 잘못이고 이러한 이분법적 사고에서 벗어나야 해요.

그 다음에 우리 스스로의 반성은 아무리 사회인식이 그렇다할지라도 국제법 하는 사람이 얼마만큼의 설득력을 가질 수 있느냐 하는 것입니다. 우리 스스로 반성할 부분이 많습니다. 국제법학회에서 국제법 전공자라는 사람이 이름을 살펴보다 보면 "이런 사람도 국제법 하는가?" 하는 경우가 많잖아요? 사회에서 국제법 공부를 안 하는 사람까지 신뢰해주겠어요? 우리가 내부적으로 사회의 신뢰를 받을 수 있는 그런 작업을 지속적으로 해야 된다고 생각합니다. 이것은 저절로 되는 것이 아니고 우리의 배전의 노력이 필요한 부분이다, 이렇게 얘기할 수 있겠습니다.

정인섭　강의라는 것은 학생들에게 지식을 전달하고 지적 자극을 주는 작업이라고 생각합니다. 선생님은 서울대학교에서 36년간 국제법 강의를 해오셨는데 과거를 회상해 보시면 옛날에는 사실 여건이 좋지 않아서 하고 싶어도 하시지 못한 부분이 많았을 것이라고 생각됩니다. 앞으로 후학들이 계속 배출이 될 텐데 미처 실천하지 못한 부분까지 포함해서 강의에 있어서는 어떤 점이 개선되고 유의했으면 좋겠다, 이런 부분에 대한 지적을 저희한테 남겨주셨으면 좋겠습니다.

백충현　　꼭 하고 싶은 얘기를 정 교수께서 하셨는데 우리 대학뿐만 아니라 다른 대학에도 공통적으로 어떻게 보면 위선적으로 보이는 것이 있습니다. 제가 충격적으로 또 아주 재미있게 받아들였던 일화를 하나 소개하지요. 우리나라에서도 많이 방송되었던 「코스비 가족」이라는 코미디 프로그램에 주연으로 출연했던 빌 코스비라는 유명한 흑인배우 있잖아요? 우리 둘째 아이가 졸업할 때 그 대학 동문이라고 와서 특별 연설을 하게 됐어요. 짧은 연설이었는데 자기 할머니가 초등학교도 안 나왔대요. 자기가 대학에 들어가서 강의를 듣는데 철학 교수가 문제를 하나 줬답니다. 컵에다 물을 반 넣어 놓고 "이 컵이 반쯤 찬 거냐 빈 거냐"라는 질문이었습니다. 자기가 몇 명을 모아서 스터디 그룹을 만들어 자기네 집을 갔대요. 뭘 줘도 먹지도 않고 자기들끼리 떠들고 있으니까, 자기 할머니가 뭘 그렇게 떠드느냐 해서 철학 교수가 준 질문 얘기를 하면서 아무리 토론해도 답이 안 나온다고 하니까 할머니가 뭘 그렇게 쉬운 걸 모르느냐고 하시면서 다음과 같이 말씀하셨답니다. 빈 컵에 물을 넣다가 반이 된 거냐 아니면 가득 찼던 컵을 마시다가 반이 된거냐? 마시다가 반이 됐으면 반이 빈 것이고 물을 넣다가 반이 됐으면 반이 찬 것이다.

　빌 코스비가 할머니의 답을 충격적으로 받아들였다고 얘기하더군요. 우리의 대학의 교육이라는 것이 이런 게 아닌가 지적하면서, 많은 학생들에게 새로운 것을 제안해주고 자극을 주고 그런 자유를 갖게 하는 것이 교수의 직무 중 하나라고 이야기를 했는데, 실제로 우리가 어떤가 생각해 보세요. 교수가 가진 지식, 사고방식에 접근해서 답을 냈을 때 A+에요. 거기서 멀어지면 C+에요. 거기에 어떻게 창조성이 있을 수 있어요? 그러면서도 대학은 창조하는 곳이고 창조하는 사람을 기르는 곳이라고 얘기를 하는 것을 우리가 반성해야 됩니다. 그러면 어떻게 하는 것이 교육이냐? 우리의 과제지요. 방법이 될 수도 있고 목적이 될 수도 있고요. 제가 생각하는 것은 이렇습니다. 대학은 다 같지 않고 그러다 보니 우리는 어떠한 카테고리에 속하는 대학인가 하는 질문이 나옵니다. 연구중심 대학이다 뭐다 여러 가지를 사용하는데 저는 그 표현이 옳다고 생각지 않습니다. 우리 서울대학교 교수의 직무는 리서치 티처

(research teacher)라고 전 생각해요. 우리말로 표현하면 연구에 역점을 두면서 가르치는 교수라고 얘기를 할 수 있겠지요. 연구는 필요가 없고 가르치는 교수만 필요한 대학도 있을 수 있습니다. 전 모든 대학이 똑 같을 수는 없고 결국 이렇게 되어야 한다고 보고 있어요. 연구를 하는 교수는 뭘 하냐면, 창의성 있는 학생을 기르기 위해서는 창의성 있는 교육을 시켜야 될 거 아닙니까? 교육과 함께 연구를 같이 해야 됩니다. 그러니까 대학원에다 역점을 둬야지 되는 거죠. 연구도 같이 해야 되고 대학원생이 연구자가 되고 교수가 된다고 했을 때는 스스로 새로운 강연을 만들어 보게 해줘야 돼요. 그래야 창조성이 나오니까요. 강연을 하는 데 필요한 자료를 복사시키는 것은 교수로서의 훈련이 아니지요. 우린 그런 대학이 되어야 한다고 생각합니다. 저는 서울대학이 그렇다고 보고 다른 대학은 MIT에서 연구해서 이게 최신의 이론이다, 최신의 발명품이다 할 때, 그것을 90% 접근하게 잘 가르칠 수 있는 강의중심의 교수활동이 이루어져야 한다고 생각합니다. 지금 고등학교 수준에서 이런 교육은 학원에서 맡고 있어요. 거기에 문제가 있어요. 그래서 저는 우리 법과대학의 교수, 국제법 교수들은 연구에 중심을 두고 그리고 대학원 학생들이 창조적인 것을 창출해 낼 수 있는, 최소한도로 창출은 못해도 그러한 자질을 갖출 수 있도록 하는 교육을 해야 한다고 봅니다. 우리가 통상 얘기하는 것처럼 법과대학의 법학교육은, 요즈음 법학지식은 컴퓨터가 워낙 잘 해결해 주니까 그것보다는 법적 사고를 길러주는 교육이 되어야 하겠다는 것으로 종합해 말씀드릴 수 있겠습니다.

정인섭　　교수님의 지난 36년간의 교수생활의 경험에서 우러나오신 말씀들을 장시간 아주 감사히 들었습니다. 후학들한테 아주 많은 도움이 될 것이라고 생각됩니다. 이번에 정년을 맞이하셨지만 이미 말씀하셨듯이 명예교수로 남으시든, 명예 자체로 남으시든 자주 법과대학을 방문해주시고 많은 지도와 교류가 있기를 기대하겠습니다.

백충현　　제가 기당 선생님 돌아가시고 나서 추모하는 책에 기고를 부탁받고 한참 생각하다가 짧게 쓴 글이 있습니다. 지금도 똑같은 생각을 하기 때문에 말씀드리지요. 서울대학을 놓고 볼 때에 매년 학생들이 졸업해서 나가잖아요? 졸업해서 나가거나 교수로 말하면 퇴직을 하는 경우, 서울대학교라는 좁은 숲 속에 우리가 학생

또는 교수로서 들어왔다가 거기서 나갔지만 서울대학이라는 타이틀은 없어지는 게 아니잖아요? 그래서 더 큰 서울대학이라는 숲 속에 남아 있는 것이고 관악캠퍼스에서 보이지 않는다고 해서 그 사람이 서울대인으로서 존재하지 않는 건 아니잖아요? 전 그렇게 생각합니다. 그래서 서울대학교 교수로서 또 법과대학 교수로서 목요일이 되면 대학원 강의 때문에 나왔고, 학생한테 안 보인다고 해서 제가 서울대학교 교수로서 존재하지 않는다는 생각은 없습니다. 우리가 숲에, 더 넓게 같이 사는 숲 속에 존재한다. 이렇게 생각할 뿐입니다.

정인섭　잘 알겠습니다.

이근관　항상 선생님을 뵈면서 여러 가지 말씀을 많이 들었습니다만 오늘은 더욱 뜻깊은 자리였습니다. 선생님의 귀중한 말씀을 들으면서 선생님의 깊은 뜻을 잘 받들어 가기 위해 앞으로 많은 노력을 해야겠다는 생각을 하게 되었습니다. 감사합니다.

백충현　제 경험에 바탕한 것입니다만, 두 분 교수님을 포함해서 여러 교수님들께 말씀드리고 싶은 것이 있습니다. 우리가 국제회의를 하지 않습니까? 제가 일본 국제법학회 창립 100주년 기념 학술대회도 갔고, UN 같은 데 여러 가지 일로 갔습니다만, 그런 활동을 많이 하셨으면 좋겠어요. 왜냐하면 이기적이라고 생각할 수도 있지만, 아주 좁혀서 얘기하자면 제가 그 자리에 갔을 때 한국을 욕하는 사람을 본 적이 없어요. 그리고 제가 주장을 했을 때 여러 가지 이유 때문에 얘기를 안 하던 사람들이 나서더군요. 위안부 문제가 논의됐을 때 인권문제가 핵심이고, 정의와 부정의를 동경재판에서 제대로 판별해 주지 않았기 때문에 역사왜곡사건도 터지는 것 아니냐고 제가 주장했을 때, 뮌헨대학 교수인 브루노 짐마(Bruno Simma), 로잘린 히긴스(Rosalyn Higgins) 교수, 일본 교수까지도 저한테 동조했어요. 지금 ICJ에 가 있는 오와다(小和田) 씨가 그 문제는 이미 다 끝난 것 아니냐, 한일 협정에 청구권은 다 해결되어 끝났다고 되어 있지 않느냐고 했을 때, 저는 우리가 지금 얘기하는 것은 무엇이 가치(value)인가 하는 가치정향적인(value-oriented) 이야기를 하는 것이다, 재판이 모든 죄를 다 해결해 줬는가 그리고 이것이 정의라는 것을 선언해 준 것이냐고 했을 때, 히긴스 교수, 짐마 교수, 일본의 고오사이(香西) 교수 같은 분들이 저를 지지하고 나섰습니다. 짐마 교수는 제가 옛날 1982~3년 동경 국제재판 학술대회를 할 때 행한 발언을 다섯 번이나 인용해서 얘기해주었습니다. 제가 없었으면 안 해요. 왜냐면 일본 축제이기 때문에. 그것과 마찬가지로 앞으로 국내외적으로 적극 참여하고 활동하고 또 젊은 사람들이 활동할 수 있는 기회를 두 분 교수님들께서 많이 마련해주시기 바랍니다. 그 외에도 부탁하고 싶은 얘기는 많지만 다음 기회도 있을 테니까 그때 얘기하지요. 오늘 감사합니다.

정인섭·이근관　　저희가 감사합니다.

[서울대학교 법학 제45권 제3호(2004. 9)]

최송화 교수 정년기념 대담

최송화(崔松和) 교수님

생 몰: 1941~2018
재 직: 1971~2006
전 공: 행정법

대담자 : 박정훈(서울대학교 교수)
　　　　 이원우(서울대학교 교수)
일 시 : 2006년 8월 15일

"판례연구를 통하여 행정법 발전에 기여해야"

박정훈　　선생님, 바쁘신데 이렇게 자리해주셔서 감사합니다. 선생님께서 서울대학교 교수로서 40여 년을 재직하시고 이제 2006년 8월 말로 명예로운 정년을 맞이하게 되신 것을 진심으로 축하드립니다. 우선 정년을 맞이하는 소감이나 감회부터 말씀해주시기 바랍니다.

최송화　　박정훈 교수, 이원우 교수, 공사 간에 바쁜데도 불구하고 저를 위해서 이렇게 특별히 배려를 해주신 것에 대해서 감사드립니다. 소감이라고 하면, 40여 년의 교수생활을 대과 없이 마칠 수 있게 된 것을 매우 기쁘게 생각하며, 큰 영광으로 감사드립니다. 누구나 맞이하는 것이라고 생각할 수도 있지만, 정년은 저에게 있어서 일생동안 가장 오랜 시간이 걸린 성취로서 그 무엇보다도 소중하게 생각됩니다.

이원우　　우선 부드러운 이야기로 시작을 하겠습니다. 선생님의 성장 과정 중에서 기억나는 일, 그리고 특히 법대에 진학하게 된 계기나 동기가 있으면 말씀해주시기 바랍니다.

최송화　　잘 아시겠지만 저는 1941년생으로서 광복 이후 건국, 전쟁, 정치적 혼란, 경제적 빈곤 등의 과정을 거치며 성장하였습니다. 매우 어려웠던 고난의 시기, 성장과 발전, 민주화의 과정을 살아왔다고 생각됩니다. 이른바 대한민국의 종합적 압축성장의 역동적인 역사와 함께 더불어 살아왔지요.

　　제가 진로를 위해 고민을 한 것은 고등학교 1, 2학년 때라고 생각됩니다. 초등학교 시절 한때 두각을 나타내었던 미술실력이 나의 소질인가 하여 미술이나 건축을 전공해 볼까, 당시 고등학교 교장 선생님께서 전쟁기에 국가에 기여할 수 있는 중요한 일 중의 하나로서 학생들에게 강조하시던 말씀에 따라 사관학교로 갈까, 어떤 길이 국가에 기여하는 길일까 고민을 하면서 폐허가 된 국토의 복구, 전쟁을 넘어 통일, 새로운 민주국가의 건설 등을 생각하다가 법학을 선택하게 되었죠.

박정훈　　선생님께서는 한국사회가 어려운 시기에 법과대학에 입학하셨습니다. 대학 시절 동안에 4·19와 5·16이라는 한국사회의 큰 변화를 다 겪으셨는데 당시의 대학생활은 어떠셨나요?

최송화　　맞습니다. 3·15 부정 선거에 이어 대학교 2학년이던 1960년에 4·19, 3학년이던 1961년에 5·16이라는 한국사회의 큰 변화를 겪었습니다. 대학 1, 2학년을 "부정선거와 선거정의", "불의항거와 민주이념", "정의와 자유의 기술로서의 법", "정의와 자유의 기술학으로서의 법학"의 시대라고 한다면, 3학년은 "자유정부와 군사정부", "학문의 자유와 대학의 자율", "부패척결과 가난극복"의 시대였다고 할 수 있습니다. 3·1 운동과 함께 우리 헌법 전문에 천명되어 있는 '4·19 민주이념'의 역사적 사실을 법학도로서 체험하게 되었습니다. 이른바 4·19 세대지요. 또한 정상적인 법질서는 물론 이와 길항관계에 있는 군사혁명기를 동시에 경험할 수 있었지요. 이때는 교양과 법학입문단계를 지나 법학을 본격적으로 전공하는 과정에 들어갔을 때입니다. 서구에서 100년 내지 200년에 걸쳐 일어났던 일들을 1~2년 사이에 체험하고 있는 것이 아닌가, 이를 어떻게 수용해낼 것인가를 고민하며 공부하던 그런 시기였습니다. 그때 저는 법과대학 공법학회의 회원으로서 활동을 하였습니다.

이원우　그럼 선생님께서는 공법학회에서 어떤 역할을 하셨습니까?

최송화　공법학회 주역의 한 사람으로 학회 활동에 적극적으로 참여하였습니다. 당시 다른 대학교의 경우 법대학교 차원에서 거교적으로 전국 대학생 모의국회를 개최하였는데, 우리 경우 대학의 한 학회에 불과한 조그만 학회가 단독으로 전국 대학생 모의국회뿐만 아니라 토론회를 개최하기도 하였습니다. 지도교수님은 한태연, 박일경, 김도창, 김철수 교수님이셨지요. 그때 전국 대학생 토론회의 주제는 "자유주의적 법치국가와 사회주의적 법치국가"였습니다. 한마디로 활발한 학회활동을 하였던 기억이 납니다.

박정훈　그러면 학자의 길로 가시게 된 동기에 대해 말씀해 주시면 좋겠습니다.

최송화　앞서 말씀드렸습니다만, 어떤 길이 국가에 기여하는 길인가 라는 법학진로선택의 고민, 4·19, 5·16이라는 역사적 사실을 법학도로서 한 체험, 즉 역사적 체험의 공법적 문제의식으로의 발전과 사명감, 그리고 공법학회 지도교수님들의 학문적·인간적 영향이 있었다고 생각됩니다.
　특히 김도창 선생님께서 공법학자의 길로 인도해주셨다고 하겠습니다. 이런 일이 있었습니다. 법대 4학년이 되어 졸업을 눈앞에 두고 있을 때, 김도창 선생님께서 "군은 앞으로 무엇을 할 것인가? 진로를 어떻게 생각하고 있는가?" 이어서 "자네 공부를 할 생각은 없는가? 지금 시험공부를 하고 있는가?"라고 물으신 적이 있었습니다. 그리고 그런 일이 있은 뒤 2학기말쯤 되었을 때, 다시 "최 군, 공부를 하려면 대학원에 들어오도록 하게. 곧 대학원 입학시험이 있으니 준비하는 것이 어떤가"라고 하셨지요. 대학원에 들어간 뒤에는, 물론 나에게 수강이라든지 공부의 방향은 제한 없이 열려 있었지만, 자연히 나의 선택은 김도창 선생님의 지도 하에 공법 쪽으로 가게 되었어요. 그렇게 된 것입니다.

이원우　학부 시절에 특별히 감명 깊게 들었던 강의나 인상 깊게 읽으신 책이 있으시면 소개해주시기 바랍니다.

최송화　교육제도의 탓이기는 하겠지만, 1학년 첫 학기에 들었던 안병욱 선생님의 철학 강의는 대학 교복은 입었으나 지적으로는 아직 벗지 못하고 있는 고등학교 교복을 벗게 하고 지성의 눈을 뜨게 해준 그런 강의가 아니었던가 하는 생각이 듭니다. 인류의 지성사, 지성인의 문화적 안목에 대한 깨우침을 주셨지요. 그리고 입학 후 바로 들었던 법학 강의들, 헌법, 법철학 등 모든 법학 강의들은 어떻게 보면 불의에 항거한 4・19세대에게 이론적 기초를 제공한 것이라 생각됩니다. 또한 고병국 선생님의 민법강의는 개강에서부터 종강까지 민법 제2조를 강의하셨는데, 말하자면 그 방대한 민법강의를 "신의성실"이라는 한 개념으로 다 하시는 것은 법학강의의 진수로서 참으로 감동적이고 인상적이었습니다. 그리고 그 당시 선생님들의 강의는 실로 학은이라고 하겠습니다. 그리고 비법학 과목의 담당교수님들도 여러분 계셨습니다. 경제학이나 정치학, 체육 교수님들도 그 시기 법학도의 교양과 지적 폭을 넓혀주었습니다.
　감명 깊게 읽었던 책으로는 『논어』, 『맹자』, 예링의 『권리를 위한 투쟁』, 플라톤의 『국가론』 등이 있습니다.

박정훈　서울대 법대교수로 취임하시게 된 배경이나 당시 마음가짐 또는 교수가 되시면서 지키기로 한 원칙이 있으시면 말씀해주십시오.

최송화　교수・연구자로서 성실, 정직, 구도자적 정진, 성심으로 봉사하는 자세, 감사하는 삶 같은 것들이 제 원칙이었습니다.

이원우　선생님께서는 오랫동안 재직하셨는데요. 그 기간을 돌아보면서 특히 기억에 남는 일이 있으시다면 대표적인 것 몇 가지만 말씀해 주십시오. 예를 들면 처음 강의시간이라든지, 어떤 과목을 강의하셨었는지로부터 시작해서 특별히 기억나는 보람 있었던 일이라든지, 일화가 있으시면 말씀해주십시오.

최송화　대학교수로서 강의를 처음 시작한 것은 명지대학에서 시간강사로 헌법을 강의했던 것입니다. 그리고 행정법강의는 법대 조교신분으로 상과대학에서 시작했습니다. 1967년인가, 명지대학에서의 헌법강의가 나로서는 처녀강의였는데, 첫 강의를 하던 날 강의를 시작한지 한 15분 정도 지났을까, 더 이상 강의할 것이 없었던 기억이 납니다. 그런가하면 상과대학에서 한 행정법 강의는 3시간을 속강하는 강의인데, 언제인가 아침 9시에 강의를 시작하였는데 얼마 지났을까 학생들의 자세가 흐트러지고 해서 무슨 일인가하고 봤더니, 그게 12시가 넘었어요. 강의 초기에 그런 경험들이 있었는데, 명지대학의 헌법강의나 상과대학의 행정법 강의나 두 경우 모두 공부가 모자랐기 때문에 그런 일이 생겼다고 생각합니다. 모르면 할 얘기가 없고, 잘 모르면 그냥 그렇게 많이 얘기할 수 있는 것이 아닙니까?

법과대학에서 한 강의는 행정법이었지만, 법철학을 담당하시던 전원배 교수께서 갑자기 타계하셔서 전 교수께서 담당하시던 법률사상사 강의를 몇 년간 맡았던 적도 있습니다. 개인적으로 보면 강의했다기보다는 공부 많이 했다고 생각합니다. 법률사상사를 강의했을 때의 기억이 납니다. 시험을 보거나 시험을 보지 않고 리포트를 쓸 사람은 리포트를 쓰되 2주간에 걸쳐서 리포트 제목과 내용을 나와 협의해서 리포트를 내면 그것으로 평가를 하였습니다. 그때 많은 학생이 리포트를 쓰겠다고 했는데, "우리 속담에 나타나는 법정신, 법사상"이란 주제도 있었고, "개화기의 한국법사상"이라는 주제도 제시했습니다. 그때 받은 리포트 중「개화기 유길준의 법사상」이라는 리포트를 지금도 보관하고 있습니다. 그 리포트를 제출한 수강생에게 "내가 정년퇴임할 때까지 보관했다가 돌려주겠다"고 약속하였는데, 지금은 교수가 된 그 수강생이 정년퇴임을 할 때 그 분의 정년퇴임기념으로 그것을 돌려드릴까 생각하고 있습니다.

또 한 가지 말하고 싶은 것이 있습니다. 강의를 위하여 유스티니아누스의 책을 우리 도서관에서 대출했었는데, 나중에 보니 일본어 번역본도 있더군요. 그리고 휴고 그로티우스의『전쟁과 평화에 관한 법』의 일본어 번역판 상, 중, 하도 있었습니다. 그때 경성제국대학의 일본 학자들이 서구 법학을 받아들이는 깊이나 자세 같은 것을 느낄 수가 있었어요.

재직기간 중 특별히 기억나는 일은 일생 잊지 못할 학은 뿐만 아니라 생명의 은혜가 있습니다만 그 이야기는 다른 기회에 하도록 하겠습니다.

박정훈　선생님께서는 대학에서 중요한 보직을 여러 번 맡으셨는데요. 그럼에도 불구하고 끊임없이 연구하시고 학문적인 업적을 많이 내주셨습니다. 보직과 연구·교육 그 사이에 어떤 조정이라든지 조화 같은 문제를 어떻게 해결하셨는지 궁금합니다.

최송화　아까 빠뜨린 부분을 같이 얘기한다면, 가장 보람 있었던 일 중의 하나는 우리나라 행정판례의 연구라고 하겠습니다. 1968년경 아시아재단 지원으로 법학연구소가 발간한 행정법판례집의 편집에 참여했고 이어서 1972년부터 본격적으로 시작된 김도창 선생을 중심으로 한 한국행정과학연구소의 한국행정판례연구의 성과를 기초로 하여 1976년 『행정판례집』 (상), (중), (하)를 편집 발간한 것은 공동편집자로서 행정판례연구자로서 가장 보람된 일이라고 생각합니다. 지금과 같이 정보화가 이루어지지 않은 상황에서 방대한 판례를 하나하나 분석, 검토하는 일은 여간 힘든 일이 아니었습니다. 그러나 우리의 살아있는 법으로서의 판례를 연구하는 것은 한국행정법의 정체성을 확보해 나감에 있어서 필수적인 것으로 생각됩니다.

저는 대학의 여러 보직을 경험했습니다만, 행정법이라고 하는 전공분야가 다른 전공분야보다도 이론과 실제 양면에서 그런 보직과 연관성이 많았다고 생각됩니다.

이원우　부총장하시면서 학칙의 법적 성질에 대한 연구를 하셨던 것에서 나타나는 것처럼 보직을 하시면서 보직과 연관된 분야를 연구주제로 채택하셨던 것 같다는 생각이 듭니다.

최송화　그렇게 본다면 교수의 정치활동의 법적 문제 그리고 교수의 윤리 문제도 그런 예입니다. 교육공무원법상 징계위원회 제도와는 별도로 교수윤리위원회를 제도화하는 데 노력하였습니다. 또한 학내 성희롱(sexual harassment)이 문제로 되었을 때 외국의 20여 개 대학의 성희롱에 관련된 학칙과 제도를 조사·연구하게 되었고, 그 뒤에 서울대학교의 관련 규정과 제도 및 기구를 마련하는 데 기여할 수 있었던 것도 전공과 연관이 되었다고 하겠지요.

또 하나는 학내 법치주의의 실현을 위해 노력했습니다. 즉 대학의 자유, 대학의 자율과 함께 대학의 법치주의에 대한 요청이 중요한 과제로 대두되었습니다. 이러한 대학의 법치가 실현될 수 있도록 교내의 여러 법적 문제를 실효적으로 심사 검토하는 기구의 하나로서 법률상담실이 설치되도록 노력하기도 하였습니다.

이원우 선생님께서는 행정에 많은 기여를 하셨습니다. 그 과정에서 대학의 자치에 대해서 많은 고민도 하시고 여러 가지 제도에 대해서 연구도 하신 것으로 압니다. 대학의 자치에 대해서 체험적으로 느끼신 것이라든지 앞으로 대학 자치를 위해서 어떤 과제가 있고 어떤 문제를 해결해야 하는지, 현 상황에서의 대학의 자치는 선생님 보시기에는 어떠하다고 보시는지 진단을 해주시면 좋겠습니다.

최송화 서울대학교법, 국립대학교특별회계법, 교육개혁법제 등과 관련하여 하시는 말씀인데, 대학의 자치에 있어서 자율적인 규범의 정립과 의사결정이 무엇보다 중요하다고 생각합니다. 교수평의원회의 의장을 맡았을 때 교수평의원회의 의결기구화를 위하여 노력하였는데 상당한 성과를 보았습니다. 종래 심의기구의 일종으로 취급되고 있었던 교수평의원회를 이른바 "대학의 의회"라고 할 수 있는 기관으로 그 위상을 재정립한 것입니다.

한편 대학의 자치 내지 자율은 특히 재정적인 자율이 매우 중요하다고 봅니다. 지금 세계 100대 대학에 한국의 대학이 몇 대학이나 포함되느냐가 국민적 관심사입니다. 세계 100대 대학의 상위에 위치하고 있는 대학이나 100대 대학에 속하는 일본의 대학과 아시아 지역의 대학들의 여건을 우리나라 대학의 여건과 비교해 보면, 재정적인 면에서 큰 차이가 있습니다. 매우 심각합니다. 국가의 지원과 사회, 국민으로부터의 지원 외에 대학이 스스로 자율적으로 재정을 확보할 수 있는 능력과 여지를 가지는 것이 중요하다고 생각합니다.

또한 학칙의 법적 성질에 대한 연구는 대학 학칙의 인가제를 보고제로 전환하는 데 있어 이론적 기초가 되었으며, 대학의 자치규범 제정권을 확장하는 데 기여할 수 있었다고 생각됩니다.

박정훈　오늘날 우리 행정법학의 문제점이라든지, 후학들이 연구를 함에 있어서 특별히 고려해야 할 점이나 문제점은 무엇인지 말씀해주십시오.

최송화　몇 년 전에 밝힌 바가 있습니다만, 우리 행정법학 내지 한국공법학도 인류공영이라는 보다 고원한 목표를 지향하여 국경을 초월한 공법학의 관심영역을 확대하고, 새로이 펼쳐지는 정보화사회에 능동적으로 대응하여야 하며, 21세기 새로운 인권론의 전개에 호응하여야 합니다. 또한 국가경영에 관한 실천적 학문으로서 공법학은 사회가 직면하고 있는 여러 가지 문제에 대해 타당한 해결을 제시하는 실사구시의 학문이 되어야 합니다.

　정보화사회, 인권, 환경, 부패방지, 공법상 권리구제제도, 토지 등에 관한 문제뿐만 아니라 통일, 교육, 정치개혁, 지방자치, 언론법제, 경제규제법제 등의 영역도 당연히 공법학자들이 적극적으로 참여하여 이론을 제공하여 줄 것을 요구하고 있습니다.

　한국공법학은 세계화의 흐름에 의연히 대처하면서도 그의 정체성을 꾸준히 확립해 나가야 하는 역사적 시점에 서 있습니다. 우리 자신의 문제에 대한 보다 깊은 성찰과 아울러 선진 공법학의 성과를 받아들임에 있어서 균형 있는 이해가 매우 긴요하다고 봅니다. 역사학 분야에서 우리의 역사를 재평가하듯이 우리 공법 백년사를 정립하고 재평가하는 일이 요망된다고 생각합니다. 새로운 시대는 새로운 사명을 줍니다. 이제 새로운 세기에 한국사회의 성숙함과 더불어 한국공법학자들의 새로운 연구의 지평이 아름답게 전개되기를 축원합니다.

이원우　선생님께서 그동안 연구하신 것을 돌이켜보시면서, 특별히 중점을 두고 연구를 하신 분야나 이론적으로 기여를 했다고 생각되시는 것에 대해 말씀해주십시오.

최송화　그동안의 연구를 돌이켜보면, 행정소송제도의 개혁, 행정의 절차적 정의와 투명성, 공익의 법문제화, 법과 정책, 미국행정법, 북한법제, 판례 등에 관한 연구를 하였습니다만, 이론적 기여에 대해서는 잘 모르겠습니다.

　현재는 한국행정판례연구회의 회장으로서 앞으로 판례연구를 통하여 행정법의 발전에 기여할 수 있는 길을 모색하고 있습니다.

박정훈　사제지간에 대한 선생님의 생각을 말씀해주십시오.

최송화　사랑과 존경의 사이라고 생각하며, 부자지간과 어떻게 다른가 생각해 봅니다. 이제는 공동연구자, 동료교수라 할 수 있으며, 함께 살아갈 동학의 인생연구 동행자라고 생각합니다.

이원우　선생님께서 가지고 계신 취미나 특기에 대해 말씀해주십시오.

최송화　운동을 좋아합니다. 저에게 있어서 운동은 건강하지 못했던 유년기부터 지금까지 건강을 유지시켜주고 있는데, "to do best" 最善(최선)과 "fair play" 公正(공정)을 그 기본정신으로 하고, 적극적이고 긍정적인 사고를 키워줘서 좋아합니다. 그리고 스포츠는 운동장 위에가 아니라 룰(rule) 위에 존재한다고 생각합니다. 맨땅에 선을 그음으로써 운동경기장이 되는 것이 아닙니까? 그런 점에서 운동의 룰과 심판관을 보며 법의 의미와 법관의 역할을 생각해 봅니다.

바둑도 좋아합니다. 초등학교시절 부모님께서 바둑을 두시는 것을 보고 배웠습니다. 1996년에는 서울대 개교 50주년을 기념하고 아울러 서울대와 동경대의 바둑교류 20년을 기념하는 여러 사업이 있었습니다. "烏鷺의 饗宴−서울대東京大 바둑交流 20년(오로의 향연−서울대동경대 바둑교류 20년)"이라는 기념기보집도 그 기념사업의 일환으로 발간되었는데 권두사에서 저는 서울대바둑부 지도교수로서 勝固欣然 敗亦可喜(승고흔연 패역가희, 이기는 것도 흐뭇한 일이지만 지는 것 또한 기쁨이라)라는 옛 한시로 축하를 하였지요.

부총장 재직시절 40여 개 위원회의 당연직 위원장직을 비롯하여 여러 가지 다양한 업무의 수행으로 바쁘고 힘들 때는 바둑 한 수 두러 나간다는 마음으로 출근하고, 이제 바둑 끝났다는 생각으로 퇴근하기도 했습니다.

박정훈　마지막으로 정년 이후 계획에 대해 말씀해주시기 바랍니다.

최송화　　정년이라는 성취에 감사드리며, 그동안 받은 은혜와 배려에 어떻게 보답해야 할지. 못 다한 공부와 봉사를 계속해야지요.

[서울대학교 법학 제47권 제3호(2006. 9)]

서울대학교 법학연구소 Medvlla Iurisprudentiae

"Medvlla Iurisprudentiae"는 '법의 정수精髓·진수眞髓'라는 뜻으로, 서울대학교 법학전문대학원에서 정년 퇴임하시는 교수들의 논문을 모아 간행하는 총서입니다.

법학 교육과 연구를 위해 일생을 보내고 정년퇴임하는 교수들의 수많은 연구업적들 중 학문적으로 가장 가치있는 논문만을 엄선하여 간행하였습니다.

이 총서가 법학자의 삶을 되돌아보게 하고 후학에게 귀감이 되기를 바랍니다.

법학자의 향기
–대담 모음집–

초판발행	2020년 12월 30일
엮은이	서울대학교 법학연구소
펴낸이	안종만·안상준
편 집	이승현
기획/마케팅	조성호
표지디자인	이미연
제 작	고철민·조영환
펴낸곳	(주) **박영시**
	서울특별시 금천구 가산디지털2로 53, 210호(가산동, 한라시그마밸리)
	등록 1959. 3. 11. 제300-1959-1호(倫)
전 화	02)733-6771
f a x	02)736-4818
e-mail	pys@pybook.co.kr
homepage	www.pybook.co.kr
ISBN	979-11-303-3796-8 94360
	979-11-303-3795-1 (세트)

정 가   18,000원